Hermann Josef Roth

Der Westerwald

Vom Siebengebirge zum Hessischen Hinterland

Kultur und Landschaft zwischen Rhein, Lahn und Sieg

DuMont Buchverlag Köln

Umschlagvorderseite: Blick auf Schloß Montabaur (Foto: P. Klaes, Radevormwald)

Umschlagrückseite: Der Druidenstein bei Kirchen-Herkersdorf (Foto: H. J. Roth, Bergisch Gladbach)

Vordere Umschlagklappe: Höhr-Grenzhausen, Stadtwappen und Krug als Wahrzeichen (Foto: H. J. Roth, Bergisch Gladbach)

Frontispiz S. 2: Greifenstein (Matthäus Merian: Topographia Germaniae, Hessen 1655)

2., durchgesehene Auflage 1982

Druck und buchbinderische Verarbeitung: Boss-Druck, Kleve

Printed in Germany ISBN 3-7701-1198-2

Inhalt

Hui! Wäller? – Allemol!

»Hui! Wäller? – Allemol! . . . ein Ruf geht um die Welt«, so lautete eine Werbespot, den der Westerwald-Verein über den Rundfunk in alle Welt senden ließ. Das Echo war unerwartet groß. Selbst in fernen Erdteilen hatte man den Ruf vernommen und – erkannt!

Der Erkennungsgruß der Westerwälder wurde erst 1913 von dem Landwirt Adolf Weiß aus Mademühlen kreiert. Weiß selbst erklärt seinen glücklichen Einfall in Versen so:

»Das 'Hui', das hat mich der Sturmwind gelehrt,
wenn wild er über die Heide fährt,
und 'Wäller' wir ja 'allemol' sind,
wir trotzen dem Regen, dem Schnee und dem Wind.«

Ein vielzersungenes Landserlied hat ein übriges dazu beigetragen, daß der Name ›Westerwald‹ in allen deutschsprachigen Gegenden Europas bekannt ist. Damit aber hat es sich!

Ja, vom Westerwald hat man schon gehört, über die Autobahn mag man ihn eilends durchquert haben, zu einem Wochenendausflug ist man vielleicht schon einmal dort gewesen, aber was man wirklich über diese Landschaft weiß, sind oft eher Mißverständnisse als Kenntnisse.

»Da pfeift der Wind so kalt«, übernimmt mancher unbesehen dem militärischen Gassenhauer, der einen Vorläufer aus dem 15. Jahrhundert hat, in dem es heißt: »Kompstu denn auf den Westerwald, da ist es sommer und winter kalt.« Eine Redensart will wissen, daß dort neun Monate Winter und drei Monate Kälte herrschten. Man ulkt sogar, im Westerwald bräuchten die Äpfel zwei Jahre zum Reifen: Nach dem ersten Sommer müsse sie der Bauer umdrehen, damit der seltene Sonnenschein im kommenden Jahr auch die andere Seite erreichen könne.

Dieser meteorologische Unsinn wird durch Tatsachen widerlegt. Danach schneidet unsere Landschaft gegenüber den anderen Höhenlagen des Rheinischen Schiefergebirges eher günstig ab! Unfair wäre allerdings, wollte man das Klima mit dem des Rheintales vergleichen. Das würde nur Mißverständnisse nähren und den Erholungssuchenden den Geschmack an einer reizvollen Gegend von vornherein verleiden.

Der Rufmord traf auch die Menschen, die Wäller. Der Westerwald sei das »Land der armen Leute«, befand W. H. Riehl. Damals, im 19. Jahrhundert, war aber die Armut in allen deutschen Mittelgebirgen mehr oder weniger Dauergast. Viele Westerwälder suchten ihren Verdienst auswärts als Bergleute im Siegerland oder im Ruhrgebiet, zogen als Höker umher oder wanderten gleich dorfweise nach Amerika aus. Wer nur solche Menschen kennenlernte, mochte dann leicht zu jenem Fehlurteil kommen. Ähnlich dürfte es Reisenden ergangen sein, die vielleicht nur den Hohen Westerwald – eine in der Tat benachteiligte Gegend – durchquert hatten. Doch auch damals gab es Teillandschaften, die sich durchaus eines gewissen Wohlstandes erfreuten. Inzwischen haben die alten Sprüche ihre Berechtigung verloren!

Was ist das eigentlich, der Westerwald?

Die Bezeichnung taucht erstmals in einer Haigerer Urkunde aus dem Jahre 1048 auf. Gemeint sind die Kirchspiele Marienberg, Emmerichenhain und Neukirch im Hohen Westerwald, der damals noch ein ziemlich geschlossenes Waldgebiet war. Diese ›Herrschaft zum Westerwald‹ lag westlich vom Königshof Herborn, zu dem sie auch gehörte. Siedler aus dem hessischen (chattischen) Raum hatten seit Urzeiten begonnen, diesen ›wilden Westen‹ allmählich zu ›erobern‹. Schon im 15. und 16. Jahrhundert war der Namensgebrauch über den Hohen Westerwald hinaus üblich, im 18. Jahrhundert wurde er weiter nach Westen ausgedehnt. Der Westerwald-Verein, 1888 in Selters gegründet, hat wesentlichen Anteil daran, daß der Name auch in die Randzonen getragen wurde.

Helmut Gensicke, der Altmeister der Westerwälder Geschichtsschreibung, befindet (1958), daß der Westerwald das Gebiet zwischen Rhein, Lahn, Sieg und Dill sei. Schon früher hatte Ritters Geographisch-statistisches Lexikon die Dill als Ostgrenze unserer Landschaft festgelegt. Selbst der Westerwald-Verein beließ es so in seinen Wanderführern. Zur Sieg hin wollte man den Westerwald eher eng fassen und die Heller im Nordosten als zusätzliche Grenze verstehen.

Auch am Rhein machte man Einschränkungen. Die Geographen F. Loose (1904) und R. Stickel (1930) nahmen Pleis und Kasbach als Nordwestgrenze des Westerwaldes an. Ihr Kollege H. Müller-Miny wollte demgegenüber gemäß der allgemeinen Gepflogenheit 1957 noch das Siebengebirge zum Westerwald rechnen, verstand es aber bald darauf (1959, 1961) als Teil des Unteren Mittelrheingebietes.

Andere waren großzügiger. Ein Geologe sprach schon im 19. Jahrhundert vom ›Biedenkopfischen Westerwald‹. Im ›Nassauischen Heimatbuch‹ von K. Jacobi (1913) war auch jenseits der nassauischen Territorialgrenzen noch Westerwald. Das Deutschland-Buch von G. Braun (1916) anerkannte ebensowenig die Dill als Ostgrenze. Alle Auflagen der heute gebräuchlichen Schulatlanten und bekannte Lehrbücher belassen es bei der Maximallösung: Westerwald ist das Land zwischen Rhein, Lahn und Sieg! In der Tat ist es ein geschlossener, leicht erkennbarer Block, den diese Flüsse da aus dem Rheinischen Schiefergebirge heraussägen. Nur im Quellbereich der beiden Nebenflüsse des Rheins vollzieht sich der Übergang zum Rothaargebirge allmählich, dort muß die Grenze willkürlich gezogen werden.

So praktisch es ist, die Flüsse als ›Demarkationslinien‹ anzusehen, wissenschaftlich präzise ist das nicht. Gebirgskämme, Wasserscheiden sind die realen Grenzen einer Landschaft, Flußtäler dagegen natürliche Einfallstore und erste Siedlungsgebiete.

In diesem Buch soll ein Kompromiß zwischen Wissenschaft und Praxis versucht werden. Wir behalten im Auge, daß Westerwald aus der Sicht des Historikers etwas anderes ist als aus der des Geographen oder Geologen. Gleichwohl wird die handliche Abgrenzung durch Rhein, Lahn und Sieg zugrunde gelegt. Von den Flüssen nimmt jede der Landschaften ihren Ausgang und folgt damit den uralten Wegen, auf denen die Menschen einst den ›Wald im Westen‹, den Westerwald, erobert und besiedelt haben.

Kunstlandschaft zwischen Rhein, Lahn und Sieg

Wie der Westerwald geschichtlich von den siedlungsgünstigeren Randzonen aus allmählich besiedelt worden ist und bis heute weitgehend Durchgangsgebiet blieb, so waren auch künstlerisch die Ballungsgebiete außerhalb der Regionen ebenso maßgebend, wie sich umgekehrt die historisch-politisch bunte Landkarte und die Verkehrssituation in dem Bestand der Kunstdenkmäler widerspiegelt. Für den Kunstfreund von heute bietet sich gerade dadurch ein sehr abwechslungsreiches Reisegebiet an.

Verworrene Geschichte

Westerwälder Geschichte beginnt schon mit den Kelten, die später von den Germanen verdrängt wurden. Der germanischen Expansion leisteten die Römer lange erfolgreich Widerstand, die den Südwestzipfel unseres Raumes besetzt hielten. Ihre Stadt Koblenz übte regionalen Einfluß aus. Die Hauptstadt ihrer Provinz Obergermanien Mainz behielt auch nach der Besetzung durch Germanen (Anfang 5. Jh.) ihre Bedeutung, indem das starke Erzbistum über die Wetterau mächtig in den östlichen Westerwald hineinwirkte.

Dank der Politik der Karolinger konnten die Kirchen von Trier und Köln in unseren Raum hinein missionieren: Trier drang lahnaufwärts vor, Köln an Rhein und Sieg. Indem die Franken die alten Siedlungskammern am Rande des Westerwaldes zu Kerngebieten ihrer Gaue (Auelgau im Norden, Engersgau im Westen, Nieder- und Oberlahngau) machten, bestanden auch verwaltungsmäßig günstige Voraussetzungen, um langsam und bleibend Stützpunkte im Landesinnern zu errichten, von denen einige mit der Stiftung von Kirchen zu größerer Bedeutung erhoben wurden.

Allmählich erschienen in den Gauen andere Adelsgeschlechter als politische Mächte, die zusammen mit geistlichen Grundherren den Gaugrafen ihre angestammten Rechte streitig machten. Über den größten Grundbesitz verfügte der König. Ottonen und Salier, die eng in die Westerwälder Geschichte im Guten wie im Bösen verstrickt waren, stifteten einen erheblichen Teil an die Kirchen.

Karte der Grafschaft Nassau, um 1650

Besitzerwechsel und Erbteilungen machten die Verhältnisse immer komplizierter. Nur einige Adelsfamilien konnten sich ausgedehnteren Grundbesitz aneignen und ihn halten, so die Grafen von Sayn, Diez und Wied. Besondere Bedeutung erlangten später die Grafen von Laurenburg, die sich alsbald Grafen von Nassau nannten. Im Osten gaben die Landgrafen von Hessen den Ton an.

Etwa zum Ende der Stauferzeit hatten sich aus den komplizierten Besitzverhältnissen erste Territorien deutlich herausgebildet. Die Erzbischöfe von Trier und Köln trieben eine expansive Burgenpolitik, während der Besitz des geschwächten Adels mehr oder weniger zerrann. Nur das Erzbistum Mainz konnte im Westerwald nicht auf die Dauer mithalten, weil sich die Landgrafen von Hessen im Osten in fortwährenden Machtkämpfen gegenüber Mainz durchsetzen konnten, ebenso aber auch gegenüber dem Landadel (Dernbacher Fehde bis 1358). Erst durch die Teilungen der Landgrafschaft in Hessen-Kassel, Hessen-Marburg (1648 an Kassel) und Hessen-Darmstadt schwächte man sich selber.

Insgesamt vereinfachten sich bis ins 16. Jahrhundert die Verhältnisse. Zwischen den Einflußsphären der drei oder vier Großen – Trier, Köln, Mainz, Hessen – konnte das Haus Nassau, inzwischen in mehrere Linien aufgespalten, sein Territorium an der Dill, zwischen Siegen und Nassau ausdehnen und festigen. Mit dieser Hausmacht im Rücken vermochte Wilhelm von Oranien oder ›Wilhelmus von Nassau‹ den Freiheitskampf der Niederlande erfolgreich gegen Spanien zu führen. Als 1803 der Adel für Verluste auf linksrheinischem Gebiet entschädigt wurde, erhielt Nassau-Weilburg die kurtrierischen Ämter. Der zusammen mit Nassau-Usingen vollzogene Beitritt zum Rheinbund brachte territorialen Zuwachs. Nach den napoleonischen Wirren teilte sich Nassau mit der hier neu erschienenen Großmacht Preußen weite Gebiete des Westerwaldes. Ein souveränes Herzogtum Nassau hielt sich bis zur Annexion durch Preußen (1866). Die alten Regierungsbezirke Koblenz und Wiesbaden innerhalb der preußischen Rheinprovinz und der Provinz Hessen-Nassau hielten bis nach dem Zweiten Weltkrieg das Andenken an die alten Grenzen wach. Heute ist der Westerwald auf drei Bundesländer aufgeteilt: Hessen, Nordrhein-Westfalen und Rheinland-Pfalz.

Nie hat also der Westerwald aus sich heraus eine Macht hervorgebracht, die der Landschaft eine politische Einheit hätte schenken können. Stets blieb er den von außen wirkenden Mächten ausgesetzt. Der Westerwald ist wie eh und je ein ›binnendeutsches Grenzland‹!

Vielfältige Kunst

Die Latène-Kultur der Kelten ist durch überraschend zahlreiche Bodenfunde dokumentiert. Kelten und Germanen haben durch ringwallbewehrte Fliehburgen die ersten Baudenkmäler im Westerwald hinterlassen. Doch ähnlich wie die Befestigungsanlagen des römischen Limes erschließen sie sich größtenteils nur noch dem kundigen Auge, das die unscheinbaren Bodenunebenheiten zu deuten vermag. Die Burgi in Engers und Niederlahnstein sind die einzigen originalen Mauerreste von einiger Bedeutung, die aus römischer Zeit in unserem Reisegebiet existieren.

Erst während der Romanik erlebte dieser Raum seine erste dauerhafte und weitreichende Blüte der Kunst. Durch die trierische und kölnische Mission wurden trierisch-lothringische und niederrheinische Einflüsse in den Westerwald getragen, während der über Mainz vermittelte oberrheinische Einfluß hier deutlich zurücktrat. Die Stiftskirche zu Dietkirchen (Abb. 29) bietet in ihren ältesten Teilen das erste überlieferte Beispiel der romanischen Bautätigkeit. Im Norden wuchsen wenig später die Propsteikirche von Oberpleis (1100–1170; Farbt. 5) und die großartige Doppelkirche von Schwarzrheindorf (1151, 1173; Abb. 4, 5) in einer ersten Bauphase empor. Es folgten die Medarduskirche in Bendorf (1204; Abb. 14), die Abteikirche Sayn (1202–56; Abb. 18, 19), St. Severin in Erpel, St. Martin zu Linz und nicht zuletzt die Stiftskirche von Gemünden (Abb. 107). Der Zahl nach überwiegen unter den mittelalterlichen

Bronzetürschild, Dietkirchen

Baudenkmälern die romanischen Kirchen. Mitunter sind nur noch die Türme erhalten geblieben, während die Schiffe später in anderem Baustil neu entstanden.

Auch in der Architekturplastik spiegeln sich die Einflüsse der verschiedenen auswärtigen Kunstlandschaften. Die romanische Bildnerei wird am häufigsten durch alte Taufbecken oder wie in Sayn durch den Brunnnen (ca. 1230) des Kreuzganges repräsentiert (Abb. 16). Ihre bedeutendsten Werke hat sie vielleicht in dem Tuffrelief des hochromanischen Retabels (um 1160) von Oberpleis (s. S. 23), dem Kopfreliquiar und dem Türklopfer in Dietkirchen (beide 13. Jh.) hinterlassen.

Einflüssen der sogenannten burgundischen Frühgotik öffnete sich sodann die Klosterkirche von Heisterbach (1202–37; Abb. 2) und bereitete der Kathedralgotik den Weg, der die Klosterkirche von Marienstatt (1243, 1324; Abb. 62) schon völlig verpflichtet ist. Mit St. Elisabeth in Marburg entstand die erste rein gotische Kirche. Der künstlerische Austausch scheint während der Gotik intensiver geworden zu sein. Wie die Zisterzienser und Dombauschulen französische Anregungen verarbeiteten, so traten auch die innerdeutschen Kunstzentren (z. B. Trier und Mainz) in engere Kontakte; Anregungen aus anderen Gegenden (z. B. Westfalen) wurden aufgegriffen. Neben den bedeutenden Kirchenbauten in Marburg beanspruchen die Klosterkirche von Altenberg (1260/70; Abb. 27, 28), die Pfarrkirchen von Dausenau (Abb. 23) und Montabaur (14. Jh.; Abb. 87, 88) sowie der Sayner Chor besondere Beachtung.

Die gotische Bildnerei erreicht höchstes Niveau. Der Elisabethschrein in Marburg (1235/49) gilt als Hauptwerk deutscher Goldschmiedekunst. Der monumentale Flügelaltar von Marienstatt (1360; Farbt. 14, Abb. 63) stellt das älteste plastische Retabel der Gotik dar. Hauptbeispiel für die mittelrheinische Tonplastik dieser Epoche ist die Dernbacher Beweinung (Abb. 106). Unter zahllosen Einzelfiguren seien nur beispielhaft eine Pietà (ca. 1400) und eine hl. Elisabeth (ca. 1470) in der Marburger Elisabethkirche und vor allem das merkwürdige Kruzifix (ca. 1315) in Caldern erwähnt. Vorzügliche Werke der Grabplastik sind die Gräber der Grafen Heinrich I. (1308) und Ludwig I. (1471) in der Elisabethkirche zu Marburg, ein Äbtissinnengrab (15. Jh.) in Altenberg und das Doppelgrab Sayn in Marienstatt (1492). In der Architekturplastik erreicht das Westportal von St. Elisabeth in Marburg eine einmalige Qualität.

Turmformen (romanisch; gotisch; welsche Haube) und Dachreiter von Lahr, Gladenbach, Dausenau, Breidenbach, Elsoff, Löhnberg, Bad Ems, Bergebersbach, Frohnhausen, Weinähr

In einem derart umstrittenen Gebiet wie dem Westerwald entstanden im Mittelalter zahllose Wehrbauten, zumeist Höhenburgen, vereinzelt auch Talburgen (Langenau [Farbt. 9], Langwiesen, Steinebach, Driedorf usw.) sowie Stadtbefestigungen. Auch die bedeutendsten unter ihnen, wie etwa Blankenberg oder Greifenstein (Farbt. 21), sind längst Ruinen. Daher treten sie in kunstgeschichtlichen Betrachtungen nicht selten etwas zurück. Im Westerwald sind tatsächlich die Kirchenbauten am besten überliefert. Wenn diese immer wieder als Kunstdenkmäler Beachtung finden, so darf darüber das profane Bauschaffen nicht übersehen werden, das gerade in der Gotik im Bereich der Burgen und Städte überaus rege war. Der Rittersaal des Marburger Schlosses ist neben der Wartburg der größte Profanbau des deutschen Mittelalters! Spuren bürgerlicher Baukunst begegnet man sonst nur noch wenig, etwa am Rathaus von Weinähr oder dem im Kern mittelalterlichen Alten Haus (›Krone‹) zu Hachenburg.

Die gotische Monumental- und Tafelmalerei brachte mehrere wichtige Werke hervor, etwa das Triptychon (1463) vom ›Meister des Marienlebens‹ in St. Martin zu Linz und die Wandmalereien (gegen 1300) in Altenberg (Abb. 29). Höchstleistungen sind die Glasmalereien von Kloster Ehrenstein (1470/80; Farbt. 13, Abb. 34).

Die Renaissance hat außer den Schlössern Friedewald (1580–82; Abb. 69) und Hadamar (1612–18; Farbt. 7) nur wenig Großarchitektur hervorgebracht.

Auch die Barockkunst konnte sich wegen der unruhigen Zeiten bei uns erst relativ spät entfalten. Nur an sicherer Stelle, wie auf der unbezwingbaren Burg Greifenstein, waren so hervorragende Arbeiten durchführbar, wie sie uns in Bau und Ausstattung der Burgkapelle (1685–91) begegnen. Erst im 18. Jahrhundert regte sich allenthalben emsige Bautätigkeit. In den protestantisch gewordenen Teilen bevorzugte man deutlich profane Aufgaben oder man erteilte der katholischen Kirchenbautradition eine Absage in der Konzeption jener typischen kleinen Fachwerkkirchen, die nicht selten sogar zu Mehrzweckbauten gerieten, die Betsaal, Schule oder Bürgermeisteramt unter einem Dach beherbergen! Im katholischen Westerwald entstand als Folge blühender Heiligenverehrung eine Unzahl von Werken der plastischen Kunst. Die sogenannte Hadamarer Schule trat als einzige bodenständige Kunstschule von Rang in Erscheinung.

Den Reigen der Großarchitektur leitete nächst Greifenstein wohl der Bau des Hauses der Vier Türme (1696) in Bad Ems ein. J. L. Rothweil, einer der bedeutendsten Baumeister des hessischen Barock, errichtete das Neuwieder Schloß (1707–16; Farbt. 19). Den Festsaal des Engerser Schlosses gestaltete Januarius Zick (1760). Das Dikasterialgebäude (1739–48) in Ehrenbreitstein baute kein geringerer als Balthasar Neumann, den die mächtige Familie von Schönborn bezahlte. Sein Werk führte Johannes Seiz an mehreren Bauvorhaben im Westerwald weiter. Zu den schönsten Sakralbauten gehören die Kirche von Daaden (1722–24; Farbt. 15, Abb. 72) und vielleicht die ehemalige Franziskanerkirche von Hachenburg (1729–39; Abb. 57, 58).

Klassizismus und Romantik prägten die Kunstrichtungen des 19. Jahrhunderts. Der Schinkelturm des vom-Stein'schen-Schlosses (1814) in Nassau stand unübersehbar am Anfang dieser Epoche (Abb. 96). Fast zu gewaltig wirken die Zweckbauten der Festung Ehrenbreitstein (1815–28), an denen von Lassaulx mitwirkte. Das Emser Kursaalgebäude (1839–41) strahlt den Geist des einstigen Modebades getreu wieder. In der zweiten Hälfte des Jahrhunderts und noch im 20. Jahrhundert wendete man sich im Sakralbau durchweg historisierenden Stilen zu. Die ihrer einstigen Macht entkleidete Kirche floh in die vermeintlich heile Welt der Vergangenheit.

Scheinbar zeitlos wirkt neben der Großarchitektur das Westerwälder Bauernhaus, weil ältere Beispiele nicht mehr erhalten sind. Von Ausnahmen abgesehen beginnt die

Stippverzierung aus Günterod und Friedensdorf

Bauüberlieferung im wesentlichen nach dem Dreißigjährigen Krieg. Zwei Typen herrschen in unserem Gebiet vor.

Einmal kennt man das zweistöckige fränkische Fachwerkhaus, dessen Teile sich um einen abgeschlossenen Hofraum gruppieren. Der andere und im Westerwald weit verbreitete Typ birgt unter seinem zur Wetterseite tief heruntergezogenen Dach, dem ›Niederlaß‹, Wohnräume und Stallungen. Der geräumige Hausflur im Erdgeschoß diente gleichzeitig als Küche und Aufenthaltsraum. Daneben lag die sogenannte gute Stube, unter dem Niederlaß noch eine weitere Kammer. Im Obergeschoß befanden sich eine weitere Stube und eine Kammer. Vom Flur gelangte man zum Stall und in die Scheune.

Das Fachwerk wurde nicht selten mit kunstvollen Schnitzereien verziert. Im Dillgebiet sieht man geschnitzte oder bemalte Eckpfosten (Abb. 76). Für das Hinterland ist der Kratzputz charakteristisch, wobei Schmuckformen in den noch feuchten Mörtel über dem Lehmkern eingeritzt oder ausgeschabt wurden. Die Gefachflächen wurden dabei meist farbig ausgelegt, so daß die Ziermotive weiß hervortreten (Farbt. 37).

Mehr als einige flüchtige Hinweise auf Schwerpunkte und Hauptlinien der künstlerischen Entwicklung im Westerwald und seinen Randgebieten können hier nicht gegeben werden. Der Leser wird bestrebt sein, in den hier gezogenen großen Rahmen all das einzuordnen, was er entlang der Reiserouten zwischen Rhein, Lahn und Sieg antrifft.

Am römischen Limes

Das Bonmot, der Limes sei »eine Art antiker Eiserner Vorhang«, mag das Richtige treffen. Cäsar überschritt in den Jahren 55 und 53 vor Christus im Neuwieder Becken den Rhein. Seine Pioniere bauten die erste dauerhafte Rheinbrücke. Damals befanden sich germanische Stämme auf dem Vormarsch in alte keltische Siedlungsgebiete. Die römische Expansion kam früher oder später zum Stehen, die bisher eroberten Gebiete mußten gegenüber dem nichtbesetzten Germanien abgesichert werden. Unter Kaiser Domitian (81–96 n. Chr.) wurde das höchstgelegene Terrain durch Kastelle befestigt. Entlang der Grenze ermöglichten neuangelegte Waldschneisen (limites) die Kontrolle durch Militärpatrouillen. In regelmäßigen Abständen wurden Wachtürme errichtet.

Der südwestliche Westerwald war römische Besatzungszone. Die Grenze begann zwischen Rheinbrohl und Bad Hönningen, gegenüber der Mündung des linksrheinischen Vinxtbaches. Dieser bildete die Grenze zwischen den römischen Provinzen Ober- und Niedergermanien mit den Provinzhauptstädten Mainz (moguntiacum) und Köln (colonia agrippina). Während offenbar Niedergermanien kaum rechtsrheinisches Territorium besaß, reichte die oberrheinische Provinz über den Strom. Von dem Grenzbeginn (caput limitis) bei Rheinbrohl stieg der Limes sofort zur Höhe hinter Arienheller, durchzog den Westerwald, um bei Bad Ems über die Lahn den Taunus zu erreichen.

Hadrian (117–138) befestigte die Grenze zusätzlich durch einen Palisadenzaun; Antoninus Pius (138–161) ersetzte die alten Holztürme durch Steinbauten. Caracalla (211–217) ergänzte die Befestigungsanlagen durch Wall und Graben. Das Verteidigungssystem wurde durch kleinere Kastelle im Abstand von einem Tagesmarsch (ca. 20 km) vervollständigt, die ihren Rückhalt in den großen Lagern der Etappe hatten. Das der 22. Legion befand sich in Mainz. Ein dichtes Wegenetz gestattete im Ernstfall das rasche Herbeiführen von Truppen. Bis zum Jahre 259 n. Chr. hielt der Limes den andrängenden Germanen stand. Ja, diese Grenze war keineswegs immer eine waffenstarrende Demarkationslinie, sondern ein fruchtbarer Berührungspunkt zwischen römischer und germanischer Kultur.

Außer dem schon erwähnten Kastell bei Rheinbrohl befanden sich im Westerwald weitere im Wechsel mit einfacheren Holzerdwerken (Erdkastelle). Die Plätze, an denen Wachtürme standen, sind in vielen Fällen als Schutthügel oder gar durch Fundamentreste erkennbar, vier davon hat man zu rekonstruieren versucht.

Auch nach Preisgabe des rechten Rheinufers (nach 259) scheinen die Römer dort befestigte Anlegestellen für Schiffe gehalten zu haben, die von Basen auf dem linksrheinischen Ufer gewartet wurden. Man nannte sie ›burgus‹, wovon sich wohl das deutsche Wort Burg herleitet. Der Burgus von **Engers** gilt als der besterhaltene in der Bundesrepublik und ist als ›Heidenmäuerchen‹ bekannt. Um 400 wurde er von den Franken zerstört. Der Zusammenbruch der römischen Macht hatte auch die kulturelle Kontinuität weitgehend unterbunden. Erhalten sind die Fundamente des Turmes an der Klosterstraße in Engers. Von diesem gingen nach beiden Seiten Mauern aus, die sich bald rechteckig zum Fluß wendeten und so eine hufeisenförmige Umfriedung bildeten, die nur vom Wasser her zugänglich war. Ein Wall mag landeinwärts noch zusätzliche Sicherung geboten haben.

Wir wollen nicht nur die Spuren der Römer im Westerwald verfolgen. An einigen Orten, die nicht durch andere in diesem Buch geschilderte Reisen berührt werden, soll auch den nichtrömischen Sehenswürdigkeiten unsere Aufmerksamkeit gelten.

Die erste Siedlung auf der germanischen Seite des Limes war ein Handelsplatz an der Stelle von **Bad Hönningen,** das im ›kleinen Grenzverkehr‹ wohl eine gewisse Bedeutung hatte. Man könnte beinahe den Eindruck gewinnen, als hätten hier mittelalterliche Klosterhöfe (Simeons- und Zehnthof, Templerhof, Mönchhof) uralte ökonomische Traditionen wiederaufleben lassen.

Sehenswert ist die katholische Pfarrkirche (1718–29) mit schönen barocken Heiligenfiguren. Alles überragt *Schloß Arenfels.* Eine 1258/59 durch Gerlach von Isenburg erbaute Burg wurde seit dem 16. Jahrhundert in ein Renaissanceschloß umgewandelt. Mitte des 19. Jahrhunderts gelang es dem Kölner Dombaumeister Zwirner, den damaligen Schloßherrn Graf Westerholt-Gysenberg zu bewegen, aus der Anlage ein neugotisches Burgschloß im Geschmack des romantischen Historismus zu machen.

Die Reste des 1899 von ackernden Bauern zufällig entdeckten römischen Kastells am Anfang des Limes nördlich **Rheinbrohl** sind leider zerstört. Nur eine Rekonstruktion des Wachturmes Nr. 1 und der Abguß einer Grabstele sind die einzigen erkennbaren Denkmäler der Römerzeit. Ein fränkischer Grabstein ist frühestes Zeugnis neuer Machthaber. Pippin I. schenkte im 9. Jahrhundert Güter an die Abtei Nivelles in Belgien. Daran erinnert der alte Gertrudenhof, das heutige Rathaus. Die heutige Pfarrkirche St. Suitbert (19. Jh.) ehrt im Namenspatron dessen Stift Kaiserswerth, das hier Güter hatte. Von den übrigen Klosterhöfen sei nur der von Kloster Marienstatt genannt, dessen Kapelle im Rheinwaldheim im Ortsteil Arienheller 1978 restauriert worden ist.

Bald hinter Arienheller sind Reste des Limes und der Wachtürme Nr. 7–10 zu sehen. Am Forsthof von **Rockenfeld,** einem Ortsteil von Neuwied-Feldkirchen, lag ein römisches Erdkastell mit Wachturm. Hier entstand später ein Hof der Burggrafen von Hammerstein (13. Jh.). Die winzige Gemeinde, aus der die amerikanische Familie Rockefeller stammt, löste sich 1965 selber auf.

In **Neuwied-Heddesdorf** war von 90 bis 190 n. Chr. das zweite größere Römerkastell, das dann nach Niederbieber verlegt wurde. Mit den Steinen des Kastells baute man später eine karolingische Kirche. Auch von dem nach **Niederbieber** verlegten und bis 260 n. Chr. bestehenden Kastell sind keine erkennbaren Reste mehr erhalten. Es lag dort südlich des Friedhofes, wie die Straßennamen ahnen lassen. Die Anlage hatte eine Größe von ungefähr 257 × 198 m und eine Mauerstärke von 1,50 m. Steine daraus wurden vielleicht im 12. Jahrhundert beim Bau des Turmes der evangelischen Pfarrkirche verwendet. In der Frankenzeit wurden hier mehrere Grabfelder angelegt. Die Grafen zu Wied hatten im Ortsteil Nodhausen einen ›Lustpark‹. Oberhalb des Ortes war im 18. Jahrhundert von ihnen das Schloß Monrepos durch den Frankfurter Baumeister Behagel von Adlerskron erbaut worden. Es mußte leider wegen der zu hohen Unterhaltungskosten 1969 eingeäschert werden. Berühmt wurde das Schloß durch die Dichterin ›Carmen Sylva‹ (Elisabeth Prinzessin von Wied, Königin von Rumänien, † 1916).

Im weiteren Verlauf ist der Limes noch im Wald oberhalb Gladbach und Heimbach erkennbar. Auf dem Wingertsberg bei Oberbieber hat man den Wachturm Nr. 38 zu rekonstruieren versucht.

Das nächste Kastell lag bei **Anhausen,** etwa 10 km nordwestlich von Neuwied. Es wurde 1893 zum Teil ausgegraben. Die Mauern der rechteckigen Anlage hatten damals noch eine Höhe von einem Meter. Die römischen Befestigungen verliefen von da an zum Teil an Stellen, die schon prähistorisch von Bedeutung waren. Das Burghoffeld war wohl ein vorgeschichtlicher Siedlungsplatz. Der Wachturm Nr. 46 stand inmitten eines Gräberfeldes aus der Hallstattzeit. Der Gemarkungsname ›Alteburg‹ erinnert an eine vorrömische Ringwallanlage. In der Nähe des Kastells ist zum Teil der Limes sehr gut zu erkennen, wobei diese Teilstrecke wohl überhaupt die am besten erhaltene im ganzen Westerwald ist. Der heutige Ort Anhausen hat eine sehenswerte Kirche aus dem 13. Jahrhundert.

An der Straße zwischen Grenzhausen und Bendorf verweist ein Schild ›Zum Meisenhof und Römerturm‹ auf einen Wanderweg, über den man den Limes, einige Schutthügel römischer Türme und die Rekonstruktion eines solchen (Nr. 54) erreichen kann. Dieser wurde 1912 auf dem Pulverberg neben alten Schuttresten erbaut.

Nördlich von *Hillscheid* ist der Standort des nächsten Feldkastells auf unserer Strecke, über das nur wenige Einzelheiten bekannt sind.

Bei *Neuhäusel* und nördlich von *Arzbach* befinden sich mäßig erhaltene Limesabschnitte im Wald. Beim Nachsuchen läuft man Gefahr, mit dem Limes einen anderen, besser erhaltenen Wall zu verwechseln, der in kurtrierischer Zeit die Grenze eines Wildgeheges bildete. Um so auffälliger ist die Rekonstruktion eines römischen Wachturmes auf einem der beiden Trachytkegel bei Arzbach.

Der Turm (Nr. 84) wurde 1954 als Aussichtsturm hergerichtet. Das Erdgeschoß ist in der üblichen Art aus Bruchstein gemauert, das zweite Geschoß zeigt Blockbauweise, während das Galeriegeschoß eine Fachwerkkonstruktion ist. Die Aussicht ist großartig und lohnt den Aufstieg. Diese Landschaft mit den Orten Arzbach, Eitelborn, Neuhäusel und Simmern heißt *Augst.*

Die alte *Kirche ›auf dem Bühel‹*, seit 1367 Mutterkirche der Augst, erhebt sich über einem römischen Feldkastell, das eine Grundrißfläche von etwa 90 × 76 m hatte und sich noch über den heutigen Kirchhof hinaus ausdehnte. Der kreuzförmige Saalbau der Kirche mit ihrem Haubendachreiter enthält mehrere wertvolle Barockplastiken. Vor der Kirche stehen alte Grabsteine aus dem 16. bis 18. Jahrhundert. Im Dorf befindet sich eines der wenigen repräsentativen Fachwerk-Rathäuser im (westlichen) Westerwald. Das Gebäude mit geschweiftem Zwerchgiebel und dem achteckigen Türmchen stammt inschriftlich von 1710.

Jenseits des Emsbachtales liegt **Eitelborn**, dessen Rathaus (Glocke von 1670) ursprünglich Backhaus gewesen ist.

Unterhalb der beiden genannten Orte ragen aus dem bewaldeten Hang über dem Emsbach die wuchtigen Mauern der Ruine **Sporkenburg**. Sie beweist, daß auch in

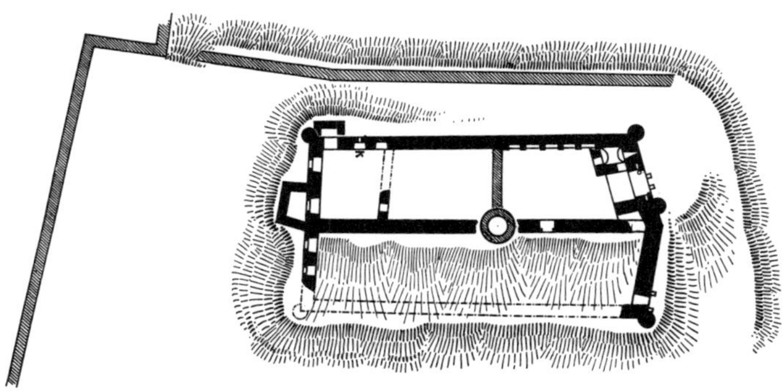

Ruine Sporkenburg

nachrömischer Zeit die Augst ihre strategische Bedeutung behalten hatte. Auf den Trümmern einer älteren Burg baute Heinrich von Helfenstein 1310 diese Befestigung zum Schutz der Emser Silbergruben. Sie ist letztlich auch eine Manifestation der sich damals hier durchsetzenden Macht Kurtriers gewesen, von dem der Helfensteiner die Burg zu Lehen trug. Nachdem sie durch Kauf an die Niederadligen von Nassau zu Sporkenburg und an die Grafen von Metternich-Winneburg gelangt war, wurde sie schließlich 1635 von den Franzosen zerstört, zum gleichen Zeitpunkt wie die Burg Grenzau, die ähnlich wie diese hier im Burgenbau eine Besonderheit darstellt.

Statt eines Bergfriedes wehrt eine mächtige Schildmauer mögliche Attacken aus der Hauptangriffsrichtung ab. Aus Sicherheitsgründen wurde der Zugang zur Kernburg um die ganze Anlage (35 m lang, 18 m breit) herumgeführt. Die fünf Ecken der Hauptburg sind nach französischen Vorbildern durch Tourellen, kleine Ecktürmchen, verstärkt.

Westlich Arzbach lief der Limes um den Weißen Stein und dann ungefähr parallel zur Straße über Kemmenau nach **Bad Ems**, wo die heutigen Straßennamen ›Pfahlgraben‹

und ›Grabenstraße‹ seiner Spur folgen. Nach Niederbieber ist Bad Ems der zweite wichtige Punkt am Westerwälder Limes. Im Bereich der heutigen evangelischen Martinskirche lag ein großes Numeruskastell, für dessen Grundriß die Außenmaße 90 × 142 m ermittelt worden sind. In seiner Nachbarschaft entstanden all jene Handels- und Wohngebäude, wie sie zu allen Zeiten für kleine Garnisonstädte üblich sind und auf die der älteste Ortsteil der Stadt, ›Dorf‹ Ems, letztlich zurückgeht. Über die heutige Römerstraße gelangten die Legionäre zu einem kleineren Wachkastell in Limesnähe, das etwa 1 km entfernt in der Bahnhofsgegend lag. Neben den Bodenschätzen dürften die warmen Quellen den Ort für die Südländer attraktiv gemacht haben. Nach ihrem Abzug sank Ems zur Bedeutungslosigkeit hinab. Erst aus der Merowingerzeit sind bemerkenswerte Grabbeigaben gefunden worden, darunter die sogenannte Emser Runenspange, der Rest einer Tierkopffibel. Seine bisher höchste Entfaltung erlangte der Ort als internationales Modebad im 19. und 20. Jahrhundert, als sich hier Kaiser und Zar als Kurgäste einfanden (Abb. 22). Neben dem alten ›Dorf‹ hatte sich längst als zweiter Ortsmittelpunkt das ›Bad‹ entwickelt, zu dem als dritter Ortsteil ›Spieß‹ auf der dem Westerwald abgewandten Lahnseite hinzukommt.

Die *St. Martinskirche,* eine romanische Emporenkirche aus dem 12. Jahrhundert, ist das älteste Bauwerk der Kurstadt. Sie erhebt sich wohl ziemlich genau über der Stelle des römischen Fahnenheiligtums. Nach dem Brand von 1720 wurden manche Veränderungen am Bau vorgenommen, doch blieb der Gesamtcharakter erhalten.

Der Gebäudekomplex des staatlichen *Kurhauses* wuchs 1912 aus den fünf Badehäusern der nassauischen und hessischen Herrschaften zusammen, wodurch sich die zum Teil etwas verwickelte Baugeschichte erklärt. Als Vorläufer werden 1381 ein Turmbad, 1695 das ›Neue Bad‹ von Hessen und 1715 das Nassauische Bad genannt. Die Kursaalgebäude entstanden 1834–39.

Im Kurpark erhebt sich das stattliche ›Haus zu den vier Türmen‹ (auch ›Karlsburg‹), das 1696 von dem kaiserlichen Feldmarschall Hans Carl Freiherr von Thüringen erbaut wurde. Der spätbarocke, rechteckige Bau trägt seinen Namen von den Turmstümpfen über den vier Ecken, die von Laternen mit welschen Hauben bekrönt werden.

Beim Durchwandern der Viktoria-Allee wird man sich am deutlichsten der Bauideen des 19. Jahrhunderts bewußt, die hier zur Blütezeit des Bades realisiert worden sind. Dort trifft man auch auf die katholische Kirche, deren schmucklose Formen 1863–76 entstanden.

Auch der Ortsteil ›Spieß‹ auf dem jenseitigen Lahnufer hat sehenswerte Baudenkmäler, die hier nur kurz aufgezählt werden können: Russische Kirche (1874/76), barocke Kapelle Maria Königin (1661), alte Thurn- und Taxis'sche Post (1694) und das Mainzer Haus (1696), in dem 1786 die ›Emser Punktation‹ der geistlichen Kurfürsten vereinbart wurde. Deutschlands steilste Zahnradbahn, 1887 erbaut, führte auf den Malberg. Über den westlich liegenden Wintersberg stieg einst der Limes bergan in den Taunus.

Tore zum Westerwald

Die Talweitungen an Rhein, Lahn und Sieg bilden eigene Naturräume. Von dort haben Bautätigkeit und sonstige künstlerische Aktivitäten die abseits gelegenen Landschaften beeinflußt. Darum ist ein kurzer Überblick nötig.

Siegburg – Hennefer Bucht

Alte Stifte und Klöster stehen als Zeugen einstiger kirchlicher Macht. Die Abtei auf dem Michaelsberg zu **Siegburg** gewann um 1100 eine Propstei in Königswinter-**Oberpleis.** Die dreischiffige, romanische Pfeilerbasilika gehört zu den bedeutendsten Kunstwerken am Niederwesterwald. Sie wurde unter Siegburger Einfluß in zwei Bauphasen (etwa 1100–1160, um 1200) errichtet (Farbt. 5).

Oberpleis, romanisches Retabel der Pfarrkirche, 12. Jh.

Glanzstück der Inneneinrichtung ist ein dreiteiliges Tuffrelief, das die ›Königin der Engel‹ (Regina Angelorum) in symmetrischer Komposition darstellt (um 1160).

Spuren alter Kirchengründungen bilden die Westtürme in Bad Honnef-**Aegidienberg** und St. Augustin-**Niederpleis.**

Einflußreich war das Stift St. Kassius und Florentius in Bonn, dem die Kirche in Königswinter-**Stieldorf** gehörte, deren Schiff und Chor der Kölner Dombaumeister Zwirner in romanisierender Form neu erbaut hat (1850/51).

Religiöser Mittelpunkt war ferner das Stift St. Peter in Bonn-Beuel-**Vilich.** Weil die Äbtissin Adelheid (1015) als Selige verehrt wurde, kam es zum Umbau der Stifts- zur Wallfahrtskirche (1208), wobei die Kölner Dombauhütte beteiligt war (1290–1300). Modern, aber in Einzelheiten faszinierend, ist St. Adelheid in Bonn-Beuel-**Pützchen,** wohin sich der Heilquelle (›Pützchen‹) wegen später die Wallfahrt verlagerte.

Eine vierte Klostergründung (1173) betraf die Doppelkirche von Bonn-Beuel-**Schwarzrheindorf** (Abb. 4). Eine ursprünglich kreuzförmige Kapelle wurde westwärts erweitert. Der Typ der zweigeschossigen Kirche ist in Pfalzkapellen wie Goslar vorgebildet. Der kreuzförmige Grundriß samt ursprünglicher Vierkonchenanlage läßt frühchristlichen und byzantinischen Einfluß vermuten.

Außergewöhnlich kostbar sind die Wandmalereien, besonders die Bildzyklen in der Unterkirche (Abb. 5). Die ältere Einrichtung stammt aus dem 18. Jahrhundert.

Die neugotische Deutschordenskommende in Bonn-**Ramersdorf** (1885) ist jedoch – bis auf ein romanisches Doppeltor von etwa 1220 – eine späte Schöpfung der Rheinromantik.

Siebengebirge

Das Siebengebirge bildete schon in prähistorischer Zeit eine Zufluchtsstätte für den Menschen.

Das Kloster Vilich nannte 1144 die Kirchen von Bonn-Beuel-**Küdinghoven,** Bonn-**Oberkassel** und Königswinter-**Nieder-** und **Oberdollendorf** sein eigen. Romanische Westtürme neben später erbauten Kirchenschiffen halten das Andenken daran wach.

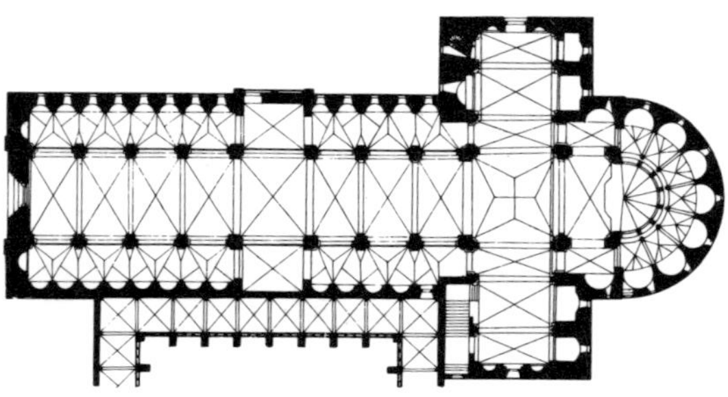

Heisterbach, Klosterkirche, Grundriß

Die Burg auf dem *Drachenfels* (Abb. 1) sollte Kurköln die Wege vom Rhein zum Westerwald sichern. In dem einstigen Burgflecken **Königswinter** besaß das Stift Vilich eine Kapelle, die seit dem 13. Jahrhundert Pfarrkirche war. Sie wurde 1779/80 durch die jetzige Kirche im Stil Louis XVI. ersetzt.

Auf dem *Petersberg* hat man aufsehenerregende Spuren mittelalterlicher Klostergründungen entdeckt. Einer blieb nach der Verlegung Dauer beschieden: Erst 1803 wurde *Kloster Heisterbach* aufgehoben. Seine Chorruine (Abb. 2) markiert einen Meilenstein in der Entwicklung der Baukunst des 13. Jahrhunderts. Umgekehrt gilt die *Drachenburg* (1879–84, Abb. 1) als »einer der Schlüsselbauten des späten 19. Jahrhunderts in Deutschland«.

Die romanische Basilika in **Bad Honnef** wird nur noch durch ihren (von Zwirner veränderten) Westturm vertreten, weil sie durch eine spätgotische Hallenkirche ersetzt worden ist. Im Ortsteil **Rhöndorf** gibt es nicht nur das Adenauer-Haus, sondern einen schönen Altaraufsatz in der Marienkapelle und das klassizistische ›Haus Im Turm‹ (um 1830).

Koblenz – Neuwieder Talweitung

Das Neuwieder Becken ist »der bedeutendste und belebteste mittelrheinische Naturraum« (Graafen), in dem schon eiszeitliche Jäger umherstreiften. Ihr Lager im Neuwieder Ortsteil **Gönnersdorf** (– 12 000 v. Chr.) erwies sich als überaus ergiebig für die Wissenschaft.

Graf Friedrich III. zu Wied (1631–98), ein Westerwälder, gründete 1653 **Neuwied,** ein von Anfang an moderner Ort, ohne Stadtmauern, aber mit viel geistiger Offenheit und Toleranz.

Nach dem Franzoseneinfall baute Julius Ludwig Rothweil ab 1706 das neue *Schloß* (Farbt. 19), was 1756 unter Behagel von Adlerskron weitergeführt wurde. Die Prachträume schmücken wertvolle Stukkaturen der Italiener Gallasini, Genone und Castelli. Die Altstadt, darin das Herrnhuter Viertel, bewahrt in vielem den Charakter des 17. und 18. Jahrhunderts. Der Saal der Brüdergemeinde (1783–85), das klassizistische Roentgenhaus (1774) und die Mennonitenkirche (1768) im rheinischen Barockstil seien hervorgehoben.

Die Burgruine im Ortsteil **Altwied** lieh den Grafen von Wied den Namen. Der Bergfried gilt als einer der ältesten donjonartigen Bauten am Mittelrhein. Baudetails erinnern an solche in Goslar und Seligenstadt.

Zu Neuwied gehört auch der Hauptort des fränkischen Engersgaues. Die 1680 zerstörte Stadtburg in **Engers** entstand neu als Jagdschloß (1759–62) nach Plänen von Johannes Seiz, eines Schülers von Balthasar Neumann. Der Festsaal bietet ein Musterbeispiel für die Dekorationskunst des mittelrheinischen Barock. Michael Eytel schuf die Stukkaturen (1760), Januarius Zick die Malereien. Nahebei liegt das Spee'sche Haus (1770). Unter den Fachwerkbauten fällt das Alte Rathaus (1642) auf.

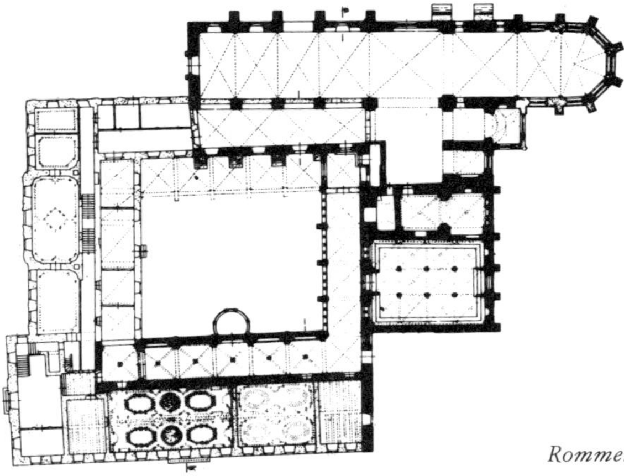

Rommersdorf, ehemalige Prämonstratenserabtei

Schöne Fachwerkhäuser gibt es auch in **Fahr** und **Heddesdorf.** Zu den wichtigsten Kunstdenkmälern in Neuwied gehört *Kloster Rommersdorf* im Ortsteil **Heimbach-Weis.** Die Abtskapelle (1219) zeigt Anklänge an die belgische Zisterzienserbaukunst. Die Kapitelle in Kapitelsaal und Kreuzgang (Abb. 13) spiegeln wesentliche Stufen in der Entwicklung der Architekturornamentik wider. Die glasierten und zum Teil verzierten Bodenfliesen gehören zu den wenigen Beispielen ihrer Art im Rheinland.

Nach Rommersdorf war die heutige evangelische Pfarrkirche von **Niederbieber-Segendorf** Grabstätte der Grafen von Wied, darunter des Erzbischofs Hermann von Wied (gest. 1522).

Bis ins 11. Jahrhundert weisen die Anfänge der Kirche von **Oberbieber.** Ein Turmstumpf erinnert in **Wollendorf** an den Sitz der gleichnamigen Ritter (1202), die Kapelle Wülfersberg (1794) in **Gladbach** an ein Kloster der Prämonstratenserinnen.

Bendorf, Stadt seit 1843, verlor durch Feuer (1743) und Krieg viel an historischer Bausubstanz. Evangelische (1204) und katholische (1864–67) Kirche bilden eine bauliche Einheit mit Stilelementen verschiedener Epochen, wozu auch das sogenannte Reichardsmünster (um 1230) gehört.

Sayn, heute Ortsteil von Bendorf, ist ein großer Name in der Westerwälder Geschichte! Die Stammburg des gleichnamigen Grafengeschlechtes war zeitweise Zentrum mittelalterlicher Dichtkunst in Deutschland. Unterhalb der Hauptburg liegen zwei Burgmannensitze. Das neugotische Schloß (1848) verfällt seit 1945 (Abb. 17).

Die *Sayner Hütte* stellt ein außergewöhnliches technisches Kulturdenkmal dar. Carl Ludwig Althans errichtete die einer gotischen Basilika nachempfundene Konstruktion. Sie war 1828 das erste gußeiserne Bauwerk dieser Art überhaupt.

Die *Kirche* der ehemaligen Abtei Sayn erhielt in mehreren Bauphasen von der Spätromanik bis zum Barock ihre jetzige Gestalt (Abb. 19). Die Spätgotik trug Wandmalereien auf. Der Barock steuerte Gemälde von Heinrich Meermann, Bildwerke von J. Bruell, Heiligenfiguren von Ferdinand Tietz, die Kanzel sowie die Orgel der Gebrüder Stumm bei. Der Taufstein ist mittelalterlich. Außerordentlich hohen Wert haben die Reliquiare des Kirchenschatzes.

Zwei großartige Grabsteine tragen fast vollplastische, ungemein lebendige Darstellungen. Das Original des Grabmals von Graf Heinrich III. von Sayn (gest. 1247), ein herausragendes Bildwerk der späten Stauferzeit, befindet sich im Germanischen Nationalmuseum zu Nürnberg.

Anstelle einer Sayn'schen Burg in **Vallendar** entstand das Haus d'Ester (1773). Den Wiltberger Hof baute Johann Christoph Sebastiani (1698). J. C. Lassaulx verschonte beim Bau der größten Hallenkirche am Mittelrhein (1837–41) nur den spätgotischen Westturm (vor 1501). Außer einer koblenzischen Madonna (16. Jh.) ist die Ausstattung der Kirche kölnischer Herkunft.

Spuren alter Ordensniederlassungen gibt es in **Mallendar** (Deutschherren), **Schönstatt** (Augustinerinnen) und **Urbar** (Kloster Besselich).

Die Festung in Koblenz-**Ehrenbreitstein** dokumentiert kurtrierische Macht und preußische Militärtradition. Mittelalterliche Befestigungen wurden im 17. und 18.

Festung Ehrenbreitstein 1 Johannisturm 2 Neuwieder Tor 3 Dikasterialgebäude 4 Krummstall 5 Marstall 6 Fort Helfenstein 7 Hohe Ostfront

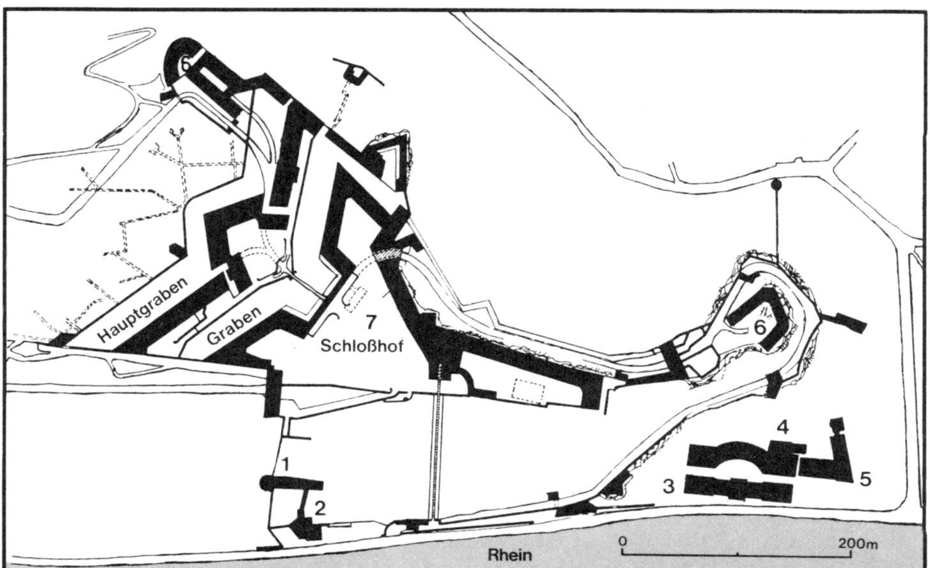

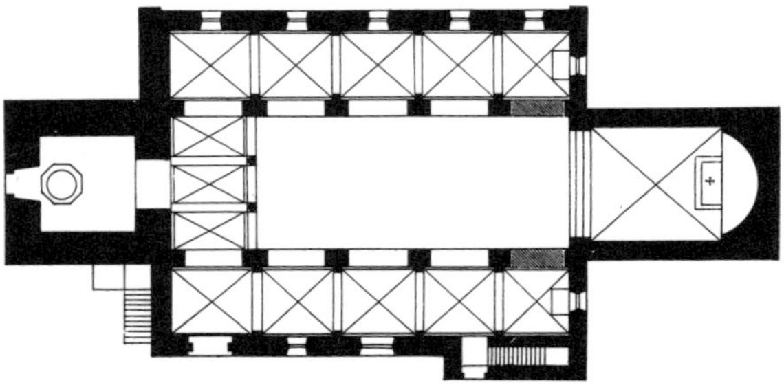

Nieder-Lahnstein, St. Johannes, Grundriß

Jahrhundert nach Maßstäben damaliger Kriegstechnik erheblich erweitert. Die Bauleitung hatten Johann Lollio gen. Saddeler (ab 1656), Johann Christoph Sebastiani (ab 1676), Johann Honorius Ravensteyn (ab 1695) und Johannes Seiz. Die Schönbornwerke schuf Balthasar Neumann. Die Franzosen hungerten 1799 die unbezwingbare Festung aus und schleiften sie. Preußen baute sie modern wieder auf (1815–32), woran Johann Claudius von Lassaulx beteiligt war.

Zur kurfürstlichen Residenz gehörten mehrere Gebäude am Bahnhof. Die Pagerie, den ehemaligen ›Festungspfortenbau‹ erbaute 1690–92 Sebastiani. Balthasar Neumann und Johannes Seiz fertigten Pläne für das Dikasterialgebäude (ab 1793) und die schmucklosen Stallungen. Seiz und Ravensteyn waren zum Teil am Bau von Wohnhäusern beteiligt, die im Ortskern einen Hauch barocker Wohnkultur zurückgelassen haben.

An der Lahnmündung steht neben einem ehemaligen römischen Burgus die *Johanneskirche* von (Nieder-)**Lahnstein** (Abb. 25). Die Pfeilerbasilika (12. Jh.) mit dem mächtigen Westturm weist die für die trierisch-koblenzische Baukunst charakteristische Eckquaderung auf. Diese älteste überlieferte Emporenkirche am Mittelrhein verwertete französische Anregungen, die sie nach Bad Ems und Dietkirchen vermittelte.

Limburger Becken

Günstige Böden lockten schon in vorgeschichtlicher Zeit Menschen zur Ansiedlung. Die bedeutendste Fundstelle für deren Hinterlassenschaft in den Höhlen bei Steeden fiel dem Kalkabbau zum Opfer.

Die *Kirche* in Limburg-**Dietkirchen** (Abb. 29) geht auf eine Missionskirche des 6./7. Jahrhunderts zurück, wird aber erst 841 urkundlich erwähnt. Um 800 wurden hierher die Gebeine des hl. Lubentius übertragen, der im 4. Jahrhundert an der Mosel gewirkt hatte und nun als ›Apostel des Lahngaues‹ im nachhinein trierische Ansprüche symbolisierte.

Die ehemalige Stiftskirche ist Nachfolgerin eines karolingischen und ottonischen Baues. Die dreischiffige Emporenbasilika mit der zweitürmigen Westfassade ist Resul-

Dietkirchen, ehemalige Stiftskirche, Grundriß

tat von Um- und Neubauten bis in das 13. Jahrhundert. Sie gehört zu den bedeutendsten früh- und hochromanischen Bauwerken an der Lahn.

Der Runkeler Ortsteil **Dehrn** entstand an einem wichtigen Lahnübergang. Anstelle einer Burg der Grafen von Diez wurde nach 1844 das neugotische Schloß errichtet.

Heinrich, gen. von Westerburg, baute vor 1288 Runkel gegenüber die Burg **Schadeck,** »um Runkel zu schaden«. Ein Wohnbau ist noch erhalten (Abb. 21).

Auf dem Beselicher Kopf bestand ein Kloster. Die Kirche (1767) geht jedoch auf die Initiative des Klausners ›Bruder Leonhard‹ (gest. 1782) zurück. Die Ausstattung mit barocken Figuren ist bemerkenswert. Nach dieser Stätte ist die heutige Großgemeinde **Beselich** benannt.

Lahntal bei Wetzlar

Das Lahntal bei Gießen und Wetzlar ist die vierte alte Siedlungskammer am Rande des Westerwaldes. Die Kelten legten am Dünsberg eine gewaltige Ringanlage an. Gut sind die in drei konzentrischen Ringen gezogenen Wälle zu erkennen.

In geschichtlicher Zeit bildete die Talweitung das Zentrum des Oberlahngaues. Später hat sich vor allem das Erzbistum Mainz über die Wetterau hierher vorgetastet.

Gießen und **Wetzlar,** inzwischen aus der Zwangsehe ›Lahn‹ wieder entlassen, sind die beherrschenden historischen, kunstgeschichtlichen, kulturellen und wirtschaftlichen Zentren dieser Gegend.

Nördlich liegen sich in **Krofdorf** auf zwei Basaltkegeln die in Lage und Architektur ähnlichen Burgruinen *Gleiberg* (Abb. 31) und *Vetzberg* (Abb. 32) gegenüber. Letztere war Sitz des Gleiberger Vogtes, woher der Name (= Vogtsberg) rührt. In Krofdorf-Gleiberg bietet die evangelische Pfarrkirche das bedeutendste Beispiel einer spätgotischen Holz-Pfeilerkirche in Hessen (1513).

Lahnaufwärts liegen die zu Gießen gehörenden Orte, lahnabwärts die Vororte von Wetzlar. Viele besitzen alte Baudenkmäler. Die Kirchen überwiegen. Oft sind sie

Nachfolger älterer Bauten, so in **Launsbach** (1618) oder in **Wißmar** (1828–30), wo ein Schüler Schinkels, Friedrich Louis Simon, tätig war. Die wertvolle evangelische Kirche von **Heuchelheim** entstand vom 13. bis 15. Jahrhundert in mehreren Etappen; die von **Naunheim** und **Waldgirmes** enthalten ältere Bauteile; in der von **Atzbach** (1766/67) wird der Einfluß von Friedrich Rothweil spürbar. Die evangelische Pfarrkirche von **Dorlar** erinnert an ein Nonnenkloster (1297–1540), vor dem sie entstand und das sie überdauert hat.

Hoch über dem Ort **Aßlar** liegt die im Kern romanische Kirche, die ihre heutige Gestalt im Jahre 1688 erhielt. Schießscharten am Turm (14. Jh.) gemahnen an unsichere Zeiten.

Für Landgraf Hermann I. von Hessen und gegen die Grafen von Solms baute Tyle von Frankenberg 1373–79 die Burg **Hermannstein** (Abb. 30). Die ältere Oberburg (14. Jh.), an der zwei hochragende Schornsteine auffallen, ist die bedeutendste gotische Wohnturmanlage in Hessen! Bei der Gestaltung wurden Anregungen von französischen Donjons übernommen. Die Unterburg (1483) strahlt mit ihren kleineren Wohnräumen gegenüber den repräsentativen Sälen der Oberburg beinahe eine behagliche Atmosphäre aus. Man sieht, wie sich in etwa hundert Jahren die Wohnkultur gewandelt hat. Aus der großen Küche führt eine Treppe nach oben, wo die ehemalige Kapelle erhalten ist. Unterhalb der zwingenbewehrten Gesamtanlage liegt der große Gutshof der Freiherren Schenck zu Schweinsberg (ab 15. Jh.).

Die gotische evangelische Pfarrkirche in **Blasbach** wurde 1712–16 neugestaltet.

Ruine Hermannstein, Querschnitt und unterer Grundriß

Lahnabwärts erheben sich die Mauern des ehemaligen Prämonstratenserinnen-Klosters **Altenberg**, das zwischen 1164 und 1179 gegründet wurde. Die Meisterin Gertrud (1248–97), Tochter der hl. Elisabeth von Thüringen, brachte das Reichsstift zu seiner höchsten Blüte. Heute beherbergt es evangelische Königsberger Diakonissen.

Die bedeutende frühgotische *Kirche* (Abb. 27) hat im Chorteil (1271) Anregungen der hessischen Bauschule verarbeitet. Im Langhaus (um 1300) dagegen tragen die Architekturdetails deutlich den Stempel rheinischer Baukunst. Trotz zisterziensischen Einflusses wirkt die Altenberger Kirche nicht streng, da man durch wohlproportionierte Aufteilung der Wandflächen und gute Fensterprofilierung die Nüchternheit zu mildern verstand.

Hervorragend ist die Innenbemalung aus dem späten 13. Jahrhundert. Farben oder Teppichmuster betonen die Architekturglieder. Dazwischen befinden sich figürliche Darstellungen von Heiligen (Abb. 28).

Zur alten Ausstattung gehören der Barockaltar (1734), der Emporenaltar (1609), der Altar im Schiff (1649) und der nördliche Seitenaltar (1789) sowie das Chorgestühl (um 1300), Levitensitz und Piscina.

Vom Rang des Klosters zeugen alte Grabdenkmäler. Das bedeutendste ist die Tumba der sel. Gertrud (gest. 1297), deren Gestalt inmitten eines Architekturrahmens ruht. Standbildartig aufgefaßt ist auch das Bildnis von Graf Heinrich d. Ä. von Solms-Braunfels (gest. 1258) auf der Tumba im Querschiff. Bemerkenswert sind ferner der Bildnisgrabstein von Graf Bernhard II. von Solms (gest. 1459) und eine Messingplatte von J. A. Nagel aus Frankfurt (1722).

In Solms-**Niederbiel** sollte man das alte Backhaus (1775) und die Kirche mit romanischem Chorturm und prächtiger Orgel (um 1700) beachten.

Die Hohe Straße

Die erste Reise in den Westerwald soll über die sogenannte Hohe Straße führen. Sie ist überaus episodenreich. Das bewegte Leben, das sich jahrhundertelang auf und neben ihr abspielte, hat der Westerwälder Geschichtsforscher und Dichter Ferdinand Ebert aus Montabaur meisterhaft erzählt. Zum ersten Mal soll hier sein Bericht – nur gelegentlich durch kunsthistorische Exkurse unterbrochen – auszugsweise veröffentlicht werden. Lassen wir ihn als Reiseleiter selber zu Wort kommen!

»Unter den zahlreichen Wegen, die Hohe Straße genannt werden, verstehen wir hier jene Strecke, die von Köln über Limburg nach Frankfurt führt und deshalb auch die ›Kölnische‹ oder auch ›Köln – Frankfurter – Straße‹ genannt wird. Wir wollen auf ihr von der Sieg bis zur Lahn reisen. Wir werden sehen, daß es eine echte Höhenstraße ist, die möglichst Täler meidet. Unsere Straße folgt einem frühgeschichtlichen Wege, von dem sie aber nicht selten nach rechts oder links abweicht.

Wir verlassen Siegburg südostwärts und überqueren die Sieg. Unsere Hohe Straße kürzt den Siegbogen ab. Die Bundesautobahn Köln – Frankfurt, die hier unseren Weg kreuzt, zieht weit westlich unserer Straße hin, die sie vor Limburg wieder erreicht. Zur Linken entstand im 13. Jahrhundert in **Zissendorf** das Zisterzienserinnenkloster Gottesfrieden (Abb. 6), das von Blankenberg an der Sieg hierher verlegt worden war und bis zum Jahre 1803 bestand. Eine Allee führt zur guterhaltenen Klosteranlage, die heute ein Sanatorium beherbergt.

Rechts neben unserer Straße erhob sich in Hennef-**Geistingen** eine uralte Basilika aus dem 12. Jahrhundert, die im Jahre 1945 zerstört und 1951 nach Plänen des Kölner Dombaumeisters Willi Weyres wieder aufgebaut wurde.

Unterhalb der Bröltalmündung kommen wir zum Kneippbad **Hennef**, einer alten Ansiedlung, deren Kirche der Abtei Siegburg gehörte. Der Ort liegt am Ausgang des Hanfbachtales, durch das früher die Kleinbahn nach Asbach den Westerwald hinauffuhr.«

Östlich von Hennef liegt auf einem Felssporn hoch über der Sieg die **Stadt Blankenberg.** Der stolze Name dieses Ortsteils von Hennef kündet von alten Freiheiten, die der befestigte Ort einst besaß.

Die Grafen von Sayn hatten um 1180 hier eine *Burg* gegründet. In deren Schatten bildete sich eine Siedlung, der 1245 Stadtrechte verliehen wurden. Seit dem Dreißig-

1 SIEBENGEBIRGE Blick auf Drachenfels und Drachenburg (rechts)

2 HEISTERBACH Chorruine von Osten

4 SCHWARZRHEINDORF Doppelkirche, Westchor

3 HEISTERBACH Pfortenhaus

5 SCHWARZRHEINDORF Oberkirche, Wandmalereien

6 ZISSENDORF bei Hennef

7 HENNEF Turm der alten Pfarrkirche

8 STADT BLANKENBERG Katharinentor

9 PETERSBERG Kapelle

10 ERPEL Rathaus

ZUM RHEINTOR
Steffens Pils
Restaurant
HOTEL
Steffens

12 LINZ Rathaus
11 LINZ Burgplatz
13 ROMMERSDORF Kreuzgang

15 NEUWIED Roentgen-Haus

16 ABTEI SAYN Brunnenhaus im Kreuzgang

14 BENDORF Apsis von St. Medard

17 BURG und SCHLOSS SAYN

18 ABTEI SAYN Inneres der Kirche

19 SAYN Abteikirche von Westen

20 EHRENBREITSTEIN Marstall, Portal

21 SCHADECK an der Lahn

22 BAD EMS Kurhaus

23, 24 DAUSENAU St. Kastor, Inneres; Wandmalerei mit Aposteldarstellungen

25 LAHNSTEIN St. Johannes

26 LEUN Fachwerkhaus

29 DIETKIRCHEN Ehemalige Stiftskirche

27, 28 ALTENBERG Innenansicht mit Grabmal der sel. Gertrud; Wandmalerei

31 Burgruine GLEIBERG
30 Burgruine HERMANNSTEIN
32 Blick von Gleiberg auf VETZBERG

33 NEUERBURG und Fockenbachtal ▷

jährigen Krieg verlor der Ort an Bedeutung. Ende des 17. Jahrhunderts wurde die Burg geschleift, 1806 gingen die Stadtrechte verloren.

Noch immer ist die von Mauern und Türmen bewehrte Anlage höchst eindrucksvoll. Auf der Spitze des Bergsporns liegen die Ruinen der Hauptburg, von der nur der Bergfried, der St. Georgsturm und Mauerreste erhalten sind. Mit ihr ist über einen Dammweg die Vorburg verbunden. Ihre Südfront sichert eine mächtige Schildmauer. Davor lag die Altstadt, heute eine vom alten Mauerbering umschlossene Wiesenfläche. Im Südosten erhebt sich der Grabenturm, der den Zugang zur Altstadt vermittelte.

Von diesem Stadtkern ist die Neustadt zu unterscheiden, die sich wohl erst eine Weile nach der Burggründung entwickelt hat. Auch sie umschließt noch heute der alte Mauerkranz, an dessen Nordwestecke der *Katharinenturm* mit dem Haupttor steht. Der viergeschossige Bau wird von einer abgewalmten Dachhaube bekrönt (Abb. 8).

Die *Kirche* geht auf ein 1247 erstmals erwähntes Nonnenkloster zurück, das später nach Zissendorf verlegt wurde. Zwei Punkten sollte der Besucher der einschiffigen Saalkirche besondere Aufmerksamkeit widmen, der Choranlage und den Fresken. Die Apsis im Fünfachtelschluß ist mit schlanken Dienstpfeilern ausgestattet, die zu Dreiergruppen zusammengefaßt sind, auf denen die rippenartigen Gewölbegrate ruhen. Den Verbund der Dienstbündel bilden Schaftringe. Dieses Baudetail weist ebenso wie die Knospenkapitelle auf die Klosterkirche von Marienstatt hin, die in ihren Ostteilen etwa zur gleichen Zeit entstanden ist.

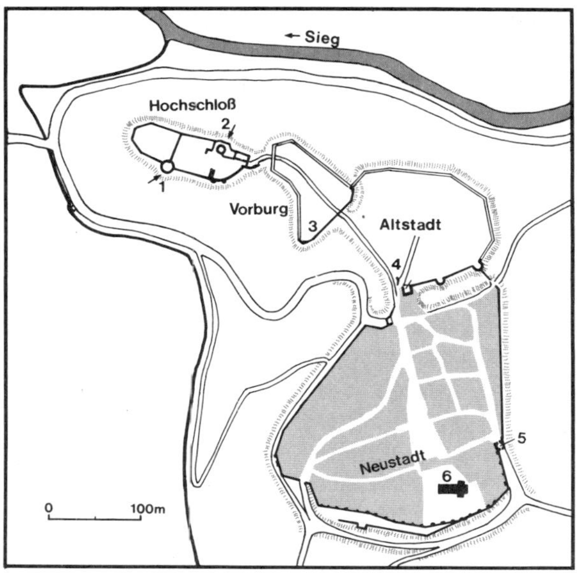

Stadt Blankenberg 1 Batterieturm
2 Bergfried 3 Schildmauer
4 Kölner Tor 5 Katharinentor
6 Kirche

Die um 1265 entstandenen Fresken wurden 1928 wiederentdeckt. In der Apsis ist eine Marienkrönung dargestellt, bei der Christus und seine Mutter gemeinsam auf einem Thron Platz genommen haben, ein Motiv, das in dem gotischen Flügelaltar zu Marienstatt wiederkehrt. An der Nordwand sind Brustbilder des hl. Petrus zwischen Johannes dem Täufer und dem hl. Paulus zu erkennen. Die südliche Langhauswand trug einen Zyklus mit der Katharinenlegende, aus der das Schlußbild erhalten ist. Gegenüber diesem großartigen Werk der Frühgotik treten die darunter stehenden Bilder mit Szenen aus dem Leben der hl. Katharina zurück.

Aus der Gründungszeit stammen im übrigen Altartisch und Taufstein. Der barocke Hochaltar ist im neuen Anbau untergebracht.

Nicht weit von Blankenberg liegt der gleichfalls noch zu Hennef gehörende Ort **Süchterscheid,** dessen Wallfahrtskirche Altes mit Neuem glücklich vereint. Dort ist der Chor der alten Kapelle (12. oder 13. Jh.) in einen von R. Steinbach entworfenen Neubau (1957/58) einbezogen worden. Vor dieser Kirche steht die bescheidene Wallfahrtskapelle (1681) mit einem kleinen Vesperbild aus Holz (1460/70).

»Wir reisen weiter auf unserer Hohen Straße. Zur Linken hebt sich der aussichtsreiche Steimel 259 m hoch, einer der vielen Berge dieses Namens. Ebenso hoch erhebt sich eine alte Zeugstätte, der Erholungsort **Uckerath,** der seit 1969 zu Hennef gehört. Von dem alten Kirchturm aus dem 12. Jahrhundert war vor Jahren noch ein Teil erhalten. Die Kirche gehörte einst dem Kassiusstift zu Bonn, was Papst Innozenz II. im Jahre 1131 bestätigte. Im Jahre 1796 wurde hier zwischen Österreichern und Franzosen die ›Schlacht bei Uckerath‹ geschlagen.

Über Wasserheß und Stotterheck wandern wir nahe der einstigen großen Kehrschleife der Asbacher Kleinbahn nun in genau östlicher Richtung. Wir überqueren die von Eitorf aufsteigende Straße, die über Asbach ins mittlere Wiedtal führt, und erreichen **Kircheib,** das im Jahre 1381 als Grenze des Landfriedens des Erzbischofs Baldewin v. Trier bezeichnet wird. Wuchtig steht dort die im Inneren stilvoll erneuerte dreischiffige Pfeilerbasilika.«

Obwohl das romanische Kirchlein nur drei Joche und einen kleinen quadratischen Chor mit runder Apsis besitzt, wirkt es von außen beinahe trutzig (Farbt. 4). Lisenen mit Rundbogenfries versuchen, das Aussehen der wehrhaften Mauern etwas aufzulockern. Im Innern steht ein alter Taufstein vom Anfang des 13. Jahrhunderts.

»Hinter Grünewald kreuzen wir eine alte Rennstraße, die vom Rhein über Asbach herkommt und nun nordostwärts durch die waldreiche Leuscheid am 353 m hohen Mönchskopf vorüber zum Dorf Leuscheid und von dort zur Sieg führte. Übergesetzt wurde dort bei dem Orte Übersetzig. Hinter Roßberg und Hasselbach gelangen wir zum Mehrbach, der in langem Lauf nach Süden strebt, wo er bei Ehrenstein die Wied erreicht. Der Bachname weist uns nach dem Dorf **Mehren,** wo die alte Pfeilerbasilika (Farbt. 38), aus Mauer- und Fachwerk errichtet, von der Höhe grüßt.«

Der malerische Fachwerkspeicher (18. Jh.) über dem Chor fesselt den Betrachter. Doch auch sonst verdient der Bau Beachtung. Er gehört zu den zahllosen romanischen Dorfkirchen des Westerwaldes, die im 12. Jahrhundert mit dem Ausbau der kirchlichen Strukturen im ganzen Land errichtet wurden. Die dreischiffige Pfeilerbasilika mit Westturm dürfte um 1200 entstanden sein. Während das Schiff flachgedeckt ist, hat der Chor Kreuzgratgewölbe. Seine Apsis wird durch Lisenen gegliedert. Von dem Taufstein stammt das mit einem Blattwerkkranz verzierte Becken noch aus der Bauzeit der Kirche und trägt deutlich den Stempel der plastischen Kunst von Andernach.

Unter den Fachwerkbauten des Ortes ragt die sogenannte Alte Schule heraus, ein spätgotisches Bauwerk (16. Jh.).

»Der Mehrbach gilt als Grenze des Kölnischen Dialektes. Bei der Kreuzung mit der Straße von Herchen an der Sieg nach dem Neuwieder Becken, die teilweise uralten Wegen folgt, haben wir auf 300 m Höhe den Luftkurort **Weyerbusch** erreicht. Hier war früher eine wichtige Thurn- und Taxis'sche Poststation. In der nach ihm benannten Fremdenpension wohnte der in Hamm an der Sieg geborene Friedrich Wilhelm Raiffeisen. Er wurde im Jahre 1846, als die Bauern durch Mißernten und Wucher verarmt waren, in Weyerbusch Amtsbürgermeister und gründete hier den ›Brotverein auf Treu und Glauben‹, aus dem die erste ländliche Genossenschaft und dann die Raiffeisengenossenschaft hervorgegangen ist. Sein berühmtes Backhaus, das Brot für die Armen lieferte, wurde im Jahre 1945 durch Bomben zerstört, aber 1953 wieder aufgebaut (Abb. 41).

Die Straße neigt sich jetzt in südöstlicher Richtung nach **Birnbach** mit seiner alten *Kirche* (Abb. 46), die ebenfalls dem Kassiusstift in Bonn gehörte. Auch für sie bestätigte im Jahre 1131 Papst Innozenz II. diese Rechte. Das Birnbacher Hohe Gericht wird schon im Jahre 1260 erwähnt und war das einzige im südöstlichen Teil des Auelgaues. Kurz vor 1464 wurde der Gerichtssitz nach Altenkirchen verlegt.«

Wie so viele romanische Dorfkirchen entstand auch die von Birnbach um 1200. Immer wieder kehrt der hier realisierte Typ wieder. Er wird durch folgende Bauelemente charakterisiert: Ungegliederter Westturm vor dreischiffiger, querhausloser Pfeilerbasilika, quadratischer Chor mit halbrunder Apsis, flachschließende Seitenschiffe, Außengliederung der Wände durch Lisenen.

Birnbach hatte im Langhaus ursprünglich vier Arkaden, doch wurde der Bau 1899/1900 westwärts erweitert. Man erneuerte Turm und Treppenschnecke. Im Süden führt ein schönes Fachwerkportal ins Innere, wo die Kanzel (um 1680) Beachtung verdient.

»Wir kommen ins Tal der Wied. Südöstlich unseres Weges ragt die mit Wandmalereien geschmückte Basilika von **Almersbach.** Hier unterbrachen vielleicht einst Wallfahrer und Reisende ihre Fahrt, um geistlichen Trost zu finden. Auch diese Kirche gehörte dem Kassiusstift in Bonn. Kaiser Karl IV. erteilte im Januar 1357 dem Orte Almersbach Stadtrechte, von denen allerdings wenig Gebrauch gemacht wurde.«

Die spätromanische *Kirche* (Abb. 47) in Almersbach (13. Jh.) hat, wie die meisten der alten Kirchbauten, eine bevorzugte Lage über dem Wiedtal. Alte Bäume umrahmen malerisch den ehrwürdigen Bau. Der ungegliederte Westturm trägt eine barocke Haube. Die Apsis wird außen durch Lisenen belebt. Offenbar hat man Chor und Apsis im 14. Jahrhundert bis zum Traufgesims des Mittelschiffes erhöht. Auch die Seitenschiffe laufen in runde, außen rechteckig ummantelte Apsiden aus. Vier- und Achtpässe gliedern die Fenster. Im Innern befinden sich wertvolle Fresken, die von der Mitte des 13. bis zu Anfang des 15. Jh. in wiederholtem Stilwechsel entstanden sind.

»Die Kreisstadt **Altenkirchen** hat ihren Namen vielleicht von einer alten Kirche, die im Jahre 1131 zum Kassiusstift in Bonn gehörte und Mutterkirche vieler Westerwälder Pfarreien wurde. Das Martinspatrozinium führt uns aber in frühere Zeiten. Vielleicht läßt es auf die Kirche eines fränkischen Königshofes schließen. Ein 1822 nach Schinkels Plan erbautes Gotteshaus brannte 1893 nieder.

Altenkirchen, das im Jahre 1314 Stadtrechte erhalten hatte, war früher Residenzstadt als Mittelpunkt der Reichsgrafschaft Sayn-Altenkirchen. Das ausgedehnte Schloß in Altenkirchen wurde 1862 niedergelegt. Im Jahre 1796 wurden hier die Österreicher von den Franzosen unter deren General Kleber geschlagen. Diesem wurde 1840 in seiner Geburtsstadt Straßburg ein Denkmal gesetzt mit einem Relief der Schlacht bei Altenkirchen.

Im Jahre 1803 kam Altenkirchen an Nassau-Usingen, 1815 wurde es preußisch und 1816 Hauptstadt des neugegründeten gleichnamigen Landkreises. Dreimal wurde die Stadt zerstört, zuletzt durch die Bombenangriffe im März 1945. Altenkirchen ist ein wichtiger Eisenbahnknotenpunkt.

Wir wenden uns wieder der Hohen Straße zu. Im Jahre 1343 hatten Herren und Grafen aus dem Westerwald den Schutz dieser Straße übernommen. Ende des 17. Jahrhunderts sollte die Hohe Straße nach dem Willen des Grafen Valentin Ernst von Manderscheidt-Sayn über Hachenburg und Wölferlingen umgeleitet werden. Auf Verlangen Kurtriers wurde diese Umleitung aber wieder abgeschafft.

Wir überschreiten unterhalb Michelbach die Wied, die bei Niederingelbach ihren nördlichsten Punkt gewinnt. Sie entspringt im wasserreichen Gelände von Dreifelden. Bei Neustadt wendet sie sich durch ein tiefeingeschnittenes Tal dem Rhein zu, den sie zwischen Irlich und Neuwied erreicht. Sie legt im ganzen von Quelle bis Mündung, als längster Bach des Westerwaldes, 33 km zurück. Im Mittelalter bildete die Wied ungefähr in der ersten Hälfte ihres Laufes, etwa von Steinebach bis oberhalb Neustadt die Grenze der alten Erzdiözese Trier zur Linken und Köln zur Rechten des Bachlaufes.

Auf unserer Weiterreise in südöstlicher Richtung berühren wir Gieleroth. Von hier bis Hahn verlief die Straße früher vielleicht mehr westlich der heutigen Wegführung.

Wir überschreiten die einstige preußisch-nassauische Grenze. Hier begann nach dem Zweiten Weltkrieg für einige Jahrzehnte der Regierungsbezirk Montabaur, der kleinste, inzwischen wieder aufgelöste Regierungsbezirk der Bundesrepublik. Die zahlreichen Dörfer dieser Gegend mit der Endsilbe ›rod‹ oder ›roth‹ führen uns in jene frühen Zeiten zurück, als der Wald für den Ackerbau gerodet wurde. *Wahlrod,* das wir nun erreichen, hieß früher Waldenrode und ist wahrscheinlich nach einem Waldo benannt, der Abt von Maximin bei Trier war und im 9. Jahrhundert die südlich vom Waldroder Wald jetzt als Ruine stehende Kirche zu *Roßbach* gestiftet hat.

Wir nähern uns abermals der Wied, die zur Linken an Winkelbach vorbeifließt. Wiederum fällt uns eine Häufigkeit gleicher Endsilben in den Ortsbezeichnungen auf. Dieses Mal ist es die Endung ›bach‹.

Wir machen im Luftkurort **Höchstenbach** halt und bewundern die alte Georgskirche aus dem 13. Jahrhundert mit malerischem Aufstieg der Bauteile von der Apsis über Chor und Langschiff zum Turm und den gotischen Gemälden im Innenraum (Farbt. 6).

Wenn wir von Almersbach absehen, ist Höchstenbach mit seinen nördlich bis Borod reichenden Filialen auf unserer Fahrt nach Süden über die Hohe Straße die erste Pfarrkirche, die im Ausstrahlungsfeld der ehrwürdigen Stiftskirche von Dietkirchen an der Lahn steht, zu deren Archidiakonat, dem alten Dekanat Engers, Höchstenbach einst gehörte.«

Die spätromanische Kirche war ursprünglich einschiffig. Das später angebaute südliche Seitenschiff steht über zwei verschieden großen Arkaden mit dem flachgedeckten Langhaus in Verbindung. Die Ostansicht ist durch die Staffelung des Baues und die auflockernden Bogenblenden sowie den Rundbogenfries sehr eindrucksvoll. Das kupplige Kreuzgratgewölbe des Chores trägt einen eigentlich hängenden Schlußstein.

In der Apsis entdeckte man 1952 Wandmalereien (vermutlich 13. Jh.), die den Weltenrichter mit den Symbolen von Evangelisten und Heiligen zeigen.

»Die Rheinische Straße Koblenz – Herborn überquert in Höchstenbach unsere Hohe Straße und führt von hier kerzengerade über die Wied zum Dörfchen Wied und über Merkelbach, einem einstigen Wallfahrtsort, nach Hachenburg.

Am Anfang des weiten Höchstenbacher Waldes ragt rechts der Straße auf freiem Platz das Marçeau-Denkmal. Es wurde im Jahre 1863 von Kaiser Napoleon III. gestiftet zur Erinnerung an General Marçeau. Die Denkmalinschrift besagt: 'Beweint von seinen Soldaten, geachtet von Freund und Feind'. Vor Errichtung des Denkmals erinnerte eine Steinplatte an den General, der auch in der Volkssage weiterlebt. Das neue Denkmal wurde von dem Nassauischen Bauinspektor Meurer aus Montabaur entworfen.

Einen Quellbach der Wied überschreiten wir kurz vor seinem Ursprung bei dem Gasthaus Hohenborn, einer alten Kur-Trierischen Zollstätte. Zur Rechten führt eine Straße südwärts über Schenkelberg zum Holzbach.

Nicht weit davon ragt auf einem Bergkegel über dem einst mit Stadtrechten ausgezeichneten Dorf **Hartenfels** das ›Schmanddibbe‹ auf (Farbt. 1). Es ist der einem Rahmtopf ähnelnde Turm einer Burg, die Mitte des 13. Jahrhunderts den Grafen von Wied und der Gräfin Mechthild von Sayn gemeinsam gehörte und unter Erzbischof Arnold von Isenburg-Braunfels an Kurtrier kam. Die schon 1593 verfallene Burg war wohl ursprünglich im Auftrag des Königs zur Sicherung der Hohen Straße errichtet worden.

Von der Hohenborner Straßenkreuzung aus können wir, nach Osten gewandt, die *Dreifelder Weiher* umfahren. Wir kommen auf der Hachenburger Straße nach **Steinebach** mit seiner Talburg und hören die Sage von der Sultanstochter, die der Ritter aus dem Kreuzzug mitgebracht hatte. Wir können zwischen Weihern hindurchfahren, zur Rechten den Hoffmann- und Haidenweiher und zur Linken den Großen Seeweiher besuchen, wobei wir an der Seeburg, einer einstigen Wied'schen Residenz, vorüberkommen. Die Weiher gehören dem Fürsten zu Wied, dessen Vorfahren sie einst angelegt haben.

Von Steinebach können wir auch über Schmidthahn ostwärts um den See herumfahren durch **Dreifelden** (Abb. 45) mit einer der ältesten Westerwaldkirchen. Sie ist musterhaft erneuert und erweitert worden.«

Der ›Dreiherrenstein‹ unweit des Ortes erinnert an die Grenzlage von Dreifelden, wo im 13. Jahrhundert die Erzbistümer Köln und Trier sowie die Grafschaften Wied und Sayn-Hachenburg aneinanderstießen. Vor 1342 erfolgte ein Burgbau. Der Sage nach soll die Feste im Weiher versunken sein.

Schon von der Anlage her verrät die *Kirche* ein hohes Alter, wenn sie inmitten eines gerundeten (ehemaligen) Friedhofs im Schnittpunkt zweier Straßen ihren Platz hat. Der romanische Bau dürfte noch im 11. Jahrhundert entstanden sein. Merkwürdig ist, daß wir hier einen Chorturm antreffen der Art, wie sie im Einflußbereich von Stift Vilich zu sehen ist. Vielleicht spielt trierischer oder wiedischer Einfluß mit, wodurch diese Variante rheinischer Architektur hierher verschlagen wurde in eine Gegend, in der Westtürme vorherrschen.

Von dem ursprünglichen Kirchbau stehen die Langhauswände, die von dem modernen Äußeren umschlossen werden. Deren Steine sind geschickt zu einem Fischgrätenmauerwerk angelegt. Um 1200 wurden die Wände erhöht, gleichzeitig mit der Errichtung des Chorturmes. Spätgotik und Barock haben weitere Veränderungen vorgenommen, bis 1955/60 durch die sehr sorgfältige Instandsetzung und Erweiterung ein Musterbeispiel für die Versöhnung von Alt und Modern in der Architektur geschaffen wurde. Einzelheiten werden in Schautafeln an der Seitenwand erläutert.

»Bei dem 400 m hoch gelegenen Ort Steinen-Straße erreichen wir wieder die Hohe Straße. Nach Untergang des einst in der Gemarkung Steinen gelegenen Ortes Stahlhofen bestehen im Westerwald nur noch zwei Dörfer dieses Namens bei Westerburg und bei Montabaur. Im Gebiet der *Freilinger Weiher* sehen wir links den *Brinkenweiher* (Farbt. 48), dann den vielbesuchten *Postweiher,* der im Jahre 1665 durch Graf Friedrich von Wied angelegt wurde. Rechts liegt ruhig der *Hausweiher,* aus dem der Holzbach gegen Westen fließt, bis er südlich von Flammersfeld die Wied erreicht.

Die Straße führt abwärts nach **Freilingen** am Saynbach, dessen Quellwasser zum Teil dem östlich gelegenen Wölferlinger Weiher entfließen. Die Sayn wendet sich südwestwärts nach Selters, schaut in ihrem Unterlauf zu den Ruinen Isenburg und Sayn empor und mündet im Neuwieder Becken in den Rhein. Der 465 m hohe Wölferlinger Kopf ist Mittel- und Merkpunkt für die Quellbäche der Sayn und Wied.

Freilingen ist eine wichtige Kreuzung der Hohen Straße mit einer vom Rhein über den Hohen Westerwald zur Dill führenden Verbindung. Schon früh, genannt wird das Jahr 1612, war hier eine Poststation der Linie Antwerpen – Lüttich – Köln – Frankfurt eingerichtet. Freilingen liegt fast gleich weit von Köln und Frankfurt entfernt, ungefähr 82 km. Zeitweise standen hier 30 bis 40 Pferde zum Auswechseln für Kutschen und Depeschenreiter bereit. Im Jahre 1675 richtete Herzog Karl von Lothringen hier ein Hauptquartier der Kaiserlichen Truppen ein. Österreicher und Franzosen besuchten das Posthaus. Vielerlei Kriegsvolk setzte dem geplagten Postmeister zu. General Blücher, der Fürst von Wahlstatt, für dessen Unterkunft schon Vorbereitungen in der Poststation und im späteren Gasthaus zum Sayntal getroffen waren, übernachtete nicht hier, sondern erst in Höchstenbach bei Pfarrer Balzar. Graf York aber blieb als Gast in Freilingen. Bereits am 11. November 1813 wurde ›Marschall Vorwärts‹ in Altenkirchen von seinem Marsch zum Niederrhein zurückbeordert und überschritt einige Wochen später in der Neujahrsnacht bei Kaub den Rhein.

Die schon vorher gut ausgestattete Hohe Straße war nach dem Jahre 1803 weiter gefestigt worden, damit sie nicht durch die Rheintalstraße entwertet würde, die die Franzosen von Koblenz nach Bingen gebaut hatten. Durch die Rheinschiffahrt und die Eisenbahn verlor schließlich die Poststation Freilingen an Bedeutung. Der letzte Postmeister, der, wie sein Vorgänger, der Familie Sayn entstammte, die seit 1775 die Posthalterei verwaltete, hatte im Haus den vielsagenden, schnörkelverzierten Wandspruch hängen 'Bewahre uns, o Herr, vor unseren Freunden'. Das 1780 errichtete Postgebäude, das durch einen in rotem Sandstein gehauenen Postreiter geschmückt war, mußte leider im Jahre 1952 abgebrochen werden.

Wir steigen von Freilingen die Straße aufwärts, wiederum in Südostrichtung, sehen rechts die Kirche zu Weidenhahn und links den 491 m hohen Helleberg und wenden uns wiederum talabwärts. Wir überqueren die südliche oder kleine Sayn, die von der 458 m hohen Elbinger Lay herkommt und sich in der Heiderbach zwischen Selters und Breitenau mit der großen Sayn vereinigt. Wir erreichen Kuhnhöfen, das, wie auch die benachbarten Ortschaften Arnshöfen, Karnhöfen und Blaumhöfen (Blumenhöfen), durch seinen Namen die Entstehung aus kleinen Bauernhöfen verrät.«

Der kunstgeschichtlich interessierte Reisende sollte in **Hahn** Halt machen. In dem hohen Saalbau der *Kirche* liest man die Jahreszahlen 1737 (Südportal) und 1750 (Maueranker). Besonders wertvoll ist die Innenausstattung mit Bildwerken der Hadamarer Schule aus der Erbauungszeit. Die übrigen älteren Einrichtungsstücke gehören dem 18. oder 19. Jahrhundert an und verraten sicheren Geschmack.

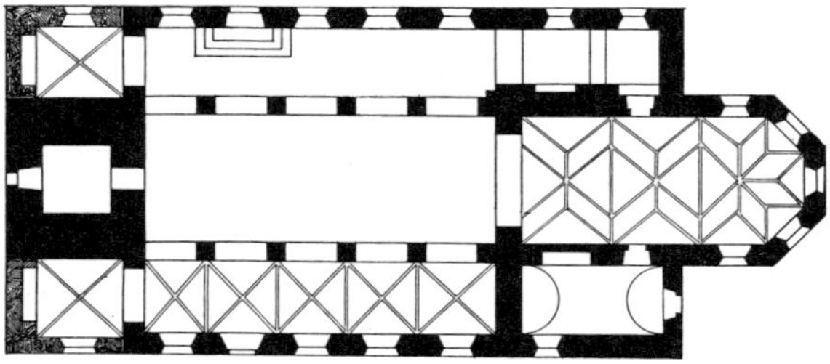

Salz, Pfarrkirche, Grundriß

»Über Hahn, wo einst ein Hofgericht bestand und wo der alten eine neue Kirche zur Seite gestellt wird, kommen wir nach Herschbach im Oberwesterwald. Wir sind in dem Gebiete, in dem die Tongruben ihren zähen Reichtum den Tongräbern öffnen. In der Nähe wurde einst auch Braunkohle gefördert. Hinter dem Bahnhof erinnert das kleine Dorf Wahnscheid, früher Wagenscheid genannt, an Hans Wilhelm Köth von Wahnscheid, den Generaladjutant Kaiser Leopolds I.

Östlich ragt in **Salz** auf der Höhe die alte *Adelphuskirche,* bei der die Grafen von Diez vor dem Jahre 1255 ein Kollegiatstift gegründet hatten. In der Kirche liegt ein Großvater Beethovens begraben, Heinrich Keverich, der im Jahre 1759 als Mundkoch des Trierer Kurfürsten Johann Philipp von Walderdorff auf Schloß Molsberg gestorben war.«

Die romanische Pfeilerbasilika in Salz mit ihrem hohen Westturm und dem gotischen Chor scheint zunächst nichts Außergewöhnliches darzustellen. Und doch verdankt sie ihrer frühen kirchlichen Bedeutung als Pfarrei (vor 1150) und als Stift (bis 1289) einen Detailreichtum in der Architektur und eine Innenausstattung, die über das Niveau vieler alter Westerwaldkirchen hinausragt.

Die Gotik hat den romanischen Kern mit baulichen Zutaten versehen. Der spätgotische Chor erhielt ein reiches Sterngewölbe mit Wappenschlußsteinen. Drei Apsisfenster besitzen Fischblasenmaßwerk. Strengere Formen zeigt das südliche Seitenschiff, das älter ist. Sein Kreuzrippengewölbe trägt Vierpaßschlußsteine. Man ahnt, daß die Baugeschichte verwickelt ist, zu deren Verständnis eine gründliche Durchmusterung des Baues erforderlich ist.

Von der älteren Innenausstattung sind erhalten die vergitterte Sakramentsnische (um 1500), ein Levitenstuhl (1478) und ein hl. Diakon (15. Jh.). Aus späterer Zeit stammen die Kanzel (ursprünglich Chorstuhl, 1672), ein Christus an der Geißelsäule (16. Jh.), zwei eindrucksvolle Bildnisgrabsteine (16. Jh.), der Wappengrabstein des Cuno von Reifenberg (1582), weitere Grabsteine (17./18. Jh.) und der durch H. von Brambach gestiftete bronzene Weihwasserkessel (1591). Bedeutend ist die Ausstattung mit Bildwerken der Hadamarer Schule. Sie zieren den reichen Hochaltaraufsatz (18. Jh.), sechs Plastiken stehen an den Langhauswänden.

Im Ort sollte man auf Fachwerkhäuser des 17./18. Jahrhunderts achten, von denen eines auf den Balken Schnitzereien aufweist.

»Weit reicht der Blick ins Land, im Osten über Frickhofen ragen der einst von Pilgern vielbesuchte Blasiusberg und die ringwallbewehrte, sagenumwobene Dornburg, die nach der Gebietsreform den umliegenden Ortschaften ihren Namen gegeben hat. Drunten im Salzbachtal, in der Struth auf der Lieblingsheide bei Bilkheim wurden im Jahre 1828 Hügelgräber aus der späten Hallstattzeit entdeckt. Das Dorf erinnert an den alten nachbarschaftlichen Kampfruf und Wäller ›Krisch‹: 'Salz soll lebe, Bilkhem aach!'«

Vor Bilkheim liegt **Hof Neuroth,** ein anmutiges Wasserschlößchen (Abb. 52). Portal und Wetterfahne tragen die Jahreszahl 1664. Der zweistöckige, beinahe quadratische Bau ist auf der einen Seite turmartig um zwei Stockwerke erhöht.

»Wir nähern uns nochmals der Westerwaldquerbahn, die von Herborn über Westerburg nach Montabaur führte. Ein Wallmeroder Bürger, Karl Hutter, stiftete beim Bau dieser Bahn einen großen Geldbetrag, so daß die schon anders geplante Eisenbahnstrecke in weitem Bogen nach Südosten in Richtung seines Heimatdorfes umgeleitet wurde. Wir erreichen **Wallmerod,** einen bedeutenden Ort, der zu den ältesten Sommerfrischen des Westerwaldes gehört. Die Flurbezeichnung Königshecke weist vielleicht auf altes Reichsgut hin. Vermutlich wurde um das Jahr 1200 der Name Wallmerod durch Adelheid von Molsberg, der Mitstifterin der Abtei Marienstatt, auch einer bei Betzdorf an der Sieg gelegenen Ansiedlung gegeben, die jetzt Wallmenroth heißt. Im Jahre 1276 versammelten sich zur Bestätigung der Marienstatter Stiftung in unserem, an der Hohen Straße gelegenen Wallmerod Ritter und Fürstlichkeiten, unter ihnen die Kurfürst-Bischöfe von Köln und Trier, die Grafen von Diez und Nassau und der Burgherr von Molsberg. Durch Wallmerod kam im Jahre 1655 Christine von Schweden, die bisherige Königin, Tochter des im Dreißigjährigen Krieg gefallenen Königs Gustav Adolf. Sie hatte auf den schwedischen Thron verzichtet und reiste nun zur öffentlichen Konversion zum Katholizismus von Brüssel auf der Hohen Straße nach Innsbruck. Da sie unterwegs erkrankte, mußte sie in Wallmerod ihre Reise unterbrechen.

Wallmerod, geschnitzte Fensterbrüstung: Adam und Eva

Im Jahre 1712 kehrte im alten Posthaus, das zu Wallmerod in einem ehemaligen Adelshof eingerichtet war und 1971 abgerissen werden mußte, Prinz Eugen von Savoyen, der Edle Ritter, ein und schrieb hier während des Pferdewechsels einen Brief an den Herzog von Württemberg. Im Jahre 1831 wurde Wallmerod Sitz eines gleichnamigen Amtes. Am dortigen Amtsgericht wirkte auch der im Jahre 1937 verstorbene Dichter Leo Sternberg, der durch sein Schrifttum den Westerwald und das Nassauer Land bereichert hat.

Lohnende Aussichtspunkte in der Umgebung sind die Hohe Lay und der Eichberg. Aus dieser malerischen Landschaft stammt ein Maler der Romantik, Kaspar Kögler, der im Jahre 1838 in **Molsberg,** das links unseres Weges gelegen ist, zur Welt kam. In Hadamar war er ein Schüler des durch seinen berühmten Sohn Karl Wilhelm bekannt gewordenen Zeichenlehrers Diefenbach und in München ein Schüler des Romantikers Moritz von Schwindt.

Wie einst die Burg Hartenfels oder auch nördlich von Salz auf einem hohen Bergkegel die Weltersburg, so erstand im 11. Jahrhundert weiter südlich, links unseres Weges, und ebenfalls im Auftrag des Reiches zur Sicherung der Hohen Straße, die *Burg* der Herren von Molsberg, die schon im Jahre 1116 genannt wird (Farbt. 8, Abb. 51). Den Namen Molsberg, der vielleicht mit dem Namen Möllingen zusammenhängt, finden wir in einem Hof Molsberg wieder, der bei Wallmenroth an der Sieg liegt und wohl ebenfalls auf die vorhin erwähnte Adelheid von Molsberg zurückgeht. Haus und Herrschaft der Molsberger erloschen. Die Limburger Chronik erzählt von diesem Verfall. Kurtrier übernahm das Erbe. Um das Jahr 1500 lebte noch ein Molsberger als Vikar des Johannes-Altares zu Salz. Im Jahre 1632, während des Dreißigjährigen Krieges, hatten sich schwedische Offiziere in Schloß Molsberg einquartiert, wurden aber von den umwohnenden Bauern erschlagen. Die Schweden nahmen furchtbare Rache. Eine Episode aus diesem Krieg hat der Dichter Börries Freiherr von Münchhausen in seiner Meisterballade ›Die Glocke von Hadamar‹ besungen. Im Jahre 1657 gab Kurtrier den Herren von Walderdorff Molsberg als Lehen. Die späteren Freiherren wurden 1767 in den Grafenstand erhoben.

Im Jahre 1701 wurde auf Schloß Molsberg der vorletzte Trierer Kurfürst, Erzbischof Johann Philipp von Walderdorff, geboren. Er war ein großer Jagdliebhaber und unvergleichlicher Schütze. Wegen seiner äußerlichen Schönheit und Stattlichkeit von der Kaiserin Maria Theresia besonders gerühmt, begann er, die alte Burg in ein Barockschloß umzubauen, zum Teil nach Plänen des kurfürstlichen Baumeisters Johann Seiz.«

Das Aussehen der mittelalterlichen Burg ist durch ein Holzmodell überliefert, das 1760 angefertigt wurde. Die Pläne des Baumeisters Johannes Seiz blieben nach dem Tod des kurfürstlichen Bauherren unvollendet. Vorgesehen war eine Hufeisenanlage mit fünfachsigem Mittelbau. Zur Ausführung gelangte nur der linke Teil vom Mittelbau samt anschließendem Seitenflügel, ferner das Ehrenhofgitter mit den zwei Wachhäuschen. Die Kapelle (1766) im Kopf des Seitenflügels hat eine schöne Rokokostuckdecke und einen Stuckrahmen um die Altarnische. Die Kanzel und zwei Bilder stammen aus der Bauzeit.

Johann Philipp von Walderdorff stiftete auch die offene Kapelle (1683), in der sich ein Vesperbild des 17. Jahrhunderts befindet. Unter den Fachwerkhäusern des Dorfes ragt das 1688 für den Schultheißen errichtete hervor wegen seines reichen Schnitzwerkes und des fränkischen Erkers. So hat das bedeutende Geschlecht auch etwas von seinem Glanz den einfachen Leuten mitgeteilt. Unser Erzähler weiß noch mehr zu berichten: »Noch auf anderen Bischofsstühlen, so in Wien, Speyer und Fulda, treffen wir dieses Geschlecht. Dadurch erklärt sich auch zum Teil die bedeutende Schloßbibliothek. Karl Wilderich von Walderdorff war von 1834 bis 1842 Nassauischer Staatsminister.

Die eben erwähnte hohe Würde eines Kurfürsten erinnert an die Kür und die Krönung der deutschen Kaiser. Der volkstümliche Name Kaiserweg für unsere Hohe Straße soll an den Ritt des gewählten Kaisers zur Krönung nach Aachen erinnern. Ein großes Ereignis war später die Überbringung der Reichsinsignien von Aachen zur Kaiserkrönung nach Frankfurt, z.B. im Jahre 1764. Die Männer aus den benachbarten Ämtern wurden einberufen und mußten die Kostbarkeiten des Heiligen Römischen Reiches Deutscher Nation auf der Hohen Straße das Geleit geben, bis sie an der Grenze des Amtsbezirkes abgelöst wurden.

Bei unserer Weiterreise kommen wir in das östlich vom 344 m hohen Ölberg gelegene große Dorf **Hundsangen**, das genau 100 km von Köln entfernt ist. Seine Kirche hat den im Westerwald einmaligen Kirchenpatron Goar, einen Heiligen vom Mittelrhein. Durch die Vogteirechte der Herren von Katzenelnbogen über Goar oder dessen Mutterkloster Prüm in der Eifel ist wohl die Verehrung des hl. Goar in den Westerwald gekommen. Aus dem Jahre 1800 erzählt man sich noch heute vom berüchtigten Räuber Schinderhannes.

Die barocke Kirche (1722–26) ist im Jahre 1971 erweitert worden.« Sie war früher großzügig und einheitlich mit Bildwerken der Hadamarer Schule (um 1730) ausgestattet. Wertvolles ging leider bei der Restaurierung von 1967 verloren.

»Westlich von Hundsangen überrascht in dem Dorf **Pütschbach**, dem heutigen Dreikirchen, eine frühgotische Wehrkirche mit achteckigem Chorturm (Abb. 92). Durch Hundsangen führte einst eine von Koblenz über Montabaur kommende Rheinstraße nach Hadamar und weiter nach Wetzlar. Die Stadt Hadamar darf sich ihrer Grafen und Fürsten aus dem Hause Nassau rühmen, ferner eines Feldmarschalls aus dem Dreißigjährigen Krieg, Peter Eppelmann, sowie einer bedeutenden Bildschnitzschule der Barockzeit.

In **Malmeneich** wird im Jahre 1305 eine Zollstätte genannt. Kirchlich gehörte das Dorf früher größtenteils zu Niederhadamar, der kleinere Teil – 1564 waren es nur zwei Häuser – zu Hundsangen.

Wir steigen hinab ins Limburger Becken und betreten in **Elz**, eines der größten und lebendigsten Westerwalddörfer, Hessens größte Landgemeinde. Früher war es als Musikantendorf weit und breit bekannt. Im 16. Jahrhundert wirkte in Elz Johannes Mechtel, der durch seine Fortsetzung der Limburger Chronik berühmt wurde. Die nahegelegene ›Mordschau‹ erzählt vom blutigen Zufluchtsort der Elzer aus dem Dreißigjährigen Krieg. Die Vorgängerin der heutigen Pfarrkirche war im Jahre 1848 bei einem Gewittersturm eingestürzt. Für Gewitter scheint dieses Dorf auch schon früher besonders anziehend gewesen zu sein. Erzählt doch der berühmte Zisterzienser Cäsarius von Heisterbach aus dem 13. Jahrhundert, in der Kirche zu Elz sei ihr erster Pfarrer vom Blitz erschlagen worden. Schon immer hat die Hohe Straße fromme Pilger gesehen. Elz wurde einer der Ruheorte für die Kölner Bittprozession, die über die Hohe Straße nach Walldürn auf dem fast 300 km langen Pilgerwege dahinzog.

Kurz vor unserem Ziel denken wir nochmals an die vielen, die einst auf dieser Straße gezogen sind: Herren und Hörige, Fromme und Faule, Gelehrte und Gauner, Händler und Heerführer, Sieger und Besiegte, Zigeuner und Zepterträger, auch Kaiser Maximilian I., der letzte Ritter und Vater der Landsknechte, zog daher. Vielleicht dachte er dabei an das Lied, das sein flandrischer Hofkomponist, Heinrich Isaak, vertont und der Legende nach der Kaiser selber gedichtet hatte: »Innsbruck ich muß dich lassen, ich fahr dahin mein Straßen.« Dieses Innsbrucklied mit einer der schönsten Melodien, die je erdacht worden sind, erklingt noch heute, mit einem religiösen Text unterlegt, in den Kirchen des Westerwaldes.

Wir erreichen die Brückenvorstadt von Limburg, auch Westerwälder Vorstadt genannt. Man betrat sie einst durch die Creucherpforte, die an ein längst verschwundenes Dorf erinnerte.

Wir überschreiten die Lahn, entweder auf der neuen oder der turmbewachten alten Brücke. Flußaufwärts gewinnt die Autobahn auf der schlanken Brücke das andere Ufer.«

Von Linz nach Eitorf

Mit dem Gebiet um Altenwied wurde auch das Kirchspiel **Linz** von Gräfin Mechthild von Sayn 1250 dem Erzstift Köln übereignet. Dieses legte um die Stadt im 14. Jahrhundert einen starken Mauerring mit Türmen und innerhalb derselben eine Burg an. Von der Befestigung blieben beim Abriß 1861 nur Rhein- und Neutor sowie einige Mauerreste stehen. Die heutige Burg stammt nur in Teilen aus der Bauzeit (um 1365).

Die Bedeutung, die Köln dieser Stadt zumaß, mußte auch ihre Bürger beflügeln. Etwa gleichzeitig mit der Burg errichteten sie ein stattliches Rathaus, das seitdem den ansteigenden Marktplatz abschließt (Abb. 12). Überaus reich und vorbildlich gepflegt ist bis heute der Bestand an historischen Wohnbauten, deren älteste noch spätgotisch (um 1500) sind. Es handelt sich durchweg um Fachwerkbauten, die seit dem 17. Jahrhundert eine abwechslungsreichere Führung der Gefachstreben erkennen lassen. Viele Häuser sind auch verputzt, was aber keineswegs immer erst nachträglich geschah, sondern bereits in der Bauzeit. Angesichts dieses reichen Bestandes an alten Bürgerhäusern hat man Linz mit vollem Recht ›die bunte Stadt am Rhein‹ genannt (Abb. 11).

Zumeist kehren die Häuser ihre Giebel zu den Straßen und Gassen. Diese wiederum bilden miteinander einen klaren Grundriß für die Altstadt. Rhein-, Mittel- und Neustraße bilden die senkrecht zum Rhein stehende Hauptachse zwischen zwei Stadttoren. An ihr liegen nacheinander auch die drei großen Plätze: Buttermarkt, Markt- und Burgplatz.

Eine Pfarrkirche war wohl schon in fränkischer Zeit gestiftet worden. Die heutige *Martinskirche* entstand während des 13. Jahrhunderts in drei Bauphasen als dreischiffige Emporenbasilika. Für den ersten Bauabschnitt diente Andernach als Vorbild. Es entstanden nach Baubeginn (1206) der nicht mehr vorhandene Chor, seine seitlichen Anbauten, Langhausarkaden, Seitenschiffmauern und Westturm. Den zweiten Bauabschnitt leitete ein Meister, der am Bonner Münster gelernt hatte. Er schuf den heutigen Chor, vollendete die Ostemporen und zog die Gurtbögen für die vorgesehenen Kreuzrippengewölbe. Diese führte der Leiter des dritten Bauabschnittes (ca. 1214–30) für die Seitenschiffe noch aus, im Mittelschiff jedoch zog er Tonnengewölbe aus Holz ein. In dieser Zeit entstanden die spätromanischen Malereien über den Mittelschiff-Arkaden. Später (um 1512/13) ersetzte man die Tonnenwölbung im Mittelschiff durch Sterngewölbe, vergrößerte die Fenster und baute die Sakristei an.

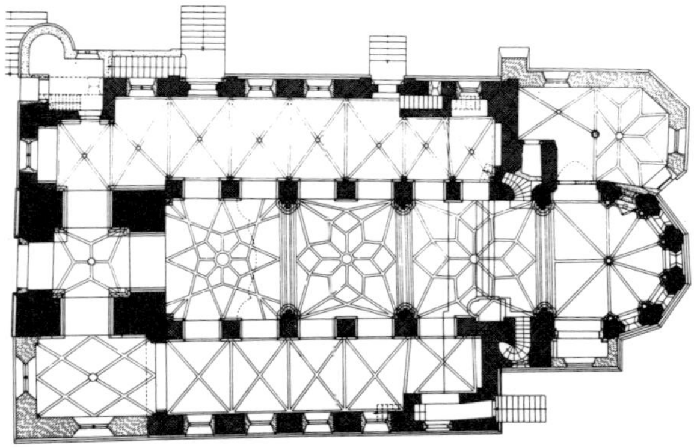

Linz, Pfarrkirche, Grundriß

Das Raumgefühl im Innern ist schon stärker gotisch als bei den Vorbildern, weil in Linz die Emporengeschosse fehlen und auch die Dienstbündel enger gereiht sind. Die an alten Spuren orientierte neuere Ausmalung unterstreicht diesen Effekt. Bei dem Bauwerk wurden nicht bloß Anregungen von außen verwertet, es wurde selber vorbildlich, so etwa der Chor für den in Remagen.

Die figürlichen Wandmalereien zeigen auf der Südseite männliche, auf der Nordseite weibliche Heiligengestalten. Die Szenen aus dem Marienleben an der Westwand entstanden nicht mehr während der dritten Bauperiode, sondern erst später, als die Mittelschiffwölbung erfolgte.

Gegenüber dem spätgotischen Sakramentshaus (Anfang 16. Jh.) und einem Wanddenkmal aus Messing (1531) ist ein Gnadenbild mit dem Täufer Johannes, Papst Clemens und dem hl. Florinus das wertvollere Ausstattungsstück. Tilman Joel (gest. 1461) hatte es vom Meister der Lyversbergischen Passion für die (nicht mehr bestehende) Ratskapelle anfertigen lassen. Denselben Stifter und den gleichen Stiftungszweck hatte das überaus wertvolle Flügelretabel (1463), das seit über zehn Jahren in der modernen Pfarrkirche steht. Flügel und Mittelschiff zeigen Szenen aus dem Marienleben (Verkündigung, Geburt Christi, Anbetung der Könige, Darbringung im Tempel, Pfingstwunder mit Marienkrönung, Maria und Christus thronend), die auf den Außenflügeln fortgesetzt werden (Verkündigung, Kreuzigung). In diesem Werk hat zum ersten Mal nachweisbar der von Roger van der Weyden für St. Gereon in Köln geschaffene Altar einen Nachahmer gefunden. Auch die ehemalige Kapuzinerkirche (1693) beherbergt einen guten Altaraufsatz von 1631 aus der alten Pfarrkirche.

Rheinaufwärts

Kölnischer Einfluß breitete sich auch südwärts aus. Die Burg in **Dattenberg** war seit dem 14. Jahrhundert kurkölnisches Lehen. Merkwürdig ist die kreisförmige Anlage, die – Flieh- und Turmburg zugleich – vielleicht nach dem Grundgedanken eines römischen Burgus konstruiert wurde. Nur der Bergfried blieb erhalten. Die offene Friedhofkapelle ist eigentlich der spätstaufische Chor der alten Marienkirche.

Der Ortsgrundriß von **Leubsdorf** trägt den Charakter eines Winkelhakendorfes. Das überwiegend aus Stein gemauerte spätgotische Burghaus wird an seinen vier Ecken von je einem polygonalen Fachwerktürmchen flankiert. Beim Bau der neugotischen Pfarrkirche (1905/06) ließ man Westturm und Chor der Vorgängerin (13. Jh.) stehen. Eine Muttergottes (14. Jh.) aus Kölner Werkstatt, die Kreuzigungsgruppe mittelrheinischen Stils (14. Jh.) und barocke Heiligenfiguren verdienen Beachtung.

Die Evangelistenfiguren in der Kapelle (1712) des Ortsteils **Ariendorf** sind aus Ton (17. Jh.). Die wohl aus einem Klosterhof hervorgegangene Burg hat Ernst Friedrich Zwirner um 1840 in gotisierendem Stil erbaut. Einige Wohnhausensembles aus Fachwerk (17./18. Jh.) verleihen dem Ort ein trautes Gesicht.

Rheinabwärts

Über Linz-**Linzhausen,** das in der Simeonskapelle gute Bildnisse vorzuweisen hat, und **Ockenfels** mit seiner einschiffigen Kapelle (um 1700) gelangt man nach **Ohlenberg,** wo in der modernen Kirche (1903, Turm 17. Jh.) ein wertvolles Triumphkreuz (13. Jh.) unsere Aufmerksamkeit in Anspruch nimmt. Sein Ausdruck stellt es neben den bedeutenden Kruzifixus in der Severuskirche zu Boppard und damit in eine Reihe mit den wichtigsten Werken staufischen Kunstschaffens. Auch das Vesperbild in der modernen Michaelskirche von **Kasbach** weist über unseren Raum hinaus. Um 1420/30 entstand es innerhalb der südostdeutschen Kunstlandschaft.

Altkölnischer Besitz ist **Erpel,** das zunächst dem Erzbischof, dann dem Domkapitel zu eigen war, sich aber offenbar seit dem 14. Jahrhundert zu emanzipieren suchte. Seitdem nämlich gab sich die einstige ›villa‹ zunehmend städtisch, indem die Siedlung einen Markt anlegte und sich mit Befestigungen umgab. Doch blieb der Erfolg der endgültigen Stadtwerdung Erpel versagt und seine Ausmaße immer höchst bescheiden. Dafür hat der Ort eine bauliche Geschlossenheit bewahrt, wie sie sonst kaum noch im Rheinland anzutreffen ist!

In der Rheinuferstraße hält der ehemalige Fronhof das Andenken an kurkölnische Präsenz wach. Hier, in der Haupt- und Kölner Straße oder am Markt prägen vorwiegend giebelseitige Fachwerkhäuser das Ortsbild. Von der Stadtbefestigung (15. Jh.), deren Verlauf recht gut erkennbar ist, blieben Reste erhalten. Vornehme Bürgerart verrät das Rathaus (1780; Abb. 10).

Die *Severinskirche* ist eine in den Ausmaßen zwar kleine, aber vorzüglich proportionierte spätromanische Emporenbasilika. Im Untergeschoß des Turmes blieben Reste eines Vorläuferbaues (12. Jh.) erhalten, über denen im 13. Jahrhundert die oberen Stockwerke hochgezogen wurden. Bald danach schritt man zum Neubau der Kirche und lehnte sich – wie in Linz und Sinzig – an die an der Ahr neuentwickelte Technik und Formensprache an. In dem annähernd quadratischen Grundriß bestehen Parallelen zu Neuwied-Feldkirchen, dessen Kirche dem gerade genannten Architekturkreis zuzurechnen ist. Selbst in Details kommen diese Beziehungen zum Ausdruck. So sind beispielsweise die Kelchblattkapitelle des Erpeler Chores den entsprechenden in Linz eng verwandt.

Auch die Ausstattung dieser Kirche gestattet Vergleiche zu ähnlichen Kunstwerken. In der Rubens-Nachfolge steht das Bild von der Anbetung der Drei Könige (17. Jh.) und gemahnt damit an ein vergleichbares Gemälde im Kloster Marienstatt. Der hl. Michael erinnert an ähnliche Gruppen in Kölner Kirchen. Das gilt ebenso von einem Bild des hl. Joseph (15. Jh.). Die kunstvolle Orgel wurde dagegen erst im 18. Jahrhundert aufgestellt.

Zu den ältesten Kunstwerken im Westerwald und seinen Randgebieten gehört das Vortragekreuz (12. Jh.) der Kapelle (1708) im Ortsteil **Orsberg.**

Im Unkeler Ortsteil **Heister** bauten sich die Herren von Uetgenbach eine Wasserburg. Im 18. Jahrhundert wandelte sie der Niederländer Matys Groenlandt zum jetzigen Haus Vilszelt um. Sehenswert ist auch die Sebastianskapelle (1753) mit dem Altar aus der Bauzeit.

Auch **Unkel** ist alter kurkölnischer Besitz, der sich 1474 als Stadt bezeichnete. Das unter dem Krummstab offensichtlich prosperierende Bürgertum hat in Fachwerkhäusern und mehreren Herrenhäusern sein Selbstbewußtsein zum Ausdruck gebracht. Unter ihnen ist der alte Fronhof des Kölner Stiftes Mariengraden im Kern noch mittelalterlich, prägt das von Herrestorff'sche Haus (1669–1781) die Rheinfront des Ortes, weist das sogenannte Freiligrathhaus (um 1760) Anklänge an Bürgerbauten in Koblenz auf.

Das Uferpanorama beherrscht indes die *Pantaleonskirche,* eine dreischiffige gotische Hallenkirche mit drei parallelen Walmdächern. Die Proportionen bewahren die in Erpel oder Sinzig dokumentierte Tradition, der spätromanische Turm steht wie in Erpel außerhalb der Langhausachse. Bei Veränderungen im 13. Jahrhundert griff man neuere rheinische Baugepflogenheiten auf. So stehen die Maßwerke der Südfenster im Chor in enger Nachbarschaft zu solchen in der Minoritenkirche zu Köln. Erst die Erweiterung um 1500 machte aus der bisherigen Basilika eine Hallenkirche!

Selbst die Ausstattung fügt sich fast lückenlos in die rheinische Kunstlandschaft ein. Der Hochaltar von Kloster Sayn und der Kreuzaltar von Leutesdorf sind dem Retabel (1705) von Unkel verwandt. Das Retabel (15. Jh.) im nördlichen Seitenschiff befand sich ursprünglich auf dem Hochaltar. Die Schnitzereien mit Szenen aus dem Leben des hl. Pantaleon wirken sehr volksnah. Um 1625 stiftete die Familie Herrestorff den nördlichen Seitenaltar als Votivgabe. Die Reliefs des Kalksteinretabels beziehen sich auf den Tempelgang Mariens sowie die Geburt Christi und zeigen Stifterfamilie samt Wappen. Die Figuren des südlichen Seitenaltars (17. Jh.) gingen verloren. Sechs Säulchen tragen das Becken des spätromanischen Taufsteins (13. Jh.). Das Gestühl und die figurengeschmückte Kanzel gehören ins 18. Jahrhundert. Der Linzer Schultheiß Gottfried Salzfass und seine Ehefrau stifteten die Gemälde ›Ecce homo‹ (1618), ›hl. Hieronymus‹ (1622) und eine ›Beweinung Christi‹, die stilistisch noch von fern durch Rubens beeinflußt ist. Der mächtige spätgotische Eisenleuchter (1527) stellt eine ausgezeichnete Schmiedearbeit dar. Einige Bildwerke (15./16. Jh.) und der wertvolle Kirchenschatz lassen den Besuch der Unkeler Kirche zu einem hohen Kunstgenuß werden. Beim Gang über den Kirchhof achte man auf die Wappen, Berufszeichen und Hausmarken einiger alter Grabkreuze.

Der durch seine Fachwerkhäuser (17./18. Jh.) recht malerisch wirkende Ortsteil **Scheuren** hat in seiner nachträglich veränderten Kapelle (um 1500) ein Gemälde aus der ferneren Rubensnachfolge, auf dem der Gekreuzigte und Magdalena dargestellt sind. Die Tafel mit den Passionsszenen (15. Jh.) stiftete der Kölner Bürgermeister Goswin von Straelen. Blickfang ist unstreitig der prächtige Barockaltar (18. Jh.).

Eine Wallfahrt nach **Bruchhausen** lohnt auch dann, wenn man keine Wunder erwartet, denn der vierteilige Komplex der Gnadenkirche ist von der Architektur wie von seiner Ausstattung her unbedingt sehenswert. Die als dreischiffige Pfeilerbasilika (13. Jh.) erbaute Kirche erfuhr in spätgotischer Zeit Veränderungen, die ihrem Äußeren das heutige, charakteristische Gepräge verleihen. Westturm und Langhauswände blieben aus dem Vorgängerbau erhalten.

Bruchhausen, Pfarrkirche

Das Gnadenbild (um 1330/40) kommt aus einer kölnischen Werkstatt. Bedeutender ist wohl die steinerne Madonna (15. Jh.) in dem Marmoraltar (18. Jh.), die von gleicher Hand geschaffen wurde wie die Karmelitermadonna in Mainz. Das merkwürdigste Stück ist jedoch der Totentanz (gegen 1700), ein Ölbild, das in dieser Art einmalig im Rheinland ist!

Rheinbreitbach dürfte der älteste Bergbauort innerhalb unseres Reisegebietes sein. Schon im 13. Jahrhundert wurde oberhalb die Virneburg zum Schutz der Kupferminen angelegt. Der noch erhaltene turmartige Mittelbau könnte nach dem Prinzip der französischen Donjons angelegt gewesen sein. Die später im Ort erbaute Untere Burg wurde im letzten Krieg bis auf einen Torbogen zerstört. Alte Fachwerkhäuser (18. Jh.) künden von frühem Wohlstand der Einwohner. Die spätgotische Kirche (16. Jh.) wurde zu einem großen Teil durch einen Neubau (1852–56) von Vincenz Statz ersetzt und neuerdings nordwärts erweitert. Die Figuren auf dem Hochaltar (18. Jh.) und die Seitenaltaraufsätze (1651) sind gute Arbeiten. In der Leonhardskapelle findet man ein schönes Flügelretabel vom Anfang des 15. Jahrhunderts.

Auf den Höhen

Nördlich von Linz stoßen wir auf Zeugnisse der Bautätigkeit der Freiherren von **Rennenberg** im gleichnamigen Linzer Ortsteil. Der Hof Alt-Rennenberg Nr. 1, der in einer Wiese dem Verfall preisgegeben war, dürfte die älteste Niederlassung bezeichnen. Nicht weit davon erhebt sich auf dem Basaltkegel die *Burg*, die durch Gräfin Mechthild von Sayn 1250 an das Erzstift Köln gelangte. Nachdem sie im 16. Jahrhundert bereits ruinös war, hat man sie im 19. Jahrhundert teilweise restauriert. Etwa gleichzeitig (1846) entstand in spätklassizistischer Manier das dreiflügelige Schloß.

In **St. Katharinen** wurde um 1208 ein Nonnenkloster des Zisterzienserordens gegründet. In der Bauweise der Kirche folgte man dem bei manchen Orden beliebten Schema eines schmucklosen einschiffigen Gebäudes. An der Nordseite, wo sich das Konventgebäude befand, schloß man 1913 ein nach dem Krieg vergrößertes Seitenschiff an. Dennoch blieb der strenge Eindruck der Ordenskirche, die durch den barocken Dachreiter eher noch unterstrichen wird, gewahrt. Im Westteil ist die Empore erkennbar, auf der die Nonnen ungesehen dem Gottesdienst folgten. Der modern gehaltene Innenraum erhält durch schlichte Barockfiguren und den steinernen Kruzifixus (um 1530) sparsamen Schmuck. Letzterer gehörte zu einer zerstörten Kreuzigungsgruppe, die von dem Mainzer Bildhauer Hans Backoffen beeinflußt war.

In St. Katharinen-**Notscheid**, das einige sehenswerte alte Fachwerkhäuser besitzt, gelangen wir wieder auf unsere Straße. Die neugotische Kirche von **Windhagen** geht auf Pläne des berühmten Baumeisters Vincenz Statz zurück, die aber nicht voll realisiert worden sind (1869/70). Eine ausgezeichnete Muttergottes (um 1460/70) aus kölnischer Werkstatt befindet sich in der Heimsuchungskapelle des Ortsteiles **Hüngsberg.**

Südöstlich von Asbach-**Krankel** liegt einsam im Wald inmitten von Resten der einstigen Friedhofmauer die Florinuskapelle Uetgenbach (12. Jh.), deren Chor um 1400 ausgebaut und eingewölbt wurde. Unmittelbar daneben sind Gräben und ein Erdhügel erkennbar, letzte Spuren einer Motte der Dynasten von Uetgenbach. Der zur

Nachdenklichkeit stimmende Ort, an dem die Gläubigen aus der ihnen heilkräftig erscheinenden Quelle Wasser gegen Augenleiden schöpfen, versetzt uns zurück in älteste und zum Teil vergessene Zeiten Westerwälder Geschichte.

Wallfahrtsziel ist die Kirche von Asbach-**Niedermühlen**, deren gotisierender Architektur Entwürfe von Rüdell und Odenthal (Zentralbau, 1893) sowie von Vincenz Statz (Chor, 1862) zugrunde liegen. Das hier verehrte Vesperbild (15. Jh.) soll aus Flammersfeld stammen und entspricht einem ähnlichen, das aus Schloß Schönstein bei Wissen später nach Friesenhagen gelangte.

Über **Asbach**, wo sich ein moderner Kirchenbau mit dem mittelalterlichen Turm harmonisch verbindet, streben wir der ›Hohen Straße‹ im Norden zu, die wir auf der Kreuzung ›Vierwinden‹ überqueren, um hinab nach **Eitorf** zu gelangen. Kurz davor liegt rechts die schon 1249 erwähnte Burg Welterode. Das von einem Wassergraben umzogene heutige Burghaus stammt allerdings erst aus dem 16. Jahrhundert.

Die alte Eitorfer Pfarrkirche mußte einem neugotischen Bau (1881–84) weichen. Nur der romanische Taufstein (um 1175) stellt noch eine Beziehung zur Vorläuferin her. Daneben verdient der hölzerne Kruzifixus (15. Jh.) in der Eingangshalle Beachtung.

Südöstlich bildet der bewaldete Höhenzug der *Leuscheid* eine natürliche Barriere gegen das Siegtal. Einziger Ort, der unser Interesse beansprucht, ist Windeck-**Leuscheid** mit seiner alten *Kirche* (Abb. 42). Diese dreischiffige Basilika (12. Jh.) wurde später (13./14. Jh.) um Chor und Sakristei erweitert. Aus dieser Zeit stammt der Taufstein. Bemerkenswert ist der Marienaltar (um 1500) aus einer kölnischen Werkstatt.

Beim Ortsteil **Stromberg** künden Ringwälle von frühgeschichtlicher Besiedlung. In **Übersetzig** klappert noch heute eine (renovierte) Mühle am Bach.

Beiderseits der ›Raiffeisenstraße‹

Zwei Hauptwege führten seit alters her den Verkehr aus dem Neuwieder Becken auf den Westerwald. Der nördliche zog von Neuwied über Flammersfeld und Weyerbusch an die Sieg. Die B 256 deutet teilweise seinen Verlauf an. Urkundlich findet diese alte Völkerstraße als ›strata publica‹, ›Hohe Straße‹, ›Alte Rheinstraße‹ oder einfach ›Rheinstraße‹ wiederholt Erwähnung. Modernes Touristenmanagement ersann die Bezeichnung ›Raiffeisenstraße‹, weil sie in Neuwied, Weyerbusch und Hamm den geographischen Lebensweg des berühmten Sozialreformers Friedrich Wilhelm Raiffeisen berührt. Wir werden die Raiffeisenstraße nur zur Orientierung und zum raschen Fortkommen gebrauchen. Oft wird es nötig sein, die windungsreichen Sträßchen des Wiedtales zu benutzen, das schon früh den Verkehr von den Höhen hinabzog. Zwischen Niederbieber und der ›Lahrer Herrlichkeit‹ geben wir unbedingt der Wiedtalstraße den Vorzug.

Niederbreitbach, das einige alte Fachwerkhäuser (18. Jh.) besitzt, wird von seiner Kirche (13. Jh.) überragt, die 1912 nach Westen erweitert worden ist. Das Kirchspiel deckte sich mit einer Grundherrschaft, deren Zentrum die im 12. Jahrhundert erbaute *Burg Neuerburg* war (Abb. 33). Die Walpoden von der Neuerburg waren wohl die einflußreichsten Vasallen der Gräfin Mechthild von Sayn, die sich dieses Gebiet samt der Burg als Privatbesitz ausdrücklich vorbehielt, als sie ihr Erbe dem Erzstift Köln überließ. Schon 1665 war die Feste im Verfallzustand, doch hausten noch im 18. Jahrhundert Menschen darin. Teile der Anlage wurden neuerdings renoviert.

Verwaltung und Gericht zogen zuletzt nach Waldbreitbach. Dort bestand eine Kommende des Deutschen Ordens (1271–1809), ähnlich wie in Ramersdorf. Von ihr ist nur noch eines der Häuser (1703) erhalten geblieben.

Einziger Schmuck des Westturmes (13. Jh.) der im übrigen neuen Pfarrkirche (1876–78) sind die Kapitelle der Säulen an Schallarkaden und Portal mit ihren Palmettenmustern. Die Heilig-Kreuz-Kapelle hat ein barockes Altarretabel aus der Bauzeit (um 1700) und ein älteres Altarkreuz (15. Jh.).

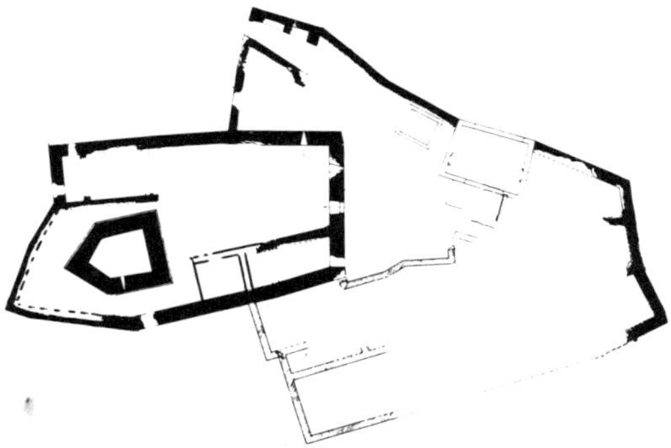

Neuerburg, Lageplan

Höchstes Interesse beansprucht der Altaraufsatz in der *St. Annakapelle* zu **Breitscheid,** in dem der Salvator, Maria und der hl. Bernhard vereint sind. Das Ganze vermittelt einen ungemein bewegten Eindruck. Zum einen ist es die Ausdruckskraft der Skulpturen sowohl in den Gesichtszügen wie in ihrer Haltung. Zum anderen ist es die Gestalt des spätgotischen Altarschreines, der aus drei architektonisch gegliederten Nischen besteht, von denen die beiden unteren korbbogig gerahmt sind. Ursprünglich besaß der Schrein vermutlich Klappflügel und eine Predella. Der Stifter, der in der obersten Nische durch eine kleine Figur in Adorantenhaltung verewigt ist, hat den Auftrag einem überragenden Kölner Künstler erteilt, dem Tilman van der Burch. Eines der bedeutendsten Werke aus dem breiten Œuvre des Tilman ist das Hochgrab des Grafen von Sayn in der Klosterkirche von Marienstatt. Damit ist auch die zeitliche Bestimmung des undatierten Altars für das letzte Viertel des 15. Jahrhunderts naheliegend. Die Figuren der hl. Anna und des hl. Hubert müssen dagegen an den Anfang des 18. Jahrhunderts gestellt werden.

Noch spätgotischen Charakter hat die Kapelle im Ortsteil **Verscheid,** in der sich ein Vesperbild aus dem 15. Jahrhundert befindet. Etwas später entstand die Tonfigur des hl. Donatus, die in der Kapelle zu **Roßbach-Reifert** zu sehen ist.

Kurz vor **Neustadt** ragen auf einer von der Wied umflossenen Bergzunge die Mauern der *Burg Altenwied* empor, die zum Neustadter Ortsteil Elsaffthal gehört. Ihre Erbauer brachten sie 1131 den Landgrafen von Thüringen zu. Als Erbin überließ Gräfin Mechthild von Sayn bald nach dem Tod ihres Gatten Heinrich III. von Sayn (gest. 1246) die Burg mit Neustadt, Asbach und Windhagen dem Erzstift Köln, das hier den Mittelpunkt eines kurkölnischen Amtes begründete. Die hohe Ringmauer und der fünfseitige Bergfried, dessen Hauptkante zur Angriffseite gerichtet ist, blieben aus dem mittelalterlichen Baubestand erhalten. Die Wirtschaftsgebäude sind jüngeren Datums (16./17. Jh.).

Trotz der geschichtlichen Bedeutung von Neustadt ist nicht viel an künstlerischem Erbe vorhanden. In der katholischen Pfarrkirche (1869–73) steht ein mittelalterlicher

Taufstein (14. Jh.). Nicht uninteressant sind die Kapellen in den Ortsteilen Etscheid, Fernthal und Rott. Die von Etscheid (1680) zeigt in einem Altargemälde den Kapellenpatron Antonius (1687). Fernthal besitzt eine Muttergottesstatue (15. Jh.) und eine barocke Pietà (18. Jh.), die stark zu dem Vesperbild (14. Jh.) in der Rotter Kapelle (1828) kontrastiert.

Kurkölnisches Lehen war auch die um 1330 erbaute *Burg Ehrenstein*. Sie wurde im Dreißigjährigen Krieg von den Schweden zerstört. Der auffällige Geschützturm entstand erst im 16. Jahrhundert und liegt außerhalb des Berings. Noch heute umgeben meterhohe Mauern die bis zum zweiten Stock erhaltenen alten Wohngebäude. Ein Rund- und ein Schalenturm halten an den Mauern Wacht. Die Gemarkung gehört zu **Asbach-Schöneberg.**

Bertram von Nesselrode erhob 1477 eine bei der Vorburg stehende Kapelle zur Pfarrkirche, richtete aber bald (1486) dort ein Kreuzherrenkloster ein. Dieses kann nur in Ausnahmefällen besichtigt werden. Dafür wird man durch einen Besuch der einheitlich spätgotischen *Kirche* (Farbt. 11) mehr als entschädigt! Nacheinander entstanden Schiff (1477) und Chor (1486). Die Nordwand hat wegen der Lage am Berg keine Fenster, die sonst mit spätgotischem Maßwerk ausgestattet sind. Sehr schön sind die figürlichen Schlußsteine und Konsolen, an denen mittelrheinisch-koblenzischer Einfluß unverkennbar ist. Später hat man das ursprünglich flachgedeckte Schiff mit Holzgewölben versehen (18. Jh.), nachdem vorher schon das Westportal erneuert worden war (17. Jh.).

Aus der Bauzeit stammt die Kreuzigungsgruppe über dem Hochaltar (Abb. 36). Die übrige Ausstattung gehört durchweg dem 17. Jahrhundert an: Retabels der Seitenaltäre (um 1720/30), Priorstuhl, Chorgestühl (1752) und die Kanzel, bei der eine Kölner Werkstatt offenbar Anregungen aus Flandern verarbeitet und mit der Signatur F. B. F. gezeichnet hat. Unter den Bildwerken ist die Figur des Täufers Johannes das älteste (um 1480) und mittelrheinischer Provenienz. Die Überlieferung des sogenannten Weichen Stils lebt in dem Vesperbild (16. Jh.) fort. Nicht sehr viel jünger (um 1530) sind die Plastiken von Muttergottes, Sebastian und zwei Engeln, ferner der auferstandene Christus. Barocker Manier folgt der Schmerzensmann (17. Jh.), wenn er auf die naturalistisch nachgebildeten Wunden zeigt.

Von außergewöhnlich hoher Qualität sind die kölnischen Glasmalereien der *Chorfenster* (um 1470/80). Das einheitliche ikonographische Programm bringt jeweils eine biblische Szene und darunter ein Stifterbild samt Wappen, alles durch architektonische Rahmung voneinander abgesetzt (Farbt. 13, Abb. 34):

Mittelfenster:
1 Kreuzigungsgruppe
2 Wilhelm von Nesselrode mit seinen Gemahlinnen Swenold von Landsberg und Eva von Uetgenbach zu Ehrenstein;

Kloster Ehrenstein, nach einem Stich des 19. Jh.

Nordfenster:
1 Anbetung der drei Weisen
2 hl. Georg, Bertram von Nesselrode sowie hl. Katharina, Bertrams Gattin Katharina von Bourscheid,
dazu andere Reste, teilweise Grisaille;
Südfenster:
Gnadenstuhl, Kreuzabnahme und Wappen von Gimborn, alles stark ergänzt.

Ganz anders und vielleicht von höherem Rang sind die Glasmalereien der *Schifffenster.* Sie entstanden zu Beginn des 16. Jahrhunderts, stammen ebenfalls aus kölnischer Werkstatt und folgen einem durchgehenden Konzept. Die beiden zweibahnigen Fenster sind je Bahn viergeteilt, wobei immer zwei Teile inhaltlich zusammengehören. Das nachstehende Schema mag die Übersicht erleichtern:

1	Flucht nach Ägypten, Zwölfjähriger Jesus im Tempel	Verklärung, Brotvermehrung	
2	Doppelarkade	Doppelarkade	
3	Disputierende Propheten in Medaillons	Büsten disputierender Propheten in Medaillons	
4	Kniende Stifter vor thronender Madonna	Christus und Büßerin	Wunderbarer Fischzug

5	Zwei Wappen und Doppelarkade mit Veduten: Schwanenburg bei Kleve, Godesburg,	Zwei Wappen mit Doppelarkade mit Veduten: Bonner Münster, Burg Ehrenstein.

Insgesamt gehören die Fenster zu den wichtigsten Werken rheinischer Glasmalerei!

An der Wied konnten sich wohl schon im 13. Jahrhundert die salentinischen Isenburger einen eigenen Sitz, die Burg Lahr, schaffen, den aber 1325 Kurköln erwarb, um ihn als südöstlichen Vorposten seiner Herrschaft auszubauen. Diese Burg war noch im 18. Jahrhundert bewohnt. Heute ist nur noch der ›Große Turm‹ (14. Jh.) vorhanden, der als Wahrzeichen von **Burglahr** neuerdings restauriert worden ist (Abb. 37).

Im Ort steht zwischen alten Fachwerkhäusern die Kapelle (17. Jh.), die eine bescheidene Barockausstattung besitzt.

Harmonisch schließt sich die neuromanische Kirche (1901) von **Peterslahr** dank des Einfühlungsvermögens von Th. Hermann aus Neuwied an den mächtigen Westturm (12. Jh.) an. Während der Hochaltar die romanischen Formen der Bauzeit aufweist, stammen die Heiligenfiguren in der Kirche offenbar aus einem alten Retabel (15. Jh.). Nicht alltäglich im Westerwald ist auch das Büstenreliquiar des hl. Petrus (16. Jh.).

In der neugotischen Kirche (1876) von **Oberlahr** steht ein rheinischer Taufstein (13. Jh.). Mit ihm vermittelt das Kruzifix (18. Jh.) dem Raum ein wenig an geschichtlicher Substanz.

Sowohl über die Wiedstraße wie über die Raiffeisenstraße gelangt man nach **Flammersfeld.** Die vierjochige und flachgedeckte *Pfeilerbasilika* wird von einem schweren Westturm überragt (um 1200; Abb. 43). Auffällig sind die Ähnlichkeiten zu der etwas größeren Kirche in Birnbach. Doch ist die Flammersfelder Michaelskirche wiederholt verändert worden. Im Innern gehört das spätgotische Sakramentshäuschen noch zur vorreformatorischen Ausstattung, Kanzel und Altartisch sind barock (um 1700). Über dem Taufstein ist in die Wand ein gotisches Relief eingelassen, das formvollendet die Kreuzigung darstellt.

Bauinspektor Johann Heinrich Hartmann entwarf die spätklassizistische Kirche von **Niederwambach,** die mit ihren neuromanischen Einzelformen gut zu dem ursprünglichen Turmuntergeschoß (12. Jh.) vermittelt.

Nördlich von Almersbach und Altenkirchen liegen in friedlicher Nachbarschaft ein ehemaliger und ein neuer Wallfahrtsort. Die frühere Gnadenkapelle in **Hilgenroth** ist heute evangelische Pfarrkirche. Das schöne Netzgewölbe des Chores zieren Schlußsteine mit Wappen und figürlichen Darstellungen.

In **Seelbach-Marienthal** lebte bald nach der Mitte des 15. Jahrhunderts die Wallfahrt zu einem Vesperbild auf, die durch die Gründung eines Franziskanerklosters (1666) stark gefördert wurde. Vom alten Baubestand blieb nur der Chor, von der Einrichtung außer den Vesperbildern aus der Gründungszeit einige barocke Bildnisse (18. Jh.).

In **Hamm**, am Zielort unserer Straße, wurde 1818 Friedrich Wilhelm Raiffeisen geboren. Sein Geburtshaus wurde wiederhergestellt.

Der romanische Westturm der evangelischen Kirche weist noch in älteste Zeiten. Für einen Neubau hatte der berühmte J. L. Rothweil einen Zentralbau entworfen, doch der Altenkirchener Baumeister Braunstein schien es besser zu können und errichtete den jetzigen flachgedeckten Emporensaal (1752). Eindrucksvoll ist die siebenseitige Kanzelkonstruktion. Gußeiserne Epitaphien künden bereits die Eisenkunst des erzreichen Siegerlandes an. Die ›Alte Vogtei‹ diente den sayn-hachenburgischen Beamten, war lange Posthalterei und Bürgermeisteramt, ist heute Hotel.

Sieg und Heller

Schon 1048 wird **Wissen** urkundlich genannt. Als die romanische Kirche in zwei Bauabschnitten (1804, 1911) durch die neue ersetzt und zuletzt (1928–30) durch Kuppel und Chor ergänzt wurde, schaffte man von auswärts eine bemerkenswerte barocke Inneneinrichtung herbei: Aus Wetzlar die Orgel, aus Marienthal Kanzel und Seitenaltäre sowie aus Kloster Grafschaft im Sauerland den Hochaltar. Nur der Taufstein (13. Jh.) hält noch uralte Tradition lebendig.

Außer einigen verschieferten Fachwerkhäusern hat Wissen manche ansehnliche Zweckbauten des 19. Jahrhunderts und malerische Einzelhöfe in der Umgebung. Ein Schmuckstück ist die *Heisterkapelle* (1714), ein Fachwerkbau des in Hessen häufigen Typs, der hier im Westen nur vereinzelt vorkommt (Abb. 40).

Im Ortsteil **Schönstein** verbirgt sich hinter mächtigen Bäumen auf einem Felsen zwischen Sieg und Elbbach das gleichnamige *Schloß* (Farbt. 12). Heute gehört der Komplex den Fürsten von Hatzfeldt. Das Bild der alten Burg wird von Neubauten des 16. Jahrhunderts und barocken Zutaten geprägt.

Durch die ›Freiheit‹ mit einem Fachwerktorhaus gelangt man in den Schloßbezirk. Daran schließt sich die Vorburg mit Rentei an. Der im Grundriß annähernd dreieckige Hauptbau ist eine typische Randhausburg, bei der sich die Gebäude um einen Binnenhof gruppieren. Vom Mittelalter bis in unsere Zeit ist daran gebaut oder restauriert worden, so daß die Baugeschichte recht verwickelt ist.

Das Hüttenschulzenhaus in **Alsdorf** bei Betzdorf ragt unter mehreren guten Fachwerkhäusern (17./18. Jh.) deutlich hervor und spricht für den durch den Bergbau hier schon früh eingezogenen Wohlstand. Auch **Herdorf**, etwas aufwärts im Hellertal, lebte früher von seinen bedeutenden Gruben und Hütten. Sehenswert ist die evangelische Kirche (1795) mit ihrem prächtigen Seitenportal.

Am Oberlauf der Heller gelangen wir in den ›Freien Grund‹, den die Mainzer Straße auf dem Weg nach Siegen durchquert.

Die Rheinstraße von Bendorf nach Hachenburg

Eine zweite Straßenverbindung vom Neuwieder Becken auf den Westerwald bezeichnen wir als ›Rheinstraße‹, ein Name, den öfter alte Wege tragen, die vom oder zum Rhein führen. Die heutige B 413 sei für eine Reise wegweisend. Innerhalb der Stadt Hachenburg heißt sie bezeichnenderweise Koblenzer Straße. Von dort kannte man die ›Alte Eisenstraße‹, eine Anbindung an das Siegerland.

Nachdem wir in einem früheren Kapitel an der Schwelle zum Westerwald verharrt haben, wollen wir nun dem windungsreichen, aber landschaftlich reizvollen Weg durch das Sayntal folgen.

Unter der gleichnamigen *Burgruine* liegt der Ort **Isenburg.** Das Edelherrengeschlecht der von Isenburg sicherte seine Vogtei mit dieser Burg, die über einer Grundherrschaft der Abtei Fulda lag und 1103 erstmals urkundlich erwähnt wird. Gegen Ende des 12. Jahrhunderts bauten die vier an der Burg beteiligten Linien je ein Haus innerhalb des Berings für ihre Familie: Isenburg, Wied, Kobern und Grenzau. Dabei gehörte das Wiedische Haus den Herren von Isenburg-Braunsberg, die sich seit 1340 Grafen von Wied nannten und sich innerhalb der zersplitterten Besitzrechte der Herrschaft nach und nach am stärksten durchzusetzen verstanden. Vor 1235 bildete sich die Talsiedlung aus.

Noch 1625 war die Burg bewohnt, Ende des 18. Jahrhunderts aber schon Ruine. Der auf dem Bergvorsprung aufragende Bergfried und der Torturm der Vorburg sind in den unteren Teilen noch erhalten. Daneben sieht man Reste der einstigen Wohn- und Wirtschaftsgebäude. Von der Burg ausgehend, umspannte eine im 14. Jahrhundert entstandene Mauer den Ort. Nördlich der Kirche blieb ein quadratischer Turm von der Ortsbefestigung übrig. Idyllisch wirkt die ›Alte Porz‹ unmittelbar an der Landstraße, die mit einer Fachwerkkonstruktion überbaut ist und einen Dachreiter trägt (Abb. 38). Die neugotische Kirche, die der Koblenzer Baumeister Philipp v. d. Bergh 1862–68 schuf, hat noch einen Chor aus dem 14. Jahrhundert. Die Inneneinrichtung kam von auswärts hierher. Aus der nahegelegenen ehemaligen Kirche von **Hausenborn** stammen der nördliche Seitenaltar, das mittelrheinische Vesperbild (15. Jh.) und ein Christuskopf (15. Jh.), der auf einem aus den Burgtrümmern geborgenen Kapitell ruht. Der Hochaltar (1730) stand ehemals in Limbach (Saargebiet), der südliche Seitenaltar in Oberbreisig. Eindrucksvoll ist ferner eine Alabasterfigur des hl. Sebastian.

In der Kirche von **Großmaischeid** östlich unserer Straße hat man bemerkenswert spät (1716/17) versucht, das Kirchenschiff nach älteren Vorbildern zu gestalten und es mit einem gotisierenden Netzgewölbe versehen. Von dem Vorläuferbau blieb der romanische Westturm stehen, Chor und Querhaus wurden später angefügt (1875/76).

Die Herren von Isenburg-Braunsberg sicherten vor 1324 ihren grundherrlichen Besitz um **Dierdorf** mit einer Wasserburg. Deren Erben, die Grafen von Wied, erwirkten dem Flecken 1357 die Stadtrechte. Im 15. Jahrhundert stieg Dierdorf zum Amtssitz auf, seit 1591 war es Residenz der Grafen von Wied-Runkel. Die Wasserburg wich später einem Schloß (1701–25), das 1902 abgebrochen wurde. Schwerste Schäden erlitt die Stadt im letzten Kriegsjahr, wobei fast alle alten Wohnbauten restlos vernichtet wurden.

Die in der zweiten Hälfte des 14. Jahrhunderts entstandene Stadtbefestigung wurde noch 1611 verstärkt, 1838 dann aber weitgehend geschleift. Übrig blieben ein renovierter Rundturm (Farbt. 31) samt Mauerwerk sowie in der Stadt der kubische Turm, auf dem seit 1716 der Stadtwächter wohnte und unter anderem die von Christian Kinzing angefertigte Turmuhr (1772) wartete.

Im ehemaligen Schloßpark entstand bald nach 1816 eines der ersten Architekturzeugnisse des sogenannten altdeutschen Stils im Rheinland, das früh-neugotische *Mausoleum*. Der dreijochige, rechteckige Bau birgt unter seinen Gewölben zahlreiche Grabdenkmäler, die teilweise von hohem künstlerischen Wert sind. Entsprechend der damals verbreiteten Verherrlichung der Ahnen wurden die Denkmäler aus Isenburg, St. Florin zu Koblenz und vor allem aus Kloster Rommersdorf zusammengetragen. Die bedeutendsten unter ihnen sollen kurz aufgezählt werden: Grabplatte mit Liegefiguren eines Ehepaares (14. Jh.) kölnischer Machart (kopierte Schrifttafel nicht zugehörig!); Bildnissteine für Wilhelm von Runkel und Isenburg (gest. 1489), Johann zu Wied (gest. 1524), Philipp zu Wied (gest. 1535), und Gerlach zu Isenburg (gest. 1530). Ein hervorragendes Werk ist das Wandgrab für den Kölner Kurfürsten Salentin von Isenburg (gest. 1610) mit manieristischem Alabasterrelief.

Die alte Dierdorfer Kirche hat ihr Denkmal in dem spätromanischen Westturm der heutigen evangelischen Pfarrkirche, die der Regierungsbaumeister Siebold in neuromanischem Stil 1903/04 recht ansprechend erbaute.

Holzbachtal

Die Orte im Tal des nordwestwärts fließenden Holzbaches waren und sind stark nach Dierdorf orientiert.

In **Puderbach** hatten die Grafen zu Wied vor 1480 ein Gericht, dessen Funktionen im 16. Jahrhundert von Dierdorf übernommen worden sind. Unterhalb bauten vor

1331 die Walpoden von der Neuerburg über dem Holzbach die *Burg Reichenstein,* die aber schon im 16. Jahrhundert zur Ruine verfiel. Ähnlich wie Burg Nassau hat Reichenstein einen fünfseitigen Bergfried mit abgeflachter Spitze, der ebenso wie ein Rundturm teilweise erhalten ist. Den entscheidenden Schutz gewährt allerdings ein ausgeklügeltes Grabensystem, das noch heute gut erkennbar ist. Ein vorderer Graben fing vom Hals her den ersten Ansturm auf. Dann galt es, einen Felsgrat und den anschließenden tieferen Graben unmittelbar vor der Burg zu überwinden. Durch terrassenförmige Gestaltung der Zwingeranlage war sie mit dem damaligen Kriegsgerät praktisch nicht zu bezwingen.

Trierische Präsenz im Holzbachtal demonstriert die alte Kastorkirche in **Raubach.** Um die Bezüge der Geistlichen des Trierer Domkapitels anzuheben, machte ihm Erzbischof Theoderich von Wied die Kirche zum Geschenk, nachdem sie zuvor dem Propst des Koblenzer Kastorstiftes gehört hatte. Wie mehrfach in Wiedischen Landen überragt die Kirche ein mächtiger Chorturm, dessen Dach rautenförmig zwischen die hohen Giebel greift. Die Apsis schmücken außen Lisenen und Rundbogenfries. Westlich des Holzbbachtales besitzt **Urbach** einen bemerkenswerten Kirchenbau des 19. Jahrhunderts. Ferdinand Nebel aus Koblenz hat an den romanischen Westturm der alten Kirchen einen neuen achteckigen Zentralbau unter Verzicht auf eine Apsis angebaut (1825–30). Es hat den Anschein, daß dabei das Vorbild des Aachener Münsters eine Rolle spielte. Auch die romanischen Architekturformen in dem sonst spätklassizistisch geprägten Bau wurden unzweifelhaft der spätstaufischen Baukunst des Rheinlandes abgeschaut. Insgesamt ist so ein ungemein reizvolles Werk entstanden, das in dieser Art einziges Beispiel im Westerwald und eines der zeitlich ersten überhaupt ist.

Zurückgekehrt auf unsere Hauptroute, kann **Marienrachdorf** mit einem Beitrag zur Illustrierung der Baukunst des 19. Jahrhunderts aufwarten. An einen romanischen Westturm schließt sich ein kreuzförmiges Schiff in spätklassizistischem Stil an. Rundbogen gliedern im Innern die breiten Querarme und die Westempore ab. Der eindrucksvolle Innenraum konnte sich zu dem eine bemerkenswerte Ausstattung aus säkularisiertem Klostergut sichern. Aus der Mainzer Kartause gelangten zwei hervorragende Seitenaltaraufsätze (um 1760) in Nußbaumfurnierung hierher. Sieben spätbarocke Holzstatuen (18. Jh.) gab das Kloster Marienstatt unbekümmert ab.

Die Grundherrschaft um **Herschbach** kam über die Landgrafen von Thüringen an Gräfin Mechthild von Sayn und schließlich an die Herren von Isenburg-Arenfels (1310). Sie bauten hier eine Wasserburg und erwirkten für Herschbach sogar Stadtrechte. Nach Erlöschen der Familie der Grafen von Isenburg-Grenzau (1664) nahm Kurtrier Städtchen, Burg und Herrschaft in Besitz. Ende des 19. Jahrhunderts wurde die Wasserburg spurlos beseitigt.

Dafür entschädigt die nach einem Entwurf des bedeutenden Johannes Seiz erbaute *Kirche* (1765–68). Der hochragende, schlanke und durch ein Gesims unterteilte Turm prangt seit einigen Jahren ebenso wie der große Saalbau des Schiffes in der ursprünglichen Außenbemalung mit diamantierten Eckquadern. Im Innern hat man Reste der ursprünglichen Barockausstattung durch moderne Imitationen ergänzt. Prächtigstes Stück ist die von Schöler gebaute Orgel (1773) auf der Westempore.

Man sollte zu Fuß die Allee zur Friedhofkapelle von Oberherschbach gehen, die im 13. Jahrhundert entstand, jedoch im Schiff später erneuert wurde (15. Jh.). Beachtliche Kunstwerke aus der Einrichtung des 18. Jahrhunderts wurden leider gestohlen.

Hier im Grenzgebiet des Engersgaues entstand früh die Rodung **Rückeroth,** wo vor 1346 durch die Grafen von Wied ein Gericht eingesetzt wurde. Wie oft im Westerwald, beherrscht von einem Hügel aus die Kirche das Dorfbild. Es ist eine spätromanische Pfeilerbasilika mit Westturm (13. Jh.), die im 19. Jahrhundert verändert worden ist. Die Seitenschiffe wurden damals abgerissen, die Arkaden zugemauert und somit der ursprüngliche Charakter stark abgewandelt. Diese Dorfkirche weist bis in die Details auffällige Bezüge zur mittelrheinischen Baukunst auf. So erhielt das Laub der Kapitelle eine Bohrverzierung, wie sie ähnlich in der Andernacher Liebfrauenkirche zu finden ist. Die barocke Umgestaltung des Innern mit stukkierter Spiegeldecke und Westempore geschah gemäß Inschrift 1736. Die Orgel (um 1810) schuf Konrad Embach aus Rauenthal.

Eine eindrucksvolle Totengedächtnisstätte hat sich die Gemeinde **Roßbach** geschaffen. Die Ruine einer früheren romanischen Pfeilerbasilika, von der nur die Mauern von Mittelschiff und Chor stehengeblieben sind, wurde zu einem andachtsvollen Raum unter freiem Himmel umgestaltet.

In Höchstenbach kreuzen wir die ›Hohe Straße‹, um fast schnurgerade nach Hachenbach zu fahren. Ein Netz von Nebenstraßen, das nun durch eine im Ausbau begriffene Schnellstraße nach Betzdorf durchstoßen werden soll, kennzeichnet heute die Verkehrssituation nördlich der Stadt.

Rosenheim, früher Kotzenroth, bietet mit seiner Kirche (1904–06) ein gutes Beispiel für die Neugotik. Rosenheim gehört mit den Nachbarpfarreien als Enklave zum Bistum Trier, weshalb das Gebiet auch ›Trierische Insel‹ genannt wird.

In der von Reinkens aus Wissen erbauten Kirche (1865) von **Elkenroth** beansprucht ein Relief mit der Verkündigungsszene (um 1500) besondere Aufmerksamkeit.

Gebhardshain war Hauptort einer eigenen Grundherrschaft, die bereits um 1500 den Grafen von Sayn gehörte. Aufschlußreich für die historisierende Baukunst des vorigen Jahrhunderts ist die katholische Kirche. Der Siegburger Architekt Court lehnte sich beim Entwurf der Pläne für einen Neubau (1860–62) an das Konzept an, das der Kölner Dombaumeister E. F. Zwirner für die Kirche in Stieldorf (1850/51) entwickelt hatte. So kam eine romanisierende Basilika mit recht gutem Gesamteindruck zustande.

Die Leipziger Straße

Der späteren Leipziger Straße liegt eine uralte West-Ost-Verbindung über den Westerwald zugrunde. Bis Altenkirchen ist sie mit der Hohen Straße identisch und führte einst von Brabant über Köln den Handelsverkehr zur Messe nach Leipzig. Heute findet sie als B 414 Anschluß an die B 8 und mündet östlich in die B 255.

Von Altenkirchen führt unsere Route über die Wasserscheide zwischen Nister und Wied nach Hachenburg. Etwa auf halbem Weg zeigt ein Wegweiser zur ›Kroppacher Schweiz‹, dem Tal der Großen Nister, die hier mäandrierend zwischen hochragenden Felsen zur Sieg fließt und eine ungemein reizvolle Landschaft geschaffen hat (Farbt. 10, Abb. 68). Der Kunstfreund sollte bis zum namengebenden Ort **Kroppach** hinabfahren. Auf einem Hügel liegt am Ortsrand die *Pfarrkirche St. Peter,* deren Anfänge vielleicht bis in das 11. Jahrhundert zurückreichen. Die Kreuzgratgewölbe im Chor wie auch die Seitenschiffe wurden erst später nach und nach ergänzt. Somit war der Bau ursprünglich einschiffig und erinnerte in diesem Zustand auffallend an die alte Kirche von Dreifelden. Der Westturm entstand 1835, nachdem der alte Turm durch Blitzschlag zerstört worden war.

Erst 1950 entdeckte man die im Chor unter Verputz verborgenen Fresken (16. Jh.), die teils figürliche Darstellungen zeigen, teils ornamentalen Charakter haben. Die Kanzel ist ein Werk des 17. Jahrhunderts. Die gußeiserne Grabplatte des Bertram von Holdinghausen (1576) gilt als bedeutendes Werk der Siegerländer Eisengießerei. Ähnliche Platten, nur mit veränderter Aufschrift, finden sich im Kloster Marienstatt und in Ferndorf im Siegerland. Das beweist, daß man ein Bildmuster gleich für mehrere Abgüsse verwenden konnte.

Hachenburg

Seit einigen Jahren umgeht die Fernstraße die Stadt Hachenburg (Abb. 55), früher liefen hier alle Straßen zusammen. Wie die Bezeichnung erkennen läßt, dürfte der einst selbständige Ort Hachenburg-**Altstadt** vor der Siedlung entstanden sein, die sich unmittelbar bei der Burg gebildet hat. Altstadt scheint ein bedeutender Rastplatz gewesen zu sein zwischen den beiden frühkarolingischen Straßensicherungen Altenkirchen und Neukirch.

Die spätromanische Kirche (Abb. 59) war bis 1656 *Pfarrkirche* auch von Hachenburg. Als dreischiffige Pfeilerbasilika erinnert sie an die ähnlichen Bauten in Birnbach und Flammersfeld. Zunächst mag diese Parallele vielleicht nicht einleuchten, da der Gesamteindruck in Altstadt durch die querhausartigen Anbauten im Osten etwas verändert wird. Diese hat man erst im 15./16. Jahrhundert hinzugefügt, als man Teile der Seitenschiffe erneuerte. Auch in Montabaur verfuhr man im gleichen Zeitraum in ähnlicher Weise. Betrachtet man die niedrigen Arkadenpfeiler des Langhauses, so entdeckt man unwillkürlich Anklänge an jene in Gladenbach, die ebenfalls längseckig sind. Von späteren Änderungen am Bau wurde auch der Westturm betroffen, der ursprünglich keinen Eingang besaß. Selbst im Chor verrät das teilweise vermauerte Vierpaßfenster, wie an der Kirche immer wieder gearbeitet worden ist.

Parallelen zu anderen Westerwälder Kirchen liefern auch die Inventarstücke. Am wertvollsten ist sicherlich der romanische Taufstein (13. Jh.), dessen zwölfeckiges Becken mit einem Rundbogenfries verziert ist (Abb. 60). Dieser wird ergänzt durch einen Laubwerkfries, der um die Kapitelle der sechs kleinen Säulen herumgeführt wird, auf denen das Becken ruht. Dieselbe Machart fanden wir in Sayn und Siegen. Anreger dürfte – wie überhaupt für die westliche Westerwälder Kirchenbaukunst – Andernach gewesen sein. Die Kanzel (1697) stammt wohl vom selben Meister wie die in Dreifelden.

Im Seitenschiff verdienen zwei gußeiserne Grabplatten (1756, 1773) Beachtung, zumal sie, anders als in Kroppach oder Marienstatt, nicht Adligen gewidmet sind. Vor der Kirche stehen auf dem alten ummauerten Friedhof schöne Grabsteine (16.–18. Jh.), deren Inschriften und Reliefs zum Teil recht interessant sind, darunter auch der Gedenkstein für Albertine von Grün (1769–92), einer Freundin des ›Sturm- und Drang‹-Dichters Friedrich Maximilian Klinger.

Wohl noch Ende des 12. Jahrhunderts haben die Grafen von Sayn zum Schutz unserer Straße und zur Sicherung der Ostgrenze ihres Herrschaftsgebietes eine Burg errichtet, die 1222 *Hachenburg* genannt wird. Dank der günstigen Lage bildete sich rasch in ihrem Schatten eine Siedlung, die sich bereits 1247 als Stadt verstand, obwohl ihr erst 1314 die entsprechenden Rechte verliehen wurden. Da die Grafen diese Burg bald zu

Hachenburg-Altstadt, Pfarrkirche, Grundriß

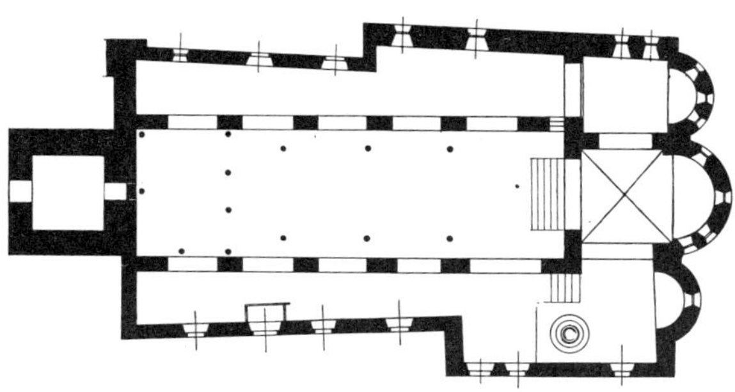

ihrer Residenz und zum Verwaltungssitz der Grafschaft gemacht hatten, überflügelte die Stadt allmählich die Altstadt. Nach der Teilung des Landes im Jahre 1652 blieb Hachenburg Residenz der Teilgrafschaft Sayn-Hachenburg. Im frühen 18. Jahrhundert brachte man die noch andauernde Bedeutung der Stadt durch den Bau eines Schlosses anstelle der alten Burg zum Ausdruck.

Weniger Kriegseinwirkungen als verheerende Brandkatastrophen (1439, 1484, 1594, 1654) haben viel vom alten Baubestand vernichtet. Um so mehr muß gewürdigt werden, wieviel noch an alter Substanz erhalten geblieben ist! Ein Grund ist sicherlich auch der ausgeprägte Bürgersinn der Hachenburger Bevölkerung, die liebevoll und mit sicherem Geschmack ihr Erbe pflegt.

Die alte Straße führte mitten durch die Stadt. Unvermittelt gelangt man zum fast rechteckigen Marktplatz (Abb. 56), der noch weitgehend das Bild bewahrt hat, das die Märkte barocker Kleinstädte boten. Den Mittelpunkt markiert der achteckige Marktbrunnen (1702), auf dessen Brunnenstock sich der vergoldete Wappenlöwe der Grafen von Sayn hochreckt (Farbt. 19).

An der höchstgelegenen östlichen Schmalseite steht die evangelische *Pfarrkirche.* Eine doppelläufige Freitreppe führt zum Portal, das als Risalit mit Flachgiebel gestaltet ist. Dieser Teil wurde zusammen mit dem Schiff 1775/76 von dem Altenkirchener Baumeister Braunstein erbaut, der dem Innenraum eine unvergleichliche Wirkung zu verleihen verstand (Abb. 58). Diese wird nicht zuletzt auch durch die Inneneinrichtung aus der Bauzeit erreicht. Blickfang sind die geschweifte Chorempore, der prächtige Orgelprospekt und darunter zwischen zwei Halbsäulen die schöne Kanzel. Die von Johann Caspar Kirchner aus Farnroda (1717/18) gebaute Orgel wurde 1895 erneuert (Walker). Der Chor ist noch spätgotisch, das Spiegelgewölbe (1775) stellt in glücklicher Weise die Verbindung zu dem späteren Schiff her. Auch der Turm an der Südseite (1481) gehört zu den älteren Bauteilen der Kirche.

An der Nordseite des Marktes fesselt die mit schlanken Pilastern und Volutengiebeln ausgestattete Front der ehemaligen *Franziskanerkirche* den Blick, neben der sich der barockisierende Turm mit geschweifter Dachhaube erhebt (Abb. 57). Obwohl dieser erst 1908/09) angebaut wurde, ergänzt er vorteilhaft die Wirkung der Fassade und verleiht dem Markt wie überhaupt dem gesamten Stadtbild eine zusätzliche Note. Dieser jetzt als katholische Pfarrkirche verwendete Bau wurde 1729–39 für das anschließende Kloster (1813 aufgehoben) errichtet. Die Kirche war damals nur etwa halb so lang. Als man 1906 mit dem Abbruch der Konventgebäude begann, erweiterte man gleichzeitig Haupt- und Seitenschiffe nach Osten.

Den mächtigen Hochaltar (1738) stiftete Graf Moritz vom Manderscheid, dessen Stellung als Kardinal und Erzbischof von Prag im Schmuck (Kardinalshut) zum Ausdruck kommt. Derselben Herkunft dürften die beiden Seitenaltäre sein. Die übrigen Ausstattungsstücke (um 1740) sind von schlichterer Art.

Nebenan steht das ›älteste Gasthaus Deutschlands‹, wie man hier wissen will. Auf jeden Fall gehört dieses Haus ›Zur Krone‹ zu den bemerkenswertesten Bauten seiner

34 EHRENSTEIN
Glasmalerei
(s. auch Farbt. 13)

35 EHRENSTEIN Kapitelsaal

36 EHRENSTEIN Kreuzigungsgruppe

37 BURGLAHR Bergfried der Burgruine

38 ISENBURG Torhaus

39 Siegtal, im Hintergrund die Freusburg

40 WISSEN Heisterkapelle im Ortsteil Schönstein

41 WEYERBUSCH Raiffeisen-Backhaus

43 FLAMMERSFELD Evangelische Pfarrkirche

◁ 42 LEUSCHEID Pfarrkirche

45 DREIFELDEN mit Dreifelder Weiher
44 Landschaft bei Birnbach
46 BIRNBACH Romanische Kirche

47 ALMERSBACH Romanische Kirche

48 SELTERS Evangelische Kirche, 19. Jh.

49 WÖLFERLINGEN Kirche, Mitte 18. Jh.

50 WELTERSBURG ›Brambacher Schlößchen‹

51 SCHLOSS MOLSBERG Gittertor

52 WASSERSCHLOSS NEUROTH

53 Wegekreuz bei Salz

54 SALZ Bildnisgrabstein in der Kirche

55 HACHENBURG von Südosten

57 HACHENBURG Alter Markt mit ehem. Franziskanerkirche und Haus ›Zur Krone‹

56 HACHENBURG Alter Markt

58 HACHENBURG Evangelische Kirche, Inneres

59 ALTSTADT Pfarrkirche

60 ALTSTADT Pfarrkirche, romanisches Taufbecken

61 MARIENSTATT Schnitzerei im Chorgestühl

63 MARIENSTATT Gotisches Flügelretabel (s. auch Farbt. 14)

◁ 62 MARIENSTATT Kirche von Südosten, Choransicht

64, 65 MARIENSTATT Altarrelief aus der ›Hadamarer Schule‹; Gerhard II. von Sayn, Detail vom Grabmal

66 MARIENSTATT Blick in das Treppenhaus des Klosters

68 Partie im Nistertal (›Kroppacher Schweiz‹) ▷

67 MARIENSTATT Pietà

Art. Der vierstöckige Steinbau entstand Ende des 16. Jahrhunderts im Renaissancestil, hat aber im Kern älteres Mauerwerk. Elegant wirken der dreifenstrige Erker und der Rollwerkgiebel, über den sich die Wetterfahne (1617) erhebt. Holztreppe und stukkierte Balkendecke (Ende 17. Jh.) im Innern schaffen eine behagliche Atmosphäre. Gegenüber sieht man an der Südseite des Marktes eine Front von Giebelhäusern mit zum Teil offenem Fachwerk (17.–19. Jh.).

Bei einem Rundgang sollte man die stattlichen alten Wohnhäuser in der Friedrichstraße, aber auch in der Wilhelm-, Herrn- und Alten Poststraße näher in Augenschein nehmen.

Erst am Ende lenken wir die Schritte zum *Schloß* (Abb. 55). Da es heute Eigentum der Bundesbank ist, können in der Regel keine Besichtigungen stattfinden.

Im Vergleich etwa zum Montabaurer Schloß fällt die Weiträumigkeit der Anlage auf. Dies ist die Folge davon, daß Hachenburg Residenz und Verwaltungssitz war, während Montabaur nur dem Jagdvergnügen der Trierer Erzbischöfe diente.

Die mittelalterliche Burg dürfte ein Komplex eher unregelmäßig angeordneter Bauten gewesen sein. Die jetzige, fast geometrisch angelegte Baugruppe spiegelt demgegenüber den Ordnungssinn des Barock wieder. Den annähernd hufeisenförmigen Grundriß bilden fünf Flügel, aus denen schräg angeordnete Eckbauten hervortreten. Der Schloßhof leitet mit einer Terrasse zum (ehemaligen) Park (›Burggarten‹) im Nordosten über.

Der erste größere Umbau der alten Burg erfolgte nach dem Stadtbrand von 1594. Joachim Rumpf, der auch in Hadamar gewirkt hat, erneuerte damals unter Ausnutzung der erhaltenen mittelalterlichen Mauern den sogenannten Sommerbau (Südwestflügel), errichtete den Torbau (Südflügel) und setzte das Satteldach auf.

Burggraf Georg Friedrich von Kirchberg, Graf von Sayn-Hachenburg, ließ dann unter der Leitung des nassauisch-weilburgischen Baumeisters Julius Ludwig Rothweil 1717–26 die Anlage in der Form verändern, wie sie im wesentlichen überliefert ist.

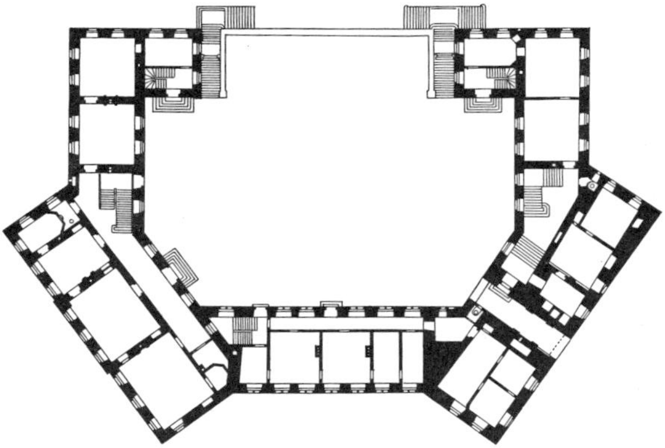

Hachenburg, Schloß, Grundriß des Erdgeschosses

Damals wurden durch größere Dächer der Torbau im Süden und der repräsentative Wohnbau im Norden, auch Neuwieder Flügel genannt, äußerlich hervorgehoben. Über dem Hofportal dieses Neuwieder Flügels befindet sich das Allianzwappen Sayn-Nassau. Im Innern sind außer einer imposanten Holztreppe vor allem die Stuckdecken hervorzuheben, die Carlo Cerutti (1726–29) geschaffen hat.

Auch die Vorgebäude (1737–46) hat Rothweil erbaut. Bis auf den Marstall sind sie weitgehend erhalten. In ihrem halbkreisförmigen Verlauf folgen die sechs Bauteile in etwa dem Bering der mittelalterlichen Burg.

Im nahen Burggarten befindet sich in einem Nebengebäude das Landschaftsmuseum Westerwald des Westerwald-Vereins e.V. Dort wurde eine Westerwälder Gehöftgruppe aus originalen Fachwerkbauten errichtet.

Marienstatt

Unsere Straße hatte im Mittelalter noch einen Seitenweg, der in der Nähe des **Klosters Marienstatt** durch eine Furt die Große Nister überquerte und dann über den Nauberg nach Kirburg zog, wo er sich wieder mit der Hauptstraße vereinigte. Kurz vor Marienstatt kann man noch einen alten Wegeinschnitt wahrnehmen.

Dort sind auf schroffen Felsen Reste von Erdwerken der Burg Froneck erhalten, die wohl auch der Straßensicherung gedient haben mochte, aber nach Gründung der Hachenburg entbehrlich war und 1206 geschleift wurde.

Über die alte malerische Brücke (18. Jh.) gelangte man früher in den Klosterbezirk, heute wird der Verkehr über die moderne Brücke etwas oberhalb geführt.

Die Gründung des Klosters ging von Heisterbach aus. Dank einer Stiftung von Grundbesitz durch die Burggrafen Eberhard von Aremberg und Adelheid von Molsberg konnten sich 1215 Zisterziensermönche bei Neunkhausen niederlassen. Streitigkeiten mit der Verwandtschaft des Stifterpaares veranlaßten die Mönche, ihr Kloster ›Marienstatt‹ aus dem Bereich der Trierer in den der Kölner Diözese zu verlegen. Die Genehmigung dazu hatte Graf Heinrich von Sayn erwirkt, der dazu den Ordensbrüdern 1222 einen Teil der Grundherrschaft Nister mit dem Burgberg der ehemaligen Froneck schenkte. Fünf Jahre später zogen diese an den neuen Platz, wo sie alsbald mit dem Bau einer steinernen Klosterkirche begannen, deren Chor 1243 samt der Ostwand des nördlichen Querschiffes fertiggestellt wurde. Doch erst 1324 waren Quer- und Langhaus (drei Joche) vollendet, so daß die Einweihung der Kirche vollzogen werden konnte.

Aus diesem Anlaß wurden kostbare ›Weiheurkunden‹, die sogenannten Marienstatter Tafeln, angefertigt, die sich heute im Rheinischen Landesmuseum zu Bonn befinden.

Das Kloster lag verkehrsgünstig, was seinem weitreichenden Wirtschaftsgebaren zugute kam. Rückschläge brachten die Pest, die Annahme der Reformation durch die

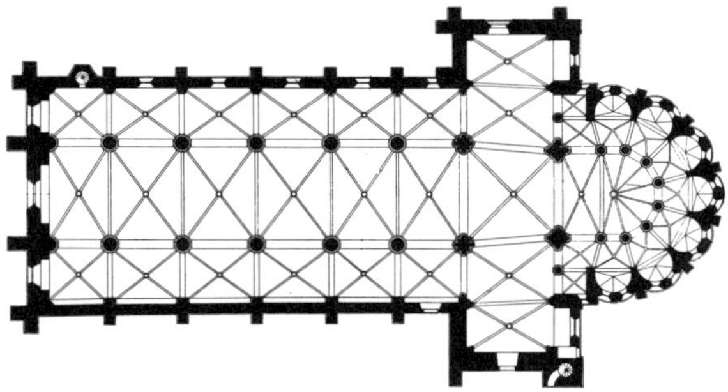
Marienstatt, Abteikirche, Grundriß

Grafen von Sayn und die Besetzung durch die Schweden, nach der die einstige Bedeutung der Abtei nicht mehr wiedererlangt werden konnte. Wohl bescherte das 18. Jahrhundert noch einmal eine Phase finanziellen Aufschwungs, der sich in einer lebhaften Bautätigkeit niederschlug, doch machten dem die Wirren der Koalitionskriege ein rasches Ende. 1803 erfolgte die Aufhebung. Nach wechselnden Eigentümern wurde 1864–75 und ab 1888 hier wieder ein Kloster eingerichtet. Seit 1832 ist Marienstatt Pfarrei. An der Südfront wurden Neubauten (1909, 1958) zur Aufnahme einer Schule errichtet. Seit Ende des 15. Jahrhunderts ist der Ort Ziel einer Wallfahrt. In der Kirche werden regelmäßig Konzerte veranstaltet.

Die frühgotische kreuzgewölbte Basilika hat einen Chorumgang mit halbkreisförmigem Kapellenkranz und ein allseits durchgeführtes Strebesystem (Abb. 62). Gegenüber Heisterbach sind der Fortschritt der Bautechnik und die Ablösung des Stils unübersehbar. Wo dort noch plumpe Strebemauern ansetzen und die Kapellen nischenförmig in der Mauer stecken, spannen sich hier freie Strebebögen – mit die ältesten im Rheinland – von den Strebemauern zur Wand und treten die Kapellen halbkreisförmig nach außen hervor. Zieht man zum Vergleich noch die späteren Zisterzienserkirchen von Altenberg im Bergischen Land und Haina östlich Marburg hinzu, wird man Zeuge einer bestimmten Phase der Übersetzung französischer Bauanregungen in deutsches Stilempfinden. Alles wird überragt von dem maßgebenden Einfluß der Kölner Dombauhütte. Vom Kathedralstil ist dieser Bau allerdings noch ziemlich entfernt: Die Konstruktionen wirken recht mauerhaft, Chorumgang samt Kapellenkranz erreichen gerade die Breite eines Seitenschiffes, der Chor ist auffallend kurz.

Vermutlich hat man durch eine Planänderung diese Unzulänglichkeiten abzuändern versucht. Jedenfalls liegen die Vierungsgewölbe höher als die des Chores, und das Mittelschiff ist breiter als der Chor.

Die Bauphasen lassen sich an Details im Innern ablesen. So setzt sich das stark gegliederte Wandsystem des Chores kaum über diesen hinaus fort; die Bündeldienste des Chores werden durch einfache Runddienste ersetzt; die aus französischen Anregungen entwickelten Kelchkapitelle des Altarraumes sind sonst nirgendwo im Bau vorhanden. Der dritte Bauabschnitt – die vier Westjoche – wird markiert durch die Wappen-

Marienstatt, Abteikirche, Kapitelle der Chorpfeiler und Schlußstein aus dem südlichen Querschiff

schlußsteine, die stark abgeschrägten Arkadenbögen, das Fehlen von Dienstkapitellen und durch die einfacheren Gewölberippen.

Ähnlich wie die äußeren Bauformen gestatten auch die im Innern auftretenden Bauglieder vergleichende Betrachtungen. Die mit stilisiertem Blattwerk ausgelegten Kelchkapitelle der Rundpfeiler im Chor zeigen Anklänge an französische Formen, die hier allerdings recht derb geraten sind. Eine Vermittlung über die internationalen Beziehungen des Ordens ist dabei nicht völlig ausgeschlossen. Sonst aber sind es regionale Einflüsse, die stilbestimmend wurden. Ein Dienstkapitell im nördlichen Querschiff, die Kapitelle der Dienste an den westlichen Vierungspfeilern und die teils mit Laubwerk, teils mit Blattmasken verzierten Schlußsteine der älteren Teile (bis 1324) verraten eindeutig den rheinisch-kölnischen Einfluß. Das ›Lamm Gottes‹ auf einem dieser Schlußsteine hat sein Pendant im hessischen Haina. Die dreifachen Bündeldienste mit den Schaftringen, wie sie hier im Chor auftreten, gleichen auffallend jenen in der Kirche von Stadt Blankenberg bei Hennef. Die durchgängige Verwendung von Rundpfeilern scheint Gewohnheiten rheinischer Zisterzen widerzuspiegeln, da wir sie auch im bergischen Altenberg antreffen, während der Kölner Dom nur Bündelpfeiler kennt.

Die farbliche Fassung wurde nach älteren Resten wiederhergestellt, nur die der Kapitelle erfolgte ohne historische Vorbilder. Auch außen waren die Schieferbruchsteinmauern einst durchgängig verputzt.

Trotz unersetzlicher Verluste in der Vergangenheit ist die heutige Ausstattung noch immer von hohem künstlerischen Rang, den auch moderne Zutaten nur wenig zu mindern vermochten. Herausragend ist der Aufsatz des Hochaltars, der sogenannte *Ursulaaltar* (Abb. 63). Das prächtige Schnitzwerk entstand um 1360 als Reliquienschrein. Das dreigeschossige Retabel enthält zuoberst Figuren der zwölf Apostel (Farbt. 14), im Mittelrisalit eine Krönung Mariens durch Christus, darunter Frauenbüsten zur Aufnahme von Reliquien, wozu auch die untersten Nischen bestimmt waren. Das bedeutende Kunstwerk entstand in einer Kölner Werkstatt und hat nur zwei Parallelen in

Deutschland (Oberwesel/Rhein, Bad Doberan/DDR). Die Apostelfiguren des Obergeschosses gleichen jenen im Kölner Domchor, die Reliquienbüsten solchen in der Kölner Kirche St. Ursula. Die freistehende Mensa inmitten des Altarraumes dürfte zur ältesten Ausstattung überhaupt gehören.

Daneben blieb nur noch eine romanische Piscina erhalten, die heute in die Wand des südlichen Seitenschiffes eingelassen ist. Das von einem maskenhaften Kopf gehaltene dreiteilige Becken diente an seinem ursprünglichen Standort im Chor zur Reinigung der Kultgeräte.

Zeitlich schließt sich das guterhaltene Chorgestühl (um 1300) an, das an den Wangen nur spärliches Schnitzwerk aufweist. Lediglich der Stuhl des Abtes ist reicher ausgestattet und zeigt unter anderem das so beliebte Pelikanmotiv (Abb. 61). Darin erinnert es an das Chorgestühl im bergischen Kloster Altenberg bei Köln.

Von der plastischen Kunst sind zunächst die alten Muttergottesbilder erwähnenswert. Die Statue über der Treppe im südlichen Querhaus stand früher draußen über dem Westportal, wo sich jetzt eine Kopie befindet. In einer modernen Seitenkapelle thront über dem Altar eine Pietà aus Steinguß (um 1430; Abb. 67), die stilistisch in den böhmisch-salzburgischen Raum gehört, während das beinahe gleichaltrige Bild über der Treppe ein Werk rheinischer Kunst ist, das eine Parallele in Montabaur hat. Dies gilt auch für eine noch ältere Madonna (um 1360), die sich jetzt im Kreuzgang befindet.

Unter den barocken Seitenaltären (1720) beansprucht jener mit den Dreifaltigkeitssymbolen besonderes Interesse, weil er ein gutes Werk der Hadamarer Schule ist und

Marienstatt, Abteikirche, Chorgitter in den Seitenschiffen

Johann Neudecker dem Älteren zugesprochen wird (Abb. 64). Ungefähr zur gleichen Zeit entstanden auch die barocken Beichtstühle und die schmiedeeisernen Gitter.

An die ursprüngliche Bestimmung des Klosters, für den Totenkult der Stifterfamilie und der Wohltäter Sorge zu tragen, erinnern zahlreiche Grabdenkmäler. Am ältesten ist ein Grabstein mit Scheibenkreuz. Hohen künstlerischen Wert besitzt das Hochgrab des Grafenpaares Gerhard II. von Sayn (gest. 1493; Abb. 65) und Elisabeth von Sierk (gest. 1498). In lebensgroßen Holzplastiken hat der niederrheinische Meister Tilman van der Burch die Verstorbenen eindrucksvoll dargestellt. Engelfiguren halten die Wappenschilder zu Häupten der Figuren. Der Katafalk ist mit leider stark verblaßten Malereien mit Motiven aus der Glaubenslehre verziert. Die älteren, oft abgetretenen Grabsteine deckten meistens Gräber der gräflichen Familien, die barocken dagegen verschlossen Gräber der Äbte. Als die Grafen evangelisch geworden waren und die Äbte des 18. Jahrhunderts nun die Allüren des Adels nachahmten, haben sie sich über das Grab hinaus verewigt. Abt Emons beispielsweise entwarf noch zu Lebzeiten seine Grabplatte und dichtete dazu in schwülstigem Latein seine eigene Selbstverherrlichung, wie man im nördlichen Seitenschiff lesen kann.

Bemerkenswert sind schließlich noch zwei gußeiserne Grabplatten im nördlichen Querhaus. Die des Chorherren Johannes Pithan von Niederwerth (gest. 1516) gehört zu den ältesten ihrer Art. Auf der des Johann von Selbach (gest. 1563) erblickt man verblüfft dieselbe Gestalt wie in Kroppach.

Von der mittelalterlichen Fensterverglasung ist nur im nördlichen Querhaus ein kleines Fenster (teilweise) erhalten, dessen Verbleiung ornamental geführt ist.

Die neuere Ausstattung nimmt, wie übrigens auch die einstmals reiche barocke Einrichtung, wenig Rücksicht auf die Architektur, was dem Besucher vielleicht erst dann aufgeht, wenn er andere Zisterzienserbauten des Mittelalters kennengelernt hat!

Der Prachtliebe der Äbte und Mönche des 18. Jahrhunderts fiel auch das mittelalterliche Kloster zum Opfer, von dem wir nur durch einen Stich von 1718 Kenntnis haben. Der Trierer Hofbaumeister Johannes Everhard aus Ehrenbreitstein entwarf wohl den Plan für den neuen Klosterbau mit seiner schloßähnlichen Fassade. Den Ehrenhof umschließt ein dreiteiliger Baukomplex. Während dessen seitliche Achsen (die südliche erst Anfang 20. Jh. vollendet) sehr einfach gehalten sind, wird der Hauptflügel durch den vorspringenden und stärker gegliederten Mittelpavillon betont. Anders als die Kopfbauten der beiden Querflügel wird der Portalbau in den oberen Geschossen durch toskanische Pilaster gegliedert, durch Balkon, Figurennische und Wappenkartusche belebt sowie auf dem Mansarddach von Firstspitzen bekrönt.

Das stuckverzierte Innere des Mittelpavillons füllen zum größten Teil die zweiläufige Treppe und eine Galerie, deren Geländer reichgeschnitzte Laibungen haben (Abb. 66). An den Wänden stehen Holzplastiken der Hadamarer Schule, die Äbte des Ordens darstellen (Benedikt, Robert von Molesme, Alberich, Stephan Harding, Bernhard von Clairvaux). Der Neubau wurde inschriftlich 1747 vollendet, die Ausstattung dürfte bald darauf fertig geworden sein.

Marienstatt, Holzfüllung des Treppengeländers

Durch recht phantasielose Zweckbauten wurde die südliche Front der Anlage stark beeinträchtigt. Von den alten Nebenbauten aus dem 18. Jahrhundert sind noch die allerdings verbaute ehemalige Mühle und der Nordteil des Pfortenhauses (1754) vorhanden. Auch das schmiedeeiserne Gartentor (um 1750) legt noch Zeugnis vom Bauboom jener Zeit ab, der gerade noch rechtzeitig verebbte, ehe man an die mittelalterliche Kirche Hand anlegen konnte.

Wer ein gutes Beispiel der Kirchenbaukunst des 19. Jahrhunderts kennenlernen möchte, kann einen Abstecher nach **Alpenrod** unternehmen. Der außen durch Bogenblenden gegliederte Saalbau (1843/44) geht auf einen mittelalterlichen Vorläufer zurück, von dem im Turm noch Mauerreste vorhanden sind.

Unsere ›Leipziger Straße‹ führt nicht allzu weit an **Neunkhausen** vorüber, bei dem der Altenklosterhof die Erinnerung an die erste Gründung von Marienstatt wachhält. Das Dorf hat einige alte Fachwerkhäuser (18., 19. Jh.)

Bad Marienberg ist mit Emmerichenhain und Stein-Neukirch einer der Kernorte des Westerwaldes. Das Kirchspiel emanzipierte sich schon vor 1231 von Herborn. Der Ort erhielt erst ab 1782 größere Bedeutung als Amtssitz von Nassau-Oranien. Später war hier die Verwaltung des alten Oberwesterwaldkreises (1867–1932), seit 1939 ist Marienberg Stadt und seit 1969 Bad.

Wahrzeichen des Ortes ist die hoch über der Stadt stehende evangelische *Pfarrkirche* (Abb. 70), die Johann Schrumpf als großen, spätklassizistischen Saalbau errichtet hat (1818–21), wobei Anklänge an die Schloßkirche in Weilburg nicht zu übersehen sind. Die Eingangsfront beherrscht ein dreiachsiger mit Pilastern und Flachgiebel ausgestatteter Mittelrisalit. An der gegenüberliegenden Front steht der hohe, von Zeltdach und Haubenlaterne bekrönte Turm. Charakteristisch für die Erbauungszeit ist der Kanzelaltar an der Turmseite. Vor der Kirche steht ein spätromanischer Taufstein (Abb. 71). Die Wilhelmstraße mit dem alten Amtshaus und dem evangelischen Pfarrhaus (1788) vermittelt ein wenig von dem Flair aus nassau-oranischer Zeit.

Schloß Friedewald

Die Grafen von Sayn konnten erst im frühen 14. Jahrhundert ihre Landeshoheit im Hohen Westerwald und im Daadetal festigen. Wenige Kilometer nordöstlich von Bad Marienberg legt **Friedewald** von diesem Bemühen Zeugnis ab, genoß der Ort doch seit 1324 Stadtrechte, die ihm Graf Gottfried von Sayn zu nämlichem Zwecke erwirkt hatte. Eine wichtige Rolle sollte dem verträumten Fleck zufallen, als im Dreißigjährigen Krieg das *Schloß* (Abb. 69) letzter Zufluchtsort für die heimgesuchte Grafschaft war. Bald danach (1671) kam Friedewald zur Reichsgrafschaft Sayn-Altenkirchen, die bis 1791 hier ihren Hauptsitz hatte.

Graf Heinrich von Sayn errichtete an Stelle einer mittelalterlichen Burg um 1580 das prächtige Renaissanceschloß. Dessen Ruinen kaufte 1885 Graf Alexander von Sayn-Wittgenstein und baute sie historisch getreu wieder auf.

An die einstige Burg erinnern manche Eigentümlichkeiten der heutigen Gesamtanlage. Im Süden und Westen bilden heute noch Mauern mit einem eckigen und drei Rundtürmen einen Teil des rechteckigen Burgberings. Am Nordwestturm schließen sich Reste der ehemaligen Stadtbefestigung (1324) an. Aber auch an den alten Teilen wurde viel verändert, sei es zu Verteidigungszwecken (1609 Verstärkung der Mauern), sei es aus ästhetischen Gründen (1682 Zwiebelhaube des Südostturmes) oder einfach aufgrund von Sachzwängen (Neubau von Süd- und Ostflügel, 16./17. Jh.). Im Zuge des Wiederaufbaues durch Graf Alexander entstanden der Nordflügel und das Obergeschoß des Südflügels neu (1913–14) unter Leitung des Baumeisters Schäfer aus Darmstadt.

Das Hauptschloß datieren Inschriften auf die Jahre 1580 und 1582. Man hat es nicht zu Unrecht mit dem Heidelberger Schloß verglichen, von dem es wesentliche Anregungen erhalten haben dürfte, ohne auch nur annähernd dessen üppige Schmuckformen zu erreichen. Der plastische Schmuck beschränkt sich vielmehr auf die Wandfelder und Nischen zwischen den Kreuzsprossenfenstern. Man erkennt das Wappen von Graf Heinrich IV. von Sayn, den Herkules, der hier Säulen trägt, oder die Allegorien

Schloß Friedewald, Fassadendetails

der Tugenden ›Weisheit‹ und ›Gerechtigkeit‹. Die Gliederung der Bruchsteinmauern erfolgt durch vertikale Wandpilaster. Das Dach wurde bei der Restaurierung (1890) aufgesetzt.

Das Schloß gilt als »ein besonders markantes Beispiel deutscher Fürstenschlösser des Manierismus« (Dehio). Vom Schloßhof blickt man hinab auf das Daadetal.

Der alte saynische Pfarrort **Daaden** hatte früher ein malerisches Ortsbild, das heute leider verändert ist. Dennoch sind einige der schönen Fachwerkhäuser (18./19. Jh.), wie sie sich auch im Ortsteil **Biersdorf** finden, erhalten geblieben. Die ›Alte Post‹, ursprünglich Sitz des gräflichen Oberamtmannes von Schütz (eigentl. Nicolaus Wolfgang Sinolt), ist dagegen ein Steinbau, der 1671 errichtet worden ist und jüngst restauriert wurde.

In der evangelischen *Pfarrkirche* haben wir wohl die schönste Barockkirche des Westerwaldes vor uns (Farbt. 15). Der quadratische Westturm kündet noch von der romanischen Vorgängerin (1219 bezeugt), die im übrigen dem Neubau von 1722–24 weichen mußte. Die große, kreuzförmige Anlage besticht durch die Reinheit ihrer Formen, die frei von unnötigen Schnörkeln, die Gesinnung einer lebensfrohen Generation widerspiegeln. Das flachgedeckte Innere ist mit ein- bis zweigeschossigen Emporen ausgestattet und wird von dem Kanzel-Orgel-Altar beherrscht (Abb. 72).

Den Rückweg zur ›Leipziger Straße‹ mag man über **Nisterberg** nehmen. Die moderne Kapelle hat einen romanischen Ostteil (12. Jh.) und eine alte Glocke (1523).

Unsere Straße führt unmittelbar an den höchsten Erhebungen des Westerwaldes vorbei, die hier nur wie bescheidene Hügel wirken, kreuzt die ›Mainzer Straße‹ (B 54) und nähert sich der Grenze von Rheinland-Pfalz. Die zwei Orte, die wir noch diesseits derselben aufsuchen, künden bereits eine Kunstrichtung an, die wir im östlichen Westerwald dann häufig antreffen werden.

In **Waigandshain**, südlich der Straße, findet sich in der Dorfmitte ein hübscher Fachwerkbau (1752), der gleichzeitig Bürgermeisteramt und Betsaal beherbergt (Abb. 73).

Einen vergleichbaren Mehrzweckbau gibt es in dem südöstlich gelegenen Ort **Rehe** (Farbt. 26), der jenen an Größe und Ausstattung übertrifft. Wie dort wird das hohe Mansarddach von einem Dachreiter überragt, auf dem ein prächtiger, schmiedeeiserner Hahn sitzt. Aber Türen, Pfosten und Balken tragen zum Teil reiches Schnitzwerk, mitunter mit kuriosen Mustern. Die Amtsräume des Bürgermeisters im Erdgeschoß sind niedriger als der darüber befindliche Betsaal. An der Kanzel steht genau verzeichnet, wann die Einweihungspredigt gehalten wurde: 18. VI. 1741. Die Kirchenbänke sind mit einem marmorierten Anstrich versehen.

Nahebei sprudelt ein gußeiserner Dorfbrunnen. Unter den Fachwerkhäusern im Ort besitzen einige noch den ›Niederlaß‹, also das zur Windseite tief hinabgelassene Schleppdach, wie es für das Westerwälder Bauernhaus so charakteristisch ist.

Allmählich steigt unsere Straße von den Hochlagen des Westerwaldes hinab und überschreitet beim Höllkopf die hessische Grenze. Links liegt das Wassersportgebiet des Heisterberger Weihers. In Breitscheid-**Gusternhain** steht ungenutzt wieder einer jener merkwürdigen Kombinationsbauten aus Fachwerk (1820), die als Kirche und gleichzeitig zu anderen gemeinnützigen Zwecken dienen. Hier befand sich oben der Betsaal, während unten Räume für Feuerwehr und Bürgermeister waren. Ähnliche Bauten liegen nun öfter am Weg.

Die Kirchen in den Dörfern der Großgemeinde Breitscheid haben allerdings einen anderen Charakter. Während die erwähnten Fachwerkbauten durchweg im Barock entstanden und in manchem durchaus einen architektonisch manifestierten Bruch mit der katholischen Tradition andeuten, weisen diese alten Kirchen noch in das Mittelalter zurück.

Malerisch liegt inmitten der Umfriedungsmauer des ehemaligen Kirchhofs die evangelische *Kirche* von **Breitscheid.** Wehrhaft wirkt der frühgotische Chorturm, der im Obergeschoß noch Schießscharten besitzt. Über dem Altar spannt sich im Innern ein Kreuzgratgewölbe. Das Schiff wurde später (1629, 1727) umgestaltet und 1969/70 vollständig erneuert. Im Dorf findet man noch einige anmutige Fachwerkhäuser (18. Jh.), die zum Teil Flachschnitzereien aufweisen.

Die evangelische *Kapelle* in Breitscheid-**Erdbach** trägt an den Wänden des Chorraumes Wandmalereien (16. Jh.) mit Aposteldarstellungen. Die Bemalung der übrigen Wände mit Blumendekor und Sprüchen erfolgte dagegen erst 1788 durch Georg Ernst Justus Kayser, einem aus Gladenbach stammenden Künstler, dessem Wirken wir gelegentlich noch begegnen werden. Bemerkenswert ist auch die alte Kanzel (17. Jh.).

Von der alten *Kirche* in Breitscheid-**Medenbach** ist nur noch der frühgotische Chorturm erhalten, dessen Altarraum wie in Breitscheid ein Kreuzgewölbe aufweist. Doch befindet sich im Innern eine alte Kanzel (17. Jh.). Die Brüstungen der Emporen sind mit Blumenmalereien (18. Jh.) versehen.

Über Driedorf führte ein alter Weg, die ›Frankfurter Straße‹, zur Lahn. Sie soll uns die Richtung zu einem überaus lohnenden Abstecher weisen.

Frankfurter Straße

In **Driedorf** erreichen wir einen Ort, den schon im 13. Jahrhundert die Grafen von Nassau mit zwei Burgen sicherten und der bereits 1305 Stadtrechte erlangte, die allerdings keine dauerhaften Auswirkungen hatten. Dafür war der so verkehrsgünstig gelegene Handelsplatz Streitobjekt der Mächte.

Nach einer verheerenden Feuersbrunst im Jahre 1819 wurde der Ort nach einem Plan mit schachbrettartigem Straßenmuster wiederaufgebaut. Mittelpunkt ist bis heute der große Marktplatz geblieben.

Die beiden mittelalterlichen *Burgen* sind nur in Ruinen erhalten. Die Oberburg am Nordwestrand des Ortes lehnt sich an die alte Stadtmauer an. Außer den Mauerresten ist nur noch ein gotischer Turm mit quadratischem Grundriß zu erkennen. Bereits 1672 vernichtete ein Brand die Feste. Damals war die zweite Burg, Unterburg oder Junkernschloß genannt, schon verfallen. Spuren einer viereckigen Anlage mit Resten eines Wohnhauses sind noch in den Talwiesen zu sehen.

Wegen der Brandkatastrophe stammen die baulich bemerkenswerten Wohnbauten erst aus dem 19. Jahrhundert und tragen recht einheitlichen Charakter. Wichtigstes Bauwerk ist die evangelische *Pfarrkirche* (1821–27), die von Johann Schrumpf erbaut sein soll. Wie dem auch sei, sie ist jedenfalls ein herausragendes Beispiel jener Predigtkirchen, wie sie im Nassauer Land unter dem Einfluß von Friedrich Joachim Stengel entstanden , von denen diese aber die einzige ihrer Art im Westerwald ist. Der repräsentative Saalbau wird außen durch Quaderlisenen gegliedert und an der Marktfront von einem Mittelrisalit beherrscht, den vier toskanische Pilaster, Fries und Giebelfeld, beleben. Der Turm an der südlichen Langseite ist im Kern noch romanisch. Innen sind Altar und Kanzel an der südlichen Langseite aufgestellt – nicht wie sonst an einer Schmalseite – von wo aus halbkreisartig die Emporen entlang den übrigen Wandflächen aufgebaut sind.

Vermutlich werden die meisten der zahllosen Touristen, die im Sommer die hessische Seite der Krombachtalsperre (Farbt. 47) anstreben, um dort Wassersport zu treiben, an der kleinen *Kirche* von Driedorf-**Mademühlen** achtlos vorbeieilen (Abb. 75). Chorturm und Schiff gehen noch in die Romanik zurück, doch künden zwei spitzbogige Nischen im Altarraum bereits von gotischem Stilempfinden. Die alte Kirche wurde 1770 nach Westen verlängert, um in diesem neuen, zweigeschossigen Teil die Schule (bis 1835) unterzubringen.

Einen anderen Charakter hat die Kapelle in Driedorf-**Roth**, ein Fachwerkbau (1606, 1752 erweitert), wie sie der Westerwald östlich der Dill ja in so großer Zahl vorweisen kann. Leider ist in Roth das Fachwerk zum Teil unter Schiefer oder Verputz versteckt. Die heute privatisierte Kirche von **Seilhofen** entsprach jenem Typ von Mehrzweckbauten, wie sie im östlichen Westerwald nicht selten sind. Hier waren unten die Schule mit Lehrerwohnung, oben der Betsaal untergebracht. Ähnlich verhielt es sich mit der Kirche (18. Jh.) in Driedorf-**Hohenroth.**

Südöstlich führt der Weg nach Greifenstein-**Rodenberg**, dessen leider profanisierte Fachwerkkirche gleichfalls ein Kombinationsbau war. Dafür dient der 1751 errichtete Bau in Greifenstein-**Rodenroth** noch jetzt seiner ursprünglichen Bestimmung. In dem anmutigen Fachwerkgebäude, das nicht durch Putz oder andere Zutaten beeinträchtigt wird, wohnt unten der Bürgermeister, oben ist der Betsaal. In Greifenstein-**Odersberg** hat die Kirche regelrecht Wohnhauscharakter, der Betsaal, Schule und Lehrerwohnung unter einem Dach beherbergte.

Etwas abseits liegt das hübsche Dorf Greifenstein-**Nenderoth,** das bereits 993 urkundlich Erwähnung findet. Der große Staatsforst in der Umgebung hatte als Mittel-

Nenderoth, Pfarrkirche

punkt früher die Oberförsterei Johannisburg, ein ehemaliges nassauisches Jagdschlößchen (1593). Bescheiden duckt sich zwischen den Häusern die spätromanische *Dorfkirche,* zu der ein romanisches Portal in der Kirchhofsmauer den Zutritt gestattet. Nach Abbruch eines Seitenschiffes blieb der jetzige einschiffige flachgedeckte Bau erhalten, dessen Chorturm ein etwas gedrückter Spitzhelm bedeckt. Bestes Stück der barocken Ausstattung ist wohl ein Ölgemälde mit der Geißelung Christi (um 1700).

Südöstlich erreichen wir **Beilstein,** das jetzt Verwaltungssitz der Großgemeinde Greifenstein ist. Die *Burg* war Veranlassung für eine Ansiedlung, die 1321 Stadtrechte erwarb, ohne diese behaupten zu können. Der Burgsitz der älteren Linie der Grafen von Nassau-Beilstein (1340–1561) fiel später an Nassau-Dillenburg, wurde dann noch einmal Sitz der jüngeren Linie Nassau-Beilstein (1607–1739), deren Grafen jedoch nur bis 1620 hier residierten, wonach die Burg langsam verfiel.

Merkwürdig an der Anlage ist, daß sie wohl nie einen Bergfried hatte. Die heutige Ruine (Farbt. 22) stellt im wesentlichen den ehemaligen Palas dar (14. Jh.), dessen Ecken durch sogenannte Tourellen verstärkt sind, ein Baumotiv, das von den in Frankreich beliebten Donjons entlehnt ist und das auch bei anderen Westerwälder Burgen (Sporkenburg, Hermannstein) seinen Einfluß hinterlassen hat. Die Bergseite ist nach Art einer Schildmauer verstärkt, was wiederum an die Sporkenburg erinnert, und zudem um zwei Stockwerke höher. Nachträglich wurde die andere Schmalseite noch durch eine Halbrundbastion (um 1500) gesichert. Die südwestlich vorgelagerten Ruinen stammen von Wirtschaftsgebäuden. Südöstlich steht die verwahrloste Vorburg mit ihrem Torhaus (um 1610).

An das Torhaus schließt sich die ehemalige *Schloßkirche* an, die jetzt als evangelische Pfarrkirche dient. Unter Einbeziehung von spätgotischem Mauerwerk entstand sie

1614–16 als langgestreckter, hoher Saalbau mit schmalen, gekuppelten Renaissancefenstern. Der Turm war ursprünglich ein Wehrturm und bildete wohl die Toreinfahrt. Seinen dreistöckigen Haubenhelm erhielt er erst 1769. Unter dem im Innern erhöhten Chor befindet sich die Grafengruft. Die Balkendecke mit den ausdrucksvollen Stuckrosetten schuf Philipp Seiler aus Dillenburg. Dillenburgische Einflüsse äußern sich auch in den Beschlägen der Emporenbrüstungen. Kanzel und Gestühl entstanden 1616, die Orgel erst Ende des 18. Jahrhunderts. Die Farbfassung der Einrichtung wurde nach altem Vorbild erneuert. Schön sind auch die Fußbodenmuster, zu denen man hochkant stehende Steine angeordnet hat.

In diesem strategisch so wichtigen Raum spielte die **Burg Greifenstein** (Farbt. 21, Frontispiz S. 2) militärisch eine ganz besondere Rolle. Die Herren von Beilstein-Greifenstein mußten schon 1298 die Zerstörung ihrer Burg durch Nassau und Solms hinnehmen. Graf Johann von Solms-Burgsolms nahm den Wiederaufbau in Angriff (1382, 1388) und kaufte Nassau alle bestehenden Rechte ab. Erweiterungen nahmen dann die Grafen von Solms-Braunfels vor (1432). Aber erst Graf Wilhelm I. von Solms-Greifenstein, ein gelernter Festungsbaumeister (gest. 1635), machte die Anlage zu einer damals uneinnehmbaren Trutzburg, auf der er auch residierte. Seine Nachkommen verlegten die Residenz 1693 nach Braunfels. Seit dem 18. Jahrhundert verfiel die Anlage. In neuester Zeit bemühte man sich um die Renovierung dieser bedeutendsten Wehranlage des Westerwaldes.

Die außergewöhnlich günstige Lage der Burg erkennt man unschwer, wenn man sich ihr aus beliebiger Richtung nähert, aber auch beim Rundblick vom Vorplatz oder vom Turm. Die Kernburg (nach 1226) wird an der schmalen Nordflanke durch eine hohe Schildmauer geschützt, die aber – anders als etwa in Beilstein oder bei der Sporkenburg – durch zwei Rundtürme mit Wehrgang und Zwischenbau verstärkt ist. Darin erinnert sie an Burgen außerhalb des Westerwaldes (z. B. die Ehrenburg im Hunsrück oder Burg Reichenstein bei St. Goarshausen). Der Nassauer Turm (westlich) hat eine Steinkuppel, die allerdings verschiefert ist, der Bruderturm (östlich) dient als Glockenturm und trägt auf seinem zeltartigen Dach als Wetterfahne einen Greifen. Der sich südlich anschließende Palas ist verfallen (um 1388). Östlich der Schildmauer sind Reste des Neuen Baues (1687–93). Von dem abschnittweise später erneuerten inneren Bering blieben ebenfalls nur Reste erhalten. Der äußere Bering (1447–80) ist besser zu erkennen. Von den ihn verstärkenden, später hinzugefügten Batterietürmen (1610–20) fällt besonders die ›Roßmühle‹ am Vorplatz auf, wo man einen Blick in die mächtige Bastion mit ihren Geschützständen werfen kann.

Ein Kleinod bildet die äußerlich so unscheinbare *Burgkapelle,* die heute evangelische Pfarrkirche ist. Über der älteren Kapelle (1448–76), die, lange als Keller genutzt, eine Herrichtung verdient, wurde 1683–91 die jetzige ›Schloßkirche‹ gebaut. Ihr Schmuck ist die überaus reiche Stuckdecke mit ihren vollplastischen Putten und den Knorpelornamente tragenden Kartuschen. Sie wurde bis 1686 von Johannes de Paerni geschaffen, der auch die Emporenbrüstungen stuckierte, an deren nordwestlicher Schmalseite die wappengeschmückte Fürstenloge prangt. Auch die genau gegenüberstehende Kanzel ist mit reichem Schmuck versehen.

Den Weg hinab zur Lahn soll uns nun, ganz abweichend von der ›Frankfurter Straße‹, der Lauf des Ulmbaches weisen. Ulmtal-**Allendorf** ist sicher älter als Greifenstein (774 erwähnt), seine Baudenkmäler entstanden jedoch erst in der Neuzeit. Erwähnenswert sind das Rathaus (um 1700), mehrere Fachwerkhäuser des 18. Jahrhunderts und die Kirche (1742).

Das Mauerwerk der kleinen romanischen Kapelle von **Bissenberg,** die im 18. Jahrhundert vergößert wurde, weist hübsches Fischgrätmuster auf. Aus der Zeit der Erweiterung des Baues stammt die Kanzel.

Einst zogen die Menschen über die Höhenstraße, von der Abschnitte im Wald bei Greifenstein noch sichtbar sind. Nahebei hielt über dem Ulmtal früher die Burg Lichtenstein Wacht, von der aber nur noch äußerst spärliche Mauerreste im Forst erkennbar sind.

Herborn

Ohne den Abstecher nach Greifenstein und Beilstein sowie ins Ulmtal gelangt man bald nach **Herborn.**

Doch bevor wir endgültig die Westerwaldhöhen verlassen, sollten die westlichen Vororte nicht unbeachtet bleiben. Unterhalb von Roth liegt Herborn-**Guntersdorf,** das eine verschieferte und verputzte Fachwerkkirche (18. Jh.) besitzt, die – anders als in Roth – einen Chorturm aufweist. Aufwärts im Rehbachtal liegt ein Turbinenkraftwerk, das von dem Rückhaltebecken bei Driedorf gespeist wird und als technisches Baudenkmal gilt.

In **Amdorf** stoßen wir wieder auf jenen Typ dörflicher Zweckbauten, in denen Kirche und Schule vereint sind. Der zweigeschossige Bau von 1833 hat im Betsaal eine schlichte, aber wirkungsvolle Einrichtung zur Zeit seiner Erbauung erhalten.

Die Kirche von **Schönbach** erhielt ihre heutige Gestalt im 18. Jahrhundert, doch verweist der schlanke Westturm auf einen romanischen Vorgängerbau. Von der Ausstattung sind Kanzel und Orgel bemerkenswert. Im Ort verdienen einige Fachwerkhäuser Beachtung.

Wir befinden uns in der ›Herborner Mark‹, die seit der Mitte des 12. Jahrhunderts Reichslehen der Landgrafen von Thüringen, dann der Grafen von Nassau war. Die Anfänge der Siedlung, die 1251 Stadtrechte erlangte, gehen wohl auf einen umwehrten Königshof zurück, der schon im 8. Jahrhundert auf dem Kirchberg gestanden haben könnte. Wieder sind es unsere alten Fernstraßen, die dem Ort zu seiner Bedeutung verhalfen. Sie erleichterten es, daß sich der Bezirk um Herborn von dem Haigergau eman-

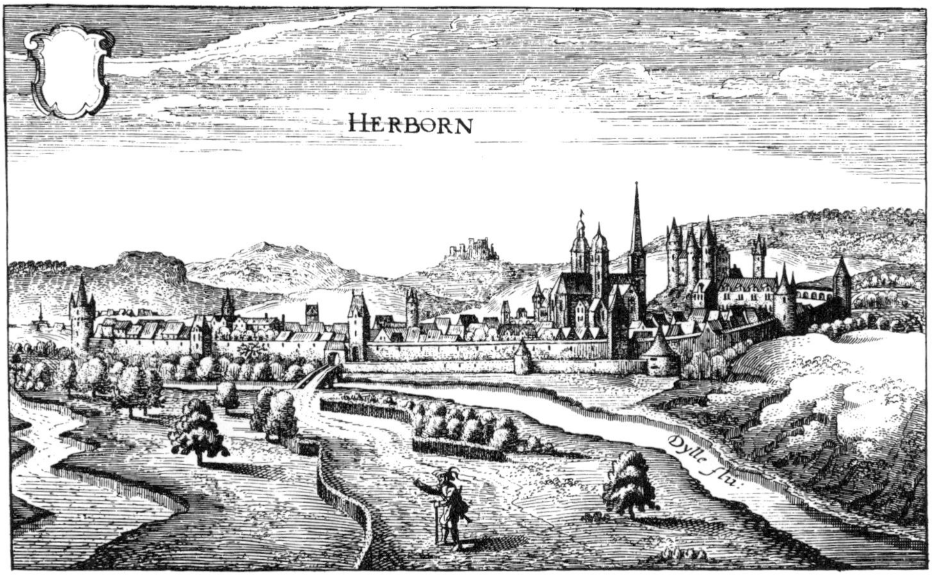

Herborn. Kupferstich von Matthäus Merian

zipieren konnte. Nachdem sich Dillenburg innerhalb der Mark als zweiter Gerichtssitz etabliert hatte, wurde der Bezirk eingeengt auf die etwa zwanzig Orte an Reh- und Ambach und an der Aar, das Amt Herborn, wie es bis 1806 bestand.

Als Graf Johann VI. 1584 die ›Hohe Schule‹ begründete, machte er Herborn auch zu einem bedeutenden geistigen Mittelpunkt. Diese kleinste Universität Deutschlands, die nie das Promotionsrecht besaß, erlangte dennoch internationalen Ruf. Hervorragende Männer lehrten und lernten hier vor allem im 16. und 17. Jahrhundert, darunter die Professoren Olevian, Zepper, Pasor, Alstedt, Piscator und Althusius sowie als Scholaren Johann Buxtorf und der große Amos Comenius. Der an der Hohen Schule gepflegte Reformierte Geist vermochte sich über die seit 1585 bestehende akademische Druckerei des aus Zürich stammenden Christoph Corvinus mit nachhaltiger Wirkung in breiten Leserschichten zu entfalten.

Größere Brände suchten die Stadt 1626 und 1904 heim. Große Teile der heutigen Altstadt entstanden nach jener ersten Feuersbrunst.

In der zweiten Hälfte des 13. Jahrhunderts dürfte die 1307 erstmals erwähnte *Burg* entstanden sein, die im 19. Jahrhundert erheblich verwahrlost war und dann in zwei Renovierungsphasen (1869, 1929–31) umfassend erneuert wurde. Die Baugruppe erhebt sich malerisch über der Stadt und wird von drei runden Ecktürmen flankiert. Bei dem mittleren sind über dem quadratischen Unterbau zwei halbrunde Verstärkungen

Herborn, Schloß, Ostseite

(14. Jh.) angebracht, die an ähnliche Bauelemente in Beilstein und an der Sporkenburg erinnern.

Von der nach 1251 entstandenen Stadtbefestigung blieben der Dicke Turm, Dill- und Hexenturm sowie der St. Leonhardsturm erhalten, der einen Tordurchbruch von 1562 aufweist. Schließlich sind noch vom Speckturm und der Hainpforte Reste vorhanden.

Zur ältesten Bauüberlieferung gehört vor allem die evangelische *Pfarrkirche,* die auf eine romanische Basilika zurückgeht (1219 erwähnt), von der nur noch die beiden quadratischen Osttürme (seit 1822 nur noch bis zum Chordach reichend) und 1909 ergrabene Fundamente erhalten sind. Schon in der ersten Hälfte des 14. Jahrhunderts dürfte sie mit dem neuen Chor versehen worden sein, über dessen Kopf- und Wappenkonsolen im 15. Jahrhundert ein Sterngewölbe eingezogen wurde. Die alte gotische Sakristei dient seit 1751 als fürstliche Gruftkapelle. Die Hohe Schule verlangte bald nach ihrer Gründung nach einer Erweiterung des Kirchbaues, der Conrad Rosbach von 1598 bis 1609 durch den Neubau des Langhauses als breite, dreischiffige Halle nachkam. Den Westturm, dessen romanischer Vorläufer 1787 eingestürzt war (vollendet 1822), schuf im wesentlichen Johann Schrumpf.

Wohl noch in der ersten Hälfte des 14. Jahrhunderts entstand der frühgotische Bildzyklus an der Nordwand mit Szenen aus dem Leben Jesu. Um 1500 dürften die beiden Apostelbilder zu beiden Seiten des Ostfensters und im 16. Jahrhundert dann noch die Ranken im Gewölbe gemalt worden sein.

Um 1600 wurden die Emporen errichtet und das an seinen Stirnseiten reichgeschnitzte Kirchengestühl aufgestellt. Das Andenken an Pfarrer, Professoren und Stu-

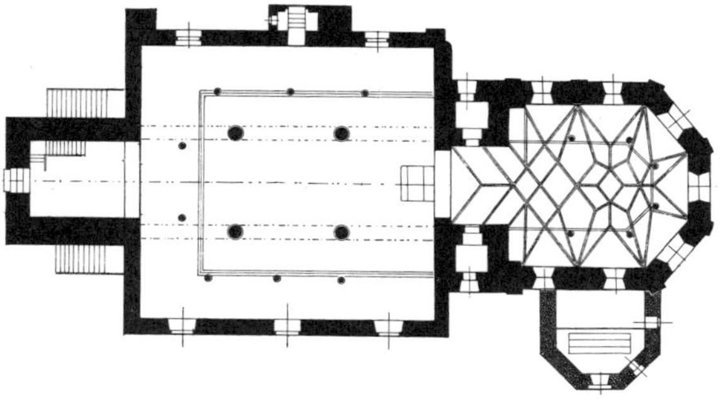

Herborn, Pfarrkirche, Grundriß

denten der Hohen Schule halten zahlreiche gußeiserne Grabplatten (16. bis 18. Jh.) und drei Marmorepitaphien (18. Jh.) wach.

Die Hohe Schule fand ihre Heimstatt in dem *alten Rathaus,* das man nach 1591 für diese Zwecke umbaute und erweiterte. Ein runder Treppenturm und drei Zwerchhäuser beleben die Gebäudefront im Hof. Rechtwinklig schließt sich ein Fachwerkbau mit achteckigem Eckturm (17. Jh.) an. Die große Aula im Erdgeschoß des Hauptbaues ruft alte Erinnerungen wach an die im Disputationsgestühl geführten Rededuelle der Gottesgelehrten. Aus alten Gemälden blicken die Professoren und ihre fürstlichen Gönner noch heute ernst in den feierlichen Raum.

Der sogenannte *Paulshof* nahm seit 1591 die erste und bedeutendste Druckerei Nassaus auf, die des schon erwähnten Corvinus. Die Baugruppe aus Fachwerk besitzt im älteren Vorderhaus (16. Jh.) einen achteckigen Fachwerk-Treppenturm, eine im Westerwald nicht gerade häufige Erscheinung (1606). Der rückwärtige Bau mit seinem Zwerchgiebel entstand erst um 1700.

Das überlieferte *›neue‹ Rathaus* (Abb. 79) wurde 1589 bis 1591 von Jörg Zaunschliffer gebaut. Das dritte oder am Eckbau auch das vierte Obergeschoß hat man allerdings nach der großen Brandkatastrophe von 1626 in verschiefertem Fachwerk neu aufgeführt. Das zeltartige Dach wird von einem Dachturm gekrönt. Das schöngegliederte Hauptportal gehört zu den ältesten Teilen. Besonders reizvoll ist am Eckbau die Reihe der Bürgerwappen, deren Originale (seit 1914) im Heimatmuseum stehen. Deutlicher konnte sich das bürgerliche Selbstbewußtsein kaum Ausdruck verleihen! In der Eingangshalle führt eine dreiläufige Eichentreppe (1629) nach oben. Der leider unterteilte Saal im zweiten Geschoß hat eine dekorative Stuckdecke mit geometrischen Mustern (1629). Bildnisse aus dem 17. und 18. Jahrhundert halten städtisches Traditionsbewußtsein hoch.

Das Rathaus und die Wohnbauten der anschließenden Straßenzüge, durchweg nach dem Brand von 1626 erbaut, verleihen Herborn einen unnachahmlichen Reiz. Die Einheitlichkeit, in der damals der Wiederaufbau geplant und vollzogen wurde, die Treue, mit der man seither doch die Substanz der Altstadt bewahrt und wo nötig restauriert hat, stellen Herborn städtebaulich an die erste Stelle aller vergleichbaren Orte im und am Westerwald! Im Westteil der Altstadt, wo das Feuer nicht so verheerend wütete, ist der Gesamteindruck der Straßenzüge malerischer. Die Giebel der meist vierstöckigen Fachwerkhäuser reihen sich zu langen geschlossenen Silhouetten. Geringfügige Überhänge und zum Teil reiche Schnitzereien beleben die Fronten, wenngleich das Fachwerk oft unter Schiefer oder Putz verborgen bleibt. Besonders ansprechende Häuserreihen befinden sich am Marktplatz, am Kornmarkt, an der Hauptstraße, Schulhofstraße (Professoren-Amtswohnung, später herzogliches Amtshaus), am Kirchberg, wo ein überdeckter Gang die Straße überspannt, wie es ähnlich zweimal in der Gasse zwischen Haupt- und Turmstraße der Fall ist.

Das Bast'sche Haus (1550) am Kornmarkt besitzt auffällige Knaggen (restauriert 1603, 1764), deren reiche Verzierung ihre statische Aufgabe zwischen Pfosten und Rähm oder Schwelle zu überspielen scheint (Abb. 76, 78).

Daneben seien auch die beiden klassizistischen Häuser an der Hauptstraße, der Westfälische Hof und die Amtsapotheke ausdrücklich erwähnt. Schließlich muß auch auf das sogenannte zweite Pfarrhaus, das ehemalige Döringsche Haus, hingewiesen werden. Außerhalb der vorgenannten Baugruppen bildet es ein weiteres Baudenkmal von Herborn. Das verschieferte Fachwerkhaus (1687) diente einst gleichermaßen als Zweck- und Repräsentationsbau.

Der Ortsteil **Burg** erinnert noch an die Zeit, als sich der alteingesessene Adel dem erstarkenden Haus Nassau entgegenstemmte und ihm die ›Dernbacher Fehde‹ lieferte. Nur die auf dem steilen Felsen über der Dill gelegene Kirche zeugt von der strategischen Bedeutung, die diesem Ort einst zukam. Lediglich die Apsis des heutigen Saalbaues ist noch romanisch, der Westturm entstand wie die übrigen Teile bei der Restaurierung von 1840.

Herborn, Rathaustür

Herborn, Alter Pfarrhof und Paulshof

Auf einem Bergvorsprung liegt hoch über dem Ambach *Katharinenborn,* das ehemalige Jagdhaus ›Neues Haus‹, das Graf Ludwig Heinrich von Nassau-Dillenburg 1640 erbauen ließ.

Die *Fachwerkkirche* von Herborn-**Uckersdorf** bietet ein Beispiel dafür, wie man später (1935) den älteren Bau massiv im Schiff erweitert hat. Im Innern vermittelt ein hölzerner Bogen den Zutritt zum Chor und verleiht dem von Emporen umgebenen Raum eine gewisse Feierlichkeit.

Dillenburg

Herborn und Dillenburg bildeten mit dem Umland die Keimzelle für das nassauische Territorium an der mittleren und oberen Dill. Die *Dillenburg,* wohl schon in der ersten Hälfte des 12. Jahrhunderts errichtet, sicherte die Verkehrsverbindungen zwischen dem alten naussauischen Besitz im Siegerland und an der Lahn. Die Burg war 1290 Residenz, der Ort erhielt 1344 Stadtrechte, die allerdings lange nicht so recht zum Tragen kamen. Erst als Graf Wilhelm der Reiche (1516–59) Dillenburg zur ständigen Residenz erhob, erhielt der Ort langsam städtischen Charakter.

Im 15. Jahrhundert setzte eine umfangreiche Bautätigkeit ein, die ›Hohe Mauer‹ (1525–36) und der ›Neue Bau‹ (1550–53) erweiterten die bestehende Feste beträchtlich, die durch Bastionen (Jäger- und Junkergemach, Rondell) verstärkt wurde. Noch im 17. Jahrhundert gingen die Erweiterungsarbeiten weiter, 1703 folgte wieder ein ›Neuer Bau‹. Doch 1760 belagerten und zerstörten die Franzosen Dillenburg. Drei Jahre später diente das Gelände der Burg nur noch als Steinbruch.

Als die Stadt Residenz war, erblühte das kulturelle Leben. Der Stadtschreiber Johann Textor von Haiger veröffentlichte mit seiner ›Nassauischen Chronik‹ 1617 eine erste Landeskunde für diesen Teil des Westerwaldes. Weltgeschichtliche Bedeutung

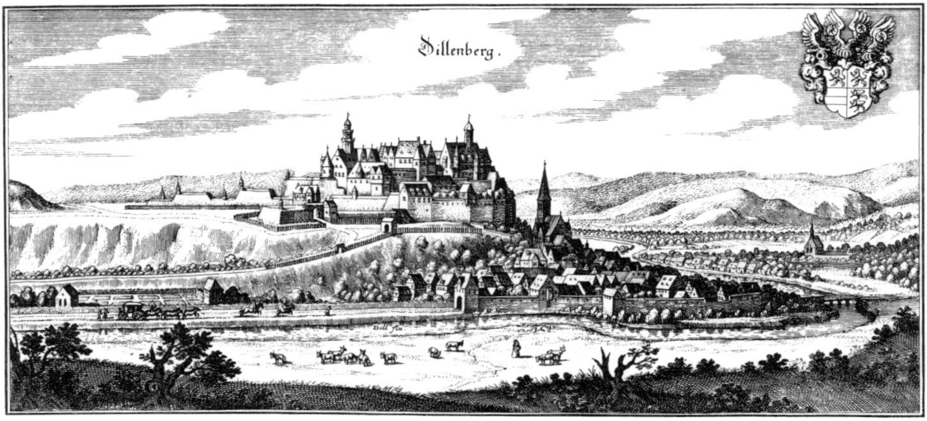

Dillenburg. Kupferstich von Matthäus Merian

erlangten Stadt und Burg durch Wilhelm von Oranien, den Schweiger, der 1533 auf der Burg geboren wurde. Er organisierte von hier aus den Freiheitskampf der Niederlande gegen Spanien. Offiziell übertrug am 14. April 1568 eine niederländische Gesandtschaft Wilhelm die Leitung des Kampfes gegen Spanien, woran noch heute die ›Wilhelmslinde‹ erinnert. Wilhelms Bruder, Johann VI. von Nassau, brachte 1579 die Utrechter Union zustande und lieferte damit dem neuen Staatswesen die rechtliche Grundlage.

Dieser Hintergrund und die Bedrohung des Reiches durch die Türken machen die rege Bautätigkeit im Burgbereich während jener Zeit verständlich. Doch ließen es die tüchtigen Nassauer Grafen dabei nicht bewenden, sondern begannen mit einer beispielhaften Heeresreform. Im ›Defensions- und Landrettungswerk‹ schufen sie eine ständig einsatzbereite Verfügungstruppe. Deren Mobilität und hervorragende Ausbildung – im Zeughaus zu Dillenburg durchgeführt – ließen sie zum Vorbild wohl aller modernen Heere werden!

Während des Dreißigjährigen Krieges bewährten sich Festung und Truppen gleichermaßen. Seit 1742 war Dillenburg Sitz der Landesregierung der wiedervereinigten nassau-oranischen Lande, während der Fürst in Den Haag seine Amtsgeschäfte führte.

Die verheerenden Brände von 1524 und 1723 sowie die Verwüstungen durch die Franzosen (1759/60) haben von der mittelalterlichen Stadt nicht viel übriggelassen. Die Reste der Burg wurden 1872–75 eingeebnet und der *Wilhelmsturm* erbaut, der heute Wahrzeichen der Stadt ist (Abb. 80). Außer der ›Hohen Mauer‹ erinnern die gewaltigen unterirdischen Kasematten, die der Festungsbaumeister Ulrich von Ansbach im 16. Jahrhundert schuf, an die einst so ausgedehnten Verteidigungsanlagen.

In der Straße ›Am Untertor‹ steht das ehemalige *Stadtschloß,* das 1737 Fürstin Isabella im Verbund mit dem Stadttor errichten ließ. Nebenan befindet sich das einstige

Dillenburg, Archiv

Archiv (1764–66). Beide Barockbauten verfügen im Innern über ansehnliche geschnitzte Treppen. Das gilt auch für das alte Rathaus (1724), das im Obergeschoß aus Fachwerk besteht.

In der Wilhelmstraße bildet das *Hessische Landesgestüt,* das auf den nassau-oranischen Marstall zurückgeht, eine beachtliche Baugruppe mit Reithalle (1769), Prinzenhaus (1771/72) und eingeschossigem Stallgebäude dazwischen. Auch der dahinterliegende Hof ist im 18. Jahrhundert locker umbaut worden. Im Obergeschoß des Prinzenhauses sind wertvolle Stuckdekorationen des Spätrokoko angebracht.

Im früheren Hofgarten wurde im 18. Jahrhundert die Orangerie erbaut, die später auch als Kirche Verwendung fand. Aus der gleichen Zeit stammt das schmiedeeiserne Gartentor.

Der Stadtkern atmet stellenweise noch den Geist der alten Residenz. Wilhelmsplatz (1707) und Wilhelmstraße (1768) wurden von den fürstlichen Stadtplanern, darunter Bauinspektor Joh. Friedrich Sckell, entsprechend den Bedürfnissen von Residenz und Verwaltung angelegt. Die oft verschieferten oder verputzten Fachwerkbauten bieten noch heute ein recht einheitliches Bild (Abb. 81). Baumeister Sckell plante auch für die Bedürfnisse der Gewerbetreibenden, die von Rathaus- und Maibachstraße rechtwinklig geschnittene Rathausstraße (1787–91) mit ihren Häuserzeilen. Unter den in den genannten Straßen erhaltenen Bauten seien vor allem hervorgehoben die heutige Industrie- und Handelskammer und das Kreishaus (I und II), in dessen Obergeschoß sich wertvolle Stukkaturen des Spätrokoko oder Frühklassizismus befinden.

Relativ spät erhielt Dillenburg eine *Pfarrkirche,* weil diese ursprünglich im eingemeindeten Nachbarort Feldbach lag. Erst 1501 war sie vollendet. Schon 1594–97 baute Conrad Rosbach Schiff und Westturm entsprechend den evangelischen Raumvorstellungen um. Mittelalterlichen Charakter bewahrte danach nur der sterngewölbte, spät-

Dillenburg, Pfarrkirche, Choransicht und Querschnitt durch den Chor

gotische Chor. Die Balkendecke (1772) im Schiff ziert ein Stuckmedaillon mit dem Pelikanmotiv. Zwei Portale stammen noch vom Ende des 16. Jahrhunderts.

Der Innenraum der Kirche wird von den Emporen (16. Jh.) bestimmt, deren Beschläge in der Art geschnitzt sind, wie man sie auch in Herborn oder Beilstein antrifft. Das Kirchengestühl vom Anfang des 19. Jahrhunderts erinnert an das von Eiershausen, doch ist eine der Stirnwände wesentlich älter (um 1600).

Die zahlreichen Grabdenkmäler des 16. und 17. Jahrhunderts überragt das spätgotische Epitaph im Chor, das 1479 Meister Jorge aus Marburg für das Herz des Grafen Johann von Nassau (gest. 1475) schuf. Dieses heben zwei Engel über einem Wappenschild empor. Unter dem hochgelegenen Chor sind weitere fünfzehn Gräber des Hauses Nassau-Oranien. Die südlich sich anschließende Gruftkapelle (um 1680) birgt vier Blei-Zink-Särge (um 1727) von Fürst Wilhelm dem Weisen und seiner Familie, über denen sich eine Fürstenloge befindet.

Von der alten Pfarrkirche im Ortsteil Feldbach ist nur noch eine spätgotische Ruine erhalten. Das Dorf war seit dem 16. Jahrhundert wüst. An seiner Stelle entstand 1576 der Feldbacher Hof, dessen jetzige Gebäude aber erst dem 18. Jahrhundert angehören.

Das Können des fürstlich-dillenburgischen Baumeisters Terlinden kam auch dem nordöstlich von Dillenburg etwas abseits gelegenen Dorf Dillenburg-**Nanzenbach** zugute, als es 1772 durch eine Brandkatastrophe völlig niederbrannte. Beim Wiederaufbau in den beiden folgenden Jahren wurde eine lange, gerade Hauptstraße mit kurzen und ebenfalls einheitlichen Querstraßen angelegt (Abb. 82). Die Fachwerkhäuser wurden giebelseitig zu den Straßen orientiert, zwischen ihnen blieb ein Abstand in Hausbreite. Das lange Dach barg Wohn- und Wirtschaftsteil in einem Haus.

Die für das Haus Nassau lebenswichtige Nord-Süd-Verbindung vom Siegerland nach Wetzlar verlief anfangs über die Höhen. Von Herborn in Richtung Kölschhausen kann man den alten Weg recht gut rekonstruieren. Später aber verlagerte sich der Verkehr zunehmend ins Tal und folgt seitdem hauptsächlich der Dill, bis zuletzt die Autobahn wiederum die verkehrspolitischen Akzente etwas verschoben hat.

Das Dilltal

Ein Ausflug die Dill abwärts ist landschaftlich wie kunstgeschichtlich nicht ohne Reiz.

Der Ort **Sinn** südlich von Herborn ist durch seine Glockengießerei weithin bekannt geworden. Der dort bestehende Betrieb führt seinen Ursprung bis auf das Jahr 1590 zurück.

Die alte Fachwerkkirche (1631) hat man zu einer Gedächtnisstätte für die Gefallenen umgewandelt. Philipp Seiler aus Dillenburg hat die Deckenbalken verziert.

An der neuen Kirche (1962/63) von Ehringshausen-**Katzenfurt** steht noch ein spätromanischer Chorturm (13. Jh.), dessen Laternenhaube allerdings erst um 1760 entstanden ist. In der Turmhalle wölbt sich über flachen Rundbogennischen ein gebustes Kreuzgratgewölbe. Von der alten Ausstattung blieb die Kanzel (um 1700) erhalten.

Schon durch ihre Lage wirkt die spätgotische Kapelle von **Ehringshausen** sehr eindrucksvoll. Noch gut ist ein Wehrgang mit Schießscharten erkennbar. Das Dachgebälk ist ursprünglich. Dagegen erfolgte die Inneneinrichtung (Emporen, Kanzel) im 17. Jahrhundert. Der Ort besitzt ungefähr aus gleicher Zeit einige Fachwerkhäuser.

Während das von Hugenotten 1703 besiedelte Dorf **Daubhausen** mit seiner interessanten *Kirche* rechts der Dill liegt, gruppieren sich die übrigen Orte der Großgemeinde Ehringshausen um das Lemptal. An dieser Kirche hier ist noch ein wehrhafter Chorturm aus dem 14. Jahrhundert überkommen, während das Schiff 1685–1710 stark verändert wurde, wobei nur ein spätgotisches Portal übrigblieb. Damals wurden auch die Emporen und die Kanzel eingebaut. Der Turm erregt besondere Aufmerksamkeit, weil wir – diesmal an einem Sakralbau – auf Tourellen stoßen, jene halbrunden Vorlagen, die man von den französischen Donjons übernommen hat.

Malerisch liegt Ehringshausen-**Kölschhausen**, das mit einigen guten Fachwerkhäusern (17., 18. Jh.), dem Fachwerk-Rathaus (17. Jh.), einem Dorfbrunnen (1856) und der Pfarrkirche relativ viel an architektonischer Substanz aufweist. Eine Besonderheit stellt die *Kirche* dar, deren frühgotischer Chorturm mit einem nur von außen zugänglichen Wehrgeschoß versehen ist. Auch am Schiff sind vermauerte Schießscharten zu erkennen. Im übrigen hat dieser Teil 1697 stärkere Veränderungen erfahren, weil im Westen ein neuer Chorbogen eingefügt wurde.

Um 1700 sind sowohl einige Fachwerkhäuser als auch die *Kirche* von Ehringshausen-**Dreisbach** entstanden. Das Fachwerk der Kirche verbirgt sich allerdings unter Verputz. Mit Kölschhausen verbindet dieser Bau die frappierende Ähnlichkeit in der Ausstattung mit dreiseitigen Emporen und Rundstützen. Während der Kanzelkorb wenig später als der von Kölschhausen (Ende 17. Jh.) entstand, hat man den Schalldeckel erst 1772 angebracht. Bachkieselsteine bilden den Fußboden, eine Eigentümlichkeit so vieler Kirchen im Dillgebiet.

In Ehringshausen-**Niederlemp** wacht abermals eine *Wehrkirche* über ›ihr‹ Dorf. Das Anfang des 18. Jahrhunderts umgebaute Schiff hat die Schießscharten behalten, die denen des Chorturmes entsprechen. Bei diesem sind es gleich zwei Wehrgeschosse über dem kreuzgratgewölbten Erdgeschoß, von denen die Verteidigung erfolgen konnte. Anfang des 18. Jahrhunderts hat man wie fast in der gesamten Gegend Kanzel (um 1700) und Emporen (1719) eingebaut.

Neben einigen alten Fachwerkhäusern (um 1700) bietet Aßlar-**Bermoll** ein gutes Beispiel der evangelischen Kirchenbaukunst des 19. Jahrhunderts.

Wir kehren zur ›Leipziger Straße‹ zurück, die einst bei Herborn die Dill ostwärts überquerte, heute aber die Bedeutung an die B 255 abgegeben hat, der wir nach Marburg folgen wollen.

Hinterland

Wie schon einleitend gesagt, ist mitunter die Zugehörigkeit des Landes zwischen Dill und Lahn zum Westerwald umstritten. Der größte Teil wird von den Geographen als naturräumliche Untereinheit, als *Gladenbacher Bergland,* zum Westerwald gezählt. Historisch war natürlich mit der Bezeichnung Westerwald zunächst der westlich von Herborn gelegene Wald gemeint. Im Volksmund hat sich der Name Hinterland durchgesetzt, der auf den Raum von der Dill – Eder – Wasserscheide bis zur oberen Salzböde und Oberlahn ausgedehnt wird. Eigentlich war das Hinterland jener zu Hessen-Darmstadt gehörige und von diesem isolierte Bereich der Ämter Blankenstein (Gladenbach) mit dem Breidenbacher Grund, Biedenkopf und Battenberg. Später blieb die Bezeichnung an dem ehemaligen Kreis Biedenkopf hängen.

Herbornseelbach, heute zu Herborn gehörend, wird südwestlich von dem ›Butschel‹ überragt, auf dem sich im Mittelalter ein befestigter Sitz der Herren von Dernbach befand. Dieser vorgeschobene Posten des alteingesessenen Adels der Herborner Mark

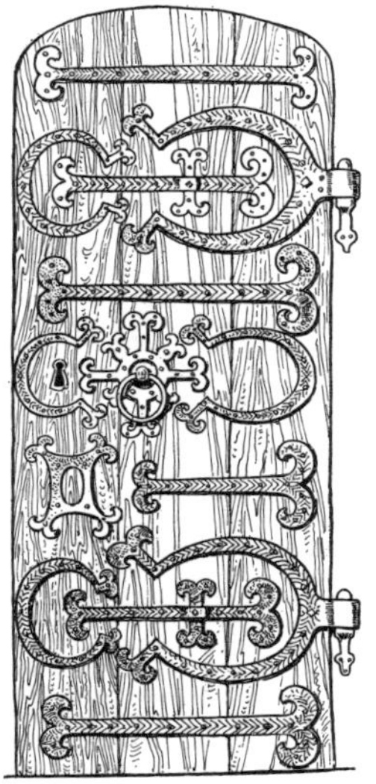

Ballersbach, Kirche, Türbeschlag

wurde 1325 zerstört. Im Ort sind das mit Schnitzereien verzierte Fachwerk der ›Alten Schule‹ (um 1600) und die evangelische Kirche mit dem spätromanischen (ehemaligen) Chorturm sehenswert.

Auch der Nachbarort Mittenaar-**Bicken** hatte ein Rathaus aus der gleichen Bauzeit wie Herbornseelbach, das jetzt in Wetzlar neben der Hospitalkirche steht. Einige gleichalte Fachwerkhäuser weisen zum Teil beachtenswerte Türen auf. Von der mittelalterlichen *Kirche* ist auch hier der Chorturm erhalten, der 1559 einen Spitzhelm bekam. Das Schiff entstand 1756 und erhielt dreißig Jahre später seine Innenausstattung. Erhalten sind noch Reste spätmittelalterlicher Wandmalereien.

Die Bezeichnung ›Burggraben‹ erinnert an einen durch Wassergraben befestigten Sitz der Edelherren von Bicken, der 1352 zerstört wurde. Die Haincher Linie dieser Familie spielte im Siegerland eine Rolle.

Südlich unserer Straße liegt Mittenaar-**Ballersbach,** dessen spätromanische *Kirche* ursprünglich eine einschiffige Chorturmanlage gewesen ist (13. Jh.), die während des Ersten Weltkrieges verändert wurde. Dabei sind wertvolle Wandmalereien (15. Jh.) entdeckt und zum Teil auf die Ostwand und in den Chor übertragen worden. Sie erinnern lebhaft an die von Haiger, so daß man denselben Maler vermuten möchte. Dargestellt sind Szenen aus Kindheit und Leiden Jesu, aus dem Leben von Adam und Eva (Abb. 84–86) sowie der hl. Christophorus. Die Kirchentür hat noch romanische Beschläge!

Wie sehr diese Landschaft im wahrsten Sinne des Wortes ›umstritten‹ war, halten Reste einer alten Schanze nordwestlich von Mittenaar-**Bellersdorf** in Erinnerung. Ein kleiner Mehrzweckbau aus Fachwerk (1888) beherbergte früher Lehrerwohnung und Schule. Leider ist er teils verschiefert, teils verputzt.

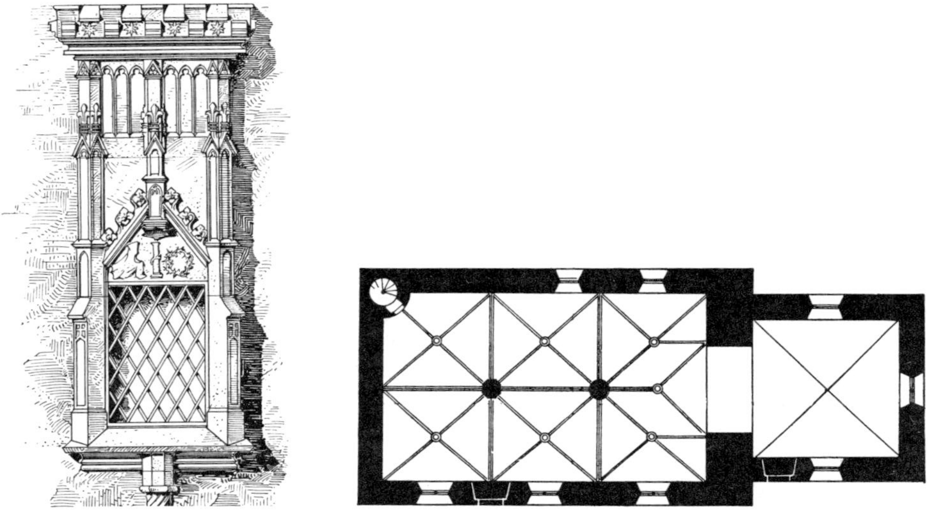

Niederweidbach, Kirche, Tabernakel und Grundriß

Demgegenüber wirkt die romanische *Kirche* von **Bischoffen** mit ihrem Chorturm beinahe wehrhaft, ein Eindruck, der von der einstigen Bestimmung des Baues herrührt. Im Innern befindet sich eine schöne geschnitzte Kanzel (17. Jh.).

Geschichtsträchtigen Boden erreichen wir im Ortsteil **Niederweidbach**, das bereits Ende des 8. Jahrhunderts in einer Schenkungsurkunde für das Kloster Fulda genannt wird. Der Ort gehörte zu dem Amt Königsberg-Hohensolms, das seit 1351 von Hessen und Solms gemeinsam verwaltet wurde, 1629/30 aber an Hessen-Darmstadt fiel. Mächtig erhebt sich über dem Ort die ehemalige *Wallfahrtskirche,* die zugleich in Sichtweite von Hohensolms wie eine Burg die nahe Straße beschützen sollte. Sie lag noch innerhalb des trierischen Archipresbyteriates Wetzlar. Der Chorturm, der im Innern ein Kreuzgratgewölbe hat, entstand noch im 14. Jahrhundert, während das Schiff inschriftlich für 1498 datiert. Zwei Säulen tragen die Kreuzrippengewölbe der zweischiffigen und streng symmetrischen Halle. An der Wand sieht man zum Teil figürliche Konsolen. Eine steinerne Wendeltreppe gestattet den Zugang zum Westgiebel, an dem Schießscharten erkennbar sind.

Sehenswert ist die Inneneinrichtung: das frühgotische Taufbecken, ein spätgotisches Wandtabernakel, die Kanzel (1568), die Emporen (1608), deren Brüstungen reich bemalt sind (17. Jh.), und vor allem der überaus kostbare Schnitzaltar (1510–20; Farbt. 32). Dessen Mittelschrein enthält in drei Gefachen Heiligenfiguren von Maria, Jakobus d. Ä. und Nikolaus. Die aufklappbaren Flügel tragen Gemälde von Hans Döring, der von Albrecht Dürer beeinflußt ist. Auf den Innenseiten werden die Hl. Familie und die Himmelfahrt Mariens gezeigt, außen Mariä Heimsuchung und Tempelgang.

Die südwärts unserer Straße gelegenen Orte der Großgemeinde Hohenahr verdienen einen Besuch. In **Altenkirchen** sind von der spätromanischen *Kirche* allerdings nur Reste erhalten geblieben, weil 1812–13 das Langhaus zu einem klassizistischen Saal umgebaut wurde. Damals stattete man das Innere einheitlich aus, wobei die Malereien an den Brüstungen, die Georg Ernst Justus Kayser und sein Sohn Johann August 1813 geschaffen haben, und das Altarkreuz besonders hervorgehoben werden müssen.

Etwas außerhalb erhebt sich über Hohenahr-**Großaltenstädten** eine *Kirche*, die durch ihre erhöhte Lage und den wehrhaften Charakter des spätromanischen Turms erkennen läßt, daß sie einst dem Dorf auch Schutz gegen irdisches Unbill gewährte. Das heutige Schiff entstand 1841. Der Ort besitzt ein schönes altes Fachwerk-Rathaus (1579) und etliche Fachwerkhäuser aus der Zeit um 1700.

Auch in Hohenahr-**Erda** fällt an der *Kirche* der mächtige spätromanische Chorturm auf, dessen Glockenstube verschiefert ist. Das Innere hat eine unvermutet qualitätvolle Ausstattung. Während der Chor noch kreuzgratgewölbt ist, erhielt das spätere Schiff eine Balkendecke, die auf zwölf in drei Reihen angeordneten Holzpfosten ruht. Gleichzeitig (17. Jh.) wurden die Emporen aufgestellt, deren Brüstungen zum Teil bemalt sind. Edle Formen weisen die Gestühlswangen (1652) und die mit Intarsien verzierte Kanzel (1671) auf; beides erinnert lebhaft an ähnliche Stücke in Krofdorf-Gleiberg. Aus romanischer Zeit stammt demgegenüber das Taufbecken.

Hohensolms

Etwa 3 km südlich wird die Landschaft von **Schloß Hohensolms** (Abb. 83), jetzt ›evangelische Jugendburg‹, überragt. Die alte Vorläuferburg wurde kurz vor 1323 durch Verbündete von Kurmainz, die Grafen von Solms-Burgsolms-Braunfels, gegen Hessen erbaut und sollte die sich hier treffenden Höhenstraßen sichern. Als Hessen sie 1349 endgültig brechen konnte, wurde sie an der jetzigen Stelle (2 km vor der vorigen) und solider neu gebaut, erlitt aber im 14. Jahrhundert noch mehrfache Eroberungen. Vom Beginn des 15. Jahrhunderts bis 1718 diente sie den Grafen von Solms-Hohensolms als Residenz. Die Stadtrechte (1639) wurden dem Ort 1848 wieder entzogen, weil er sie nicht zu nutzen verstand.

Ein tiefer Halsgraben umgibt die viereckige Ausläuferanlage der *Burg*. Zwei T-förmig aufeinanderstoßende Flügel bilden den Hauptbau (14.–16. Jh.). An der Südfront deuten vermauerte Arkaden auf einen ehemaligen Laubengang (16. Jh.). Der Unterbau des Südflügels enthält einen Wohnturm (Mitte 14. Jh.). Sehr aufwendig ist das Innere gestaltet. Das prunkvolle Treppenhaus hat eine vierläufige Stiege mit reichgeschnitzter Brüstung. Auch die Kapelle (einst Totengemach) und der Bühnenraum (früher Schlafgemach) besitzen prachtvolles Schnitzwerk. Eindrucksvoll ist die Raumaufteilung im Rittersaal, wo vier Kreuzgewölbe auf einer einzigen Mittelsäule ruhen. Die Wandvertäfelung hier und im darüberliegenden Raum soll um 1760 angebracht worden sein. An der Südostecke sichern ein zerfallener Batterieturm und ein tunnelförmiger Durchlaß den Zugang zur Burg. Zur Vorburg gehören der achteckige gotische Turm (1580) an der Westseite, ferner ein Wirtschaftsgebäude (18. Jh.). Einige Mauerzüge und der Rest eines Doppeltores, das von runden Türmchen flankiert wird, sind von der Ortsbefestigung erhalten geblieben. Die ehemalige Burgkapelle (1448) dient jetzt als evangelische Pfarrkirche. Bemerkenswert ist das Gemälde an der Ostwand des Kirchenschiffes, das den hl. Christophorus darstellt (um 1500).

Wir kehren nach Niederweidbach zurück, das man im Osten vor sich sieht. Kurz vorher zweigt eine Straße nach **Wilnsbach** ab, das auch zu Bischoffen gehört. Während man in Roßbach, das auf dem Wege liegt, eine alte Fachwerkkirche noch 1969 abgerissen hat, blieb die von Wilnsbach (1569) erhalten, wenngleich sie leider verputzt ist und 1950 einen Turm erhielt. Die Emporen im Innern sind reichgeschnitzt, desgleichen die Kanzel (1681), die ein bedeutendes Kunstwerk darstellt. Leicht übersehen wird das gotische Altarkreuz.

Auf unsere Hauptstraße zurückgekehrt, erreichen wir ostwärts fahrend **Oberweidbach,** dessen Kirche eine romanische Chorturmanlage darstellt. In **Erdhausen** scheint der hohe Turm beinahe die Weiterfahrt zu verwehren, doch das dahinterliegende Fachwerkhaus mit den Malereien im Gefach wirkt um so einladender. Die romanische Kirche hat, ähnlich wie in Oberweidbach, einen Chorturm mit kuppeligem Gratgewölbe.

Gladenbach

Nicht nur im Mittelalter spielte **Gladenbach** als herausragender Ort einer Talschaft an Salzböde und Allna eine Rolle. Es behielt seine Rolle dank der Lage an unserer Straße, die hier noch heute von einer Nord-Süd-Verbindung (B 453) gekreuzt wird. Zum Schutz der Straße diente einst *Burg Blankenstein,* von der nur geringfügige Reste vorhanden sind. Das spätere Amt Blankenstein verlegte schließlich seinen Sitz in den zugehörigen Marktflecken Gladenbach. Dieser Umstand sowie die Schiefergruben und der zeitweise umgehende Silberbergbau trugen zum Aufschwung des Ortes bei, der 1937 Stadtrechte erhielt.

Die evangelische *Pfarrkirche* in der Ortsmitte von Gladenbach war ursprünglich eine romanische Pfeilerbasilika. Anfang des 16. Jahrhunderts wurde sie unter Verwendung alten Mauerwerks erweitert, die Flachdecke durch ein Kreuzrippengewölbe ersetzt und der Chor angebaut. Bis 1954 waren unter Putz Wand- und Gewölbemalereien verborgen, die dann freigelegt wurden. Die spätgotischen Ranken in den Gewölben dürften

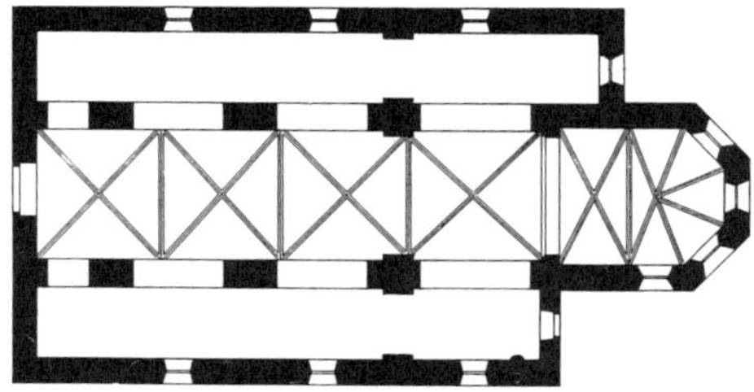

Gladenbach, Pfarrkirche, Grundriß

am ältesten sein, die Rollwerkornamente dortselbst datieren von 1686. An der Nordwand ist Moses mit der ehernen Schlange als typologisches Vorbild dem Gekreuzigten gegenübergestellt (18. Jh.). Älter sind die Darstellungen von Absalom und der Frau am Brunnen (16. Jh.). Die Stuckmedaillons in den Gewölben sind hingegen Zutaten des Barock. Das älteste Ausstattungsstück ist der romanische Taufstein, dessen Becken ein Rundbogenfries säumt. Das Wandtabernakel ist spätgotisch. Die Kanzel (um 1700) wird von reicher Zinn-Einlegearbeit verziert. Ferner sind ein Holzkreuz (18. Jh.) und einige Grabdenkmäler (16.–18. Jh.) erwähnenswert.

Unterhalb der Kirche steht das prächtige alte *Pfarrhaus* (Farbt. 35), ein Fachwerkbau (1607) mit ansprechendem Eingang. Das Gebäude des Katasteramtes in der Gießener Straße war einst das Amtshaus. Das zweigeschossige Bauwerk (1770) deckt ein Mansarddach. Den Balkon sichert ein geschmackvolles Gitter.

Die zur Großgemeinde Gladenbach gehörenden Orte Bellnhausen, Diedenhausen, Frohnhausen, Rachelshausen, Römershausen, Rüchenbach, Runzhausen (S. 249) und Weitershausen haben reizvolle Fachwerkkirchen, die gerade im Hinterland so häufig sind. Die Mehrzahl entstand im 17. Jahrhundert, nur die von Römershausen und **Diedenhausen** sind jünger (19. Jh.), wobei die letztere dank ihrer Lage besonders vorteilhaft zur Wirkung kommt. In diesem Dorf gibt es auch einige ausgezeichnete Fachwerkhäuser (17.–19. Jh.). Die Kirche von **Frohnhausen** wurde 1780–85 von Johann Georg Blecher (Blöcher) erbaut.

Frohnhausen, Pfarrkirche, Längsschnitt und Grundriß

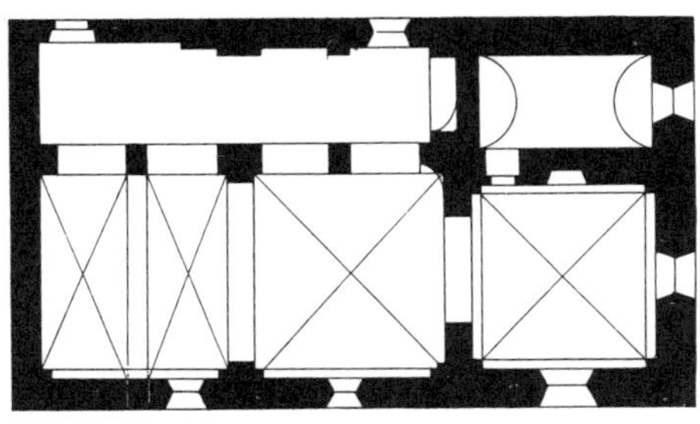

Die kleine Fachwerkkirche in **Rachelshausen** (Anfang 17. Jh.) besitzt reiche Zierformen im Balkenwerk, wie man sie sonst in Hessen nicht häufig sieht. Brüstungsfüllungen und ›Nasen‹ am Holzwerk kennt man eher in Franken. Die auffallend kleinen Fenster halten den ursprünglichen Zustand fest, wie er früher auch an den anderen Dorfkirchen zu sehen war.

Eine der ältesten überlieferten Fachwerkkirchen in Hessen steht in **Rüchenbach.** Die Glocke trägt die Jahreszahl 1589.

Die Pfarrkirche von **Weitershausen** schließlich ist ein spätromanischer Bau (13. Jh.). Nach dem Dreißigjährigen Krieg wurden die Gewölbe durch eine Flachdecke (1700) ersetzt und der Oberteil des Schiffes in Fachwerk erneuert. Die Emporenbrüstungen sind mit Malereien verziert. An der Kanzel gemahnt eine Sanduhr an die Vergänglichkeit alles Irdischen.

Von Gladenbach führt unsere Straße in großem Bogen auf Marburg zu. Der Ort Oberweimar, der im Mittelalter den Mittelpunkt dieser Gegend bildete, lieh den Namen für die heutige Großgemeinde Weimar. Beiderseits der Bundesstraße liegen die Orte Weimar-**Allna** und **-Kehna,** deren *Fachwerkkirchen* noch erhalten sind. Zu der von Allna fertigte Landrat Schenk zu Schweinsberg einen Riß an, nach dem Zimmermeister Johann Georg Blecher (Blöcher) aus Achenbach 1782 den Bau errichtet hat. Die Balken sind zum Teil mit Flachschnitzwerk dekoriert. Drei Jahre zuvor war, vermutlich ebenfalls von Blecher, die Fachwerkkirche von Kehna fertiggestellt worden, die in ihrer zweigeschossigen Gliederung bei durchlaufenden Pfosten jener ähnelt.

Die zu Weimar gehörenden Orte **Wenkbach** und **Roth** waren Lehen des Reichsstiftes Essen. Von der alten *Kirche* in Wenkbach ist nur der fensterlose Chorturm (12. Jh.) erhalten, Reste eines romanischen Schiffes verschwanden 1905, als der Bau neugotisch verändert wurde. Im Innern befindet sich eine bemerkenswerte Kanzel (1666).

Von der spätgotischen *Kirche* in Roth steht noch der rechteckige Chor. Sie erfuhr schon im 17. Jahrhundert Veränderungen (1627 Turmaufbau, 1697 Ostfenster), um dann später zu einem barocken Saal (bez. 1716, 1754) umgestaltet zu werden.

Zur Martinus-Pfarrei von **Oberweimar** gehörte bis 1227 auch Marburg. Seine Bedeutung hatte der Ort durch die hier befindliche Malstätte der Grafschaft Ruchesloh, die zum größten Teil 1237 durch die Edelherren von Merenberg an Kurmainz verkauft wurde. Damals blieb eine uralte Gerichtsstätte ausgespart. Allmählich zogen jedoch die Landgrafen von Hessen die Gerichtsbarkeit an sich.

Die altehrwürdige *Kirche* mußte einem Neubau weichen (1733/34), zu dem Charles du Ry die Pläne angefertigt hatte. Der geräumige Saalbau hat mit seiner verzierten Kanzel (1674) und der barocken Orgel (um 1770) eine bemerkenswerte Inneneinrichtung. Das Altarkruzifix (18. Jh.) und zwei alte Pfarrerbilder in der Turmhalle ergänzen das Inventar.

Auch die alte romanische Kirche von **Niederweimar** wurde unter Einbeziehung alten Mauerwerks umgebaut (1769).

Südwestlich liegt der Ort Weimar-**Niederwalgern**, dessen interessante *Kirche* mit ihrer Lage über dem Ort und in ihrer Gesamtkonzeption noch den wehrhaften Charakter erkennen läßt, den sie einst besaß. Inmitten der hohen Kirchhofsmauer erhebt sich der Bau, der in sich mehrere Stilepochen vereint. An den kreuzgratgewölbten Chor schließt sich das romanische Schiff an (12. Jh.). Während dessen Südseite im 15. Jahrhundert neue Fenster erhielt, wurde an der Nordseite 1896 ein Seitenschiff angebaut, wobei man auch die Kreuzgratgewölbe des Schiffes durch eine Holztonne ersetzte. Der gotische Westturm erhielt im 17. Jh. die verschieferte Glockenstube samt Haube.

Im Giebel erscheint ein spätgotisches Blendmaßwerk (1479). Die Sakramentsnische im Chor aus der gleichen Zeit trägt die als Symbol so beliebte Rosette. Das hölzerne Altarkruzifix (17. Jh.) kam neuerdings durch Kauf hierher. Unter den Grabsteinen ist der des Pfarrers J. Fackes geradezu rührend, da er außer dem Brustbild des Verstorbenen auch dessen als Kleinkind verschiedenes Söhnchen in Windeln zeigt (1691).

Auch die *Kirche* des abseits gelegenen Ortes Weimar-**Oberwalgern** erwuchs allmählich aus einem romanischen Bauwerk, das man um 1500 und dann um 1900 umgebaut hat. Unter Putz blieben alte Wandmalereien (um 1600) erhalten, die man 1957 entdeckte. Die Sakramentsnische ist spätgotisch. Auf dem Altar steht ein barockes Kruzifix (18. Jh.). Der Kirchhof wird von einer, zum Teil romanischen, Mauer umgeben und besitzt einige originelle Grabsteine (18. Jh.). Vor der Weiterreise werfe man auch einen Blick auf die Steinfurter Mühle mit ihrem schönen Fachwerk.

Bald hinter Niederweimar wird die Stadtgrenze von Marburg erreicht, zu dem nach der hessischen Gemeindereform zahlreiche Dörfer gehören, von denen einigen ein Besuch abgestattet werden soll.

In Marburg-**Haddamshausen** stoßen wir auf den merkwürdigen Sachverhalt, daß man eine alte Fachwerkscheune zu einer Dorfkirche umgebaut hat (1950), umgekehrt also wie in so vielen anderen Orten des Hinterlandes, wo man alte Kirchen profaniert hat. Dies geschah mit der Heinskirche, einer ehemaligen Wallfahrtsstätte in Marburg-**Cyriaxweimar.** Teile des gotischen Baues existieren noch im Stall eines Gehöftes.

Die bedeutende spätgotische evangelische *Kirche* von Marburg-**Wehrshausen** geht auf Stiftungen des Werner Döring und seiner Gemahlin Mathilde (1339) und des Landgrafen Heinrich III. von Hessen (1483) zurück. Von dem aufgrund der älteren Schenkung errichteten Bau stammt nur das Mauerwerk des Schiffes. Im übrigen entstand die Kirche im wesentlichen 1475, wie eine Bezeichnung im Chor vermeldet. Die Rippengewölbe tragen im Scheitel Wappenschlußsteine. Im Schiff sind sie farbig ausgemalt. Die von Stabwerk umrahmte Sakramentsnische verschließt ein altes Gitter. Schreinartig wirkt der spätgotische Altaraufsatz. Unter einem Giebel und zwischen gedrehten Ecksäulen befinden sich Maßwerkblenden, die mit eisernen Gittertürchen versehen sind.

An diese ehemalige Marienkapelle schließt sich nördlich die kleine, spätgotische Annenkapelle an. Auf ihrem Altar steht ein steinerner Schreinaufsatz, der durch einen Zinnenfries verziert ist.

Marburg-**Elnhausen** hat einen der wenigen Schloßbauten im Gebiet östlich der Dill. Die Familie Vultée erbaute im 18. Jahrhundert die hufeisenförmige Anlage. Nur das Herrenhaus hat sein ursprüngliches Aussehen behalten. Ein Wappen im segmentierten Giebelfeld, das barocke Portal und die Freitreppe sind einziger Schmuck des schlichten Bauwerks.

In der evangelischen Pfarrkirche (1742–45) verdienen der stark profilierte barocke Altartisch und die Orgel (19. Jh.) Erwähnung.

Am Osthang des Marburger Rückens erhebt sich auf einer Bergnase die evangelische *Kirche* von Marburg-**Wehrda,** deren frühere Wehrhaftigkeit noch der mächtige Westturm (um 1300) und die Schießscharten in der Friedhofsmauer zum Ausdruck bringen. Marburger Einflüsse haben sich in dem frühgotischen Maßwerk der Schallarkaden niedergeschlagen. Das oben am Turm vorgekragte Geschoß diente Verteidigungszwecken. Spindeltreppen führen innerhalb der Mauer vom kreuzgratgewölbten Erdgeschoß nach oben. Die frühklassizistische Turmhaube wurde später aufgesetzt, das Schiff entstand 1775.

Die geschnitzten Reliefs des Altarschreins (um 1500) zeigen Szenen aus der Leidensgeschichte Jesu. Beachtlich ist auch die Rokoko-Kanzel (um 1775).

Reste der ehemaligen Burg Weißenstein bei Wehrda, die 1284 zerstört wurde, hat man ausgegraben (1885, 1956/57).

Die evangelische *Pfarrkirche* von Marburg-**Michelbach** ist recht gut überliefert. Auffallend an der spätromanischen Chorturmanlage ist, daß die Schiffsjoche verschieden lang sind. 1963 konnte man im Chorgewölbe aufgemalte, spätromanische Ornamente freilegen. Gleichfalls aus der Bauzeit stammt das säulenförmige Weihwasserbecken. Die Kanzel und die alten Grabsteine gehören durchweg in das 17. Jahrhundert.

Längst haben wir in den Vororten Marburgs das Rheinische Schiefergebirge und damit den geographischen Westerwald verlassen. Marburg, das geschichtlich jahrhundertelang vom Hinterland abgetrennt war und dennoch einen unübersehbaren Einfluß nach Westen ausgeübt hat, ist durch die hessische Gebietsreform im neu gebildeten Landkreis Marburg-Biedenkopf dem Westerwald wieder nähergerückt.

Nirgendwo findet sich innerhalb unseres Reisegebietes ein Ort, der auch nur von Ferne mit dieser Stadt vergleichbar wäre. Eine ausgiebige Besichtigung von Marburg sollte eine Westerwaldfahrt über die alte Leipziger Straße krönen!

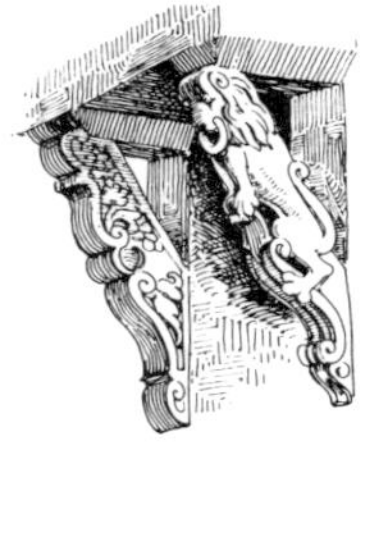

1 HARTENFELS Burgruine (›Schmanddippe‹) in typischer Westerwaldlandschaft

2 SIEBENGEBIRGE Der Drachenfels von Grafenwerth aus gesehen

4 KIRCHEIB Wehrhaftes Kirchlein an der ›Hohen Straße‹

3 DAUSENAU Malerischer Ort an der Lahn

5 OBERPLEIS Ehemalige Propsteikirche

6 HÖCHSTENBACH Spätromanische Pfarrkirche

7 HADAMAR Elbbrücke und Schloß

8 MOLSBERG Schloß der Grafen von Walderdorff

10 NISTERTAL Landschaft der ›Kroppacher Schweiz‹ ▷

9 LANGENAU Talburg an der Mündung des Gelbach in die Lahn

11 EHRENSTEIN Kirche und Kloster von Osten

13 EHRENSTEIN Glasmalerei (um 1480), Ausschnitt ▷

12 WISSEN Schloß Schönstein

14 MARIENSTATT Gotischer Flügelaltar, Apostelfiguren

15 DAADEN Pfarrkirche, einer der bedeutendsten Barockbauten des Westerwaldes

16 STEIN-NEUKIRCH Höchstgelegene Kirche des Westerwaldes

17 Ehemaliges Wasserschloß LANGWIESEN

20 Hellerbergland bei Burbach ▷

18 NEUWIED Gitterportal und Schloß

19 HACHENBURG Saynscher Wappenlöwe auf dem Alten Markt

21 GREIFENSTEIN Burgruine, größte Anlage des Westerwaldes

22 BEILSTEIN Burgruine

23 Alte Mühle am Elbbach bei Wissen-Schönstein

24 Steinchesmühle bei Daaden

25 HERBORN Fachwerkdetail

26 REHE Rathaus

27 BURBACH Fachwerkhaus

28 HAIGER Fresko in der alten Pfarrkirche

29 KIRCHÄHR Alter Pfarrkirchhof mit Kirche

30 MONTABAUR Wolfsturm und gotische Pfarrkirche

31 DIERDORF Rundturm aus der ehemaligen Stadtbefestigung

32 Bischoffen-NIEDERWEIDBACH im Aartal Gotischer Altar

33 Gladenbach-RUNZHAUSEN Fachwerkkirche

34 Steffenberg-STEINPERF Barockes Backhaus

35 GLADENBACH Pastorat

36 MERENBERG bei Weilburg

37 Dautphetal-HOLZHAUSEN Fachwerk mit Kratzputz

38 MEHREN im Mehrbachtal

39, 40 HÖHR-GRENZHAUSEN Alter Kannenofen; Arbeit an der Töpferscheibe

41 WIRZENBORN im Gelbachtal

42 WIEDTAL bei Waldbreitbach

43 Alte Nisterbrücke bei Marienstatt

44 WESTERBURG

45 Alte kurtrierische Chaussee bei Montabaur

46 Naturdenkmal ›Alte Linde‹ bei Gackenbach

47 KROMBACHTALSPERRE

48 BRINKENWEIHER Naturschutzgebiet

49 SIEBENGEBIRGE Blick vom Lohrberg mit Drachenfels, Wolkenburg, Hirschberg und Petersberg (von links nach rechts) ▷

50 Pfeilerförmiger Latit am Himmerich im Siebengebirge

51 Hohe Ley bei Mudersbach

52 Stenzelberg, ›Umläufer‹ im Latit

53 LANGENAUBACH Kalkfelsen Wildweiberhäuschen

54 Mittleres Wiedtal von der Weißenfelser Ley

55 Großer Wolfstein bei Bad Marienberg

56

57

58

59

60

61

62

63

64

Die Thüringische Straße

Recht großzügig wählen wir diese Bezeichnung für eine in West-Ost-Richtung verlaufende Reiseroute, die heute durch die B 49 bestimmt wird. Ihr liegt eine alte Straßenführung zugrunde, die schon früh den Verkehr von Trier und aus dem Moselgebiet in Koblenz auffing und über Montabaur, Limburg, Weilburg und Wetzlar weiter nach Hessen und Thüringen leitete.

Den letzten Koblenzer Vorort erreichen wir in Koblenz-**Arenberg,** das einst mit Immendorf die Herrschaft Mühlenbach bildete. Von einer gleichnamigen Wasserburg, die Ende des 13. Jahrhunderts im Mühlental erbaut wurde, ist noch ein vierstöckiger Turm erhalten. Die katholische *Pfarrkirche* (1860–82) ist künstlerisch wertlos, aber kulturgeschichtlich um so aufschlußreicher für die Naivität des Vulgärkatholizismus in der zweiten Hälfte des 19. Jahrhunderts. Wenig später entstanden die Anlagen, die heutigen Besuchern das Leben der Heiligen Familie zu Nazareth oder die Legenden beliebter Heiliger nach Knusperhäuschen-Manier in Szene setzen. Verloren wirkt in solcher Umgebung das Vesperbild in der Erlöserkapelle, eine ausgezeichnete koblenzische Arbeit (18. Jh.).

Bei der katholischen *Pfarrkirche* in Koblenz-**Arzheim** blieben vor dem alten Baubestand aus der ersten Hälfte des 15. Jahrhunderts nur Chor und Westturm erhalten. Wenig später wurde die Steinfigur der hl. Adelgundis außen an dem Strebepfeiler des Chores angebracht. Die Sandsteinfigur einer Muttergottes vor der Kirche hatte Kurfürst Johann Hugo von Orsbeck Ende des 17. Jahrhunderts für den Ehrenbreitstein gestiftet. Das hervorragende Bildwerk weist verwandte Züge mit ähnlichen in Trier auf.

◁ 56–64 Aus der Westerwälder Flora:

56 Blaustern *(Scilla bifolia)*
57 Himmelsleiter *(Polemonium coeruleum)*
58 Trollblume *(Trollius europaeus)*
59 Mücken-Händelwurz *(Gymnadenia conopsea)*
60 Sumpfwurz *(Epipactis palustris)*
61 Hohler Lerchensporn *(Corydalis cava)*
62 Sumpf-Blutauge *(Comarum palustre = Potentilla palustris)*
63 Fieberklee *(Menyanthes trifoliata)*
64 Berg-Wohlverleih *(Arnica montana)*

Aus der Festung Ehrenbreitstein stammt auch der bedeutende Altaraufsatz in der modernen katholischen Kirche von **Neuhäusel.** Johann Heinrich Neuß schuf 1674 das Marmorretabel, auf dem ein Gemälde den gegeißelten Christus zeigt.

Unsere Straße schneidet hinter Neuhäusel den Limes. Kurz vor Montabaur stoßen wir am Naturschutzgebiet Spießweiher auf ein Teilstück der alten Chaussee, die von mächtigen Bäumen alleeartig gesäumt wird (Farbt. 45). Unter Kurfürst Clemens Wenzeslaus wurde der Ausbau der alten Straße zum Abschluß gebracht. Ein Stundenstein mit CT (= Churfürstentum Trier) vermerkt: »IV STUNDEN VON COBLENZ 1798« und »XVII STUNDEN VON FRANCFURT« (Abb. 122). Noch drei weitere Stundensteine dieser Art stehen an unserer Straße, zwei zwischen Neuhäusel und Montabaur, einer bei Nentershausen.

Montabaur

Eine der Etappenstationen an jener uralten Straße war Humbach (= Montabaur). Die Konradiner bauten das System der Straßensicherung aus. Herzog Hermann von Schwaben hatte hier eine Burg, von deren Vorstadt nach 930 urkundlich die Rede ist. Zur Sicherung des Trierer Besitzes baute Erzbischof Dietrich von Wied (1212–1242) eine neue Burg. Sie erhielt in Erinnerung an den Kreuzzug 1223/24 den Namen des biblischen Berges Tabor. Aus Mons Tabor wurde Montabaur! Die Verleihung der Stadtrechte im Jahre 1291 bestätigte den Aufschwung von Montabaur.

Rückschläge brachten schwere Feuersbrünste (1491, 1534, 1667) sowie die Kriegsstürme, die seit dem Dreißigjährigen Krieg im Westerwald tobten. In den dazwischenliegenden Friedenszeiten ermöglichte neue wirtschaftliche Prosperität den Bürgern wie auch den Trierer Kurfürsten, eine beachtliche Bautätigkeit zu entfalten.

Die Altstadt von Montabaur erlaubt modellhaft die siedlungsmäßige Erschließung zu rekonstruieren. Humbach verdankt seine Existenz unserer Straße. Neben der Burg wird urkundlich auch das ›suburbium‹ erwähnt. Es muß sich dabei um eine Kaufleutesiedlung entlang der Straße gehandelt haben, deren Komplex in den Häuserzeilen der Kirchstraße und des Großen Marktes weiterlebt. ›Stadt Montabaur‹ bedeutet demnach Burg und Kaufleutesiedlung! Der Bau einer Steinkirche am Anfang dieser alten Einstraßenanlage 931/949 bedeutet, daß die kirchliche Organisation der siedlungsmäßigen Erschließung gefolgt war. Der Name Steinweg läßt ahnen, daß durch die sumpfige Bachaue ein gepflasterter Weg führte, eine Nebenroute der Koblenzer Straße. Ihr entlang muß sich gleichfalls eine geschlossene Niederlassung von Kaufleuten entwickelt haben. Als die endgültige Stadtbefestigung ausgebaut wurde, mußten die Mauern weit nach Südwesten ausgreifen, um auch die Siedlung am Steinweg strategisch sinnvoll einzubeziehen.

Beide Züge der Koblenzer Straße trafen sich gleichsam auf dem Paßscheitel des Montabaurer Höhenzuges am späteren Großen Markt und führten dann östlich aus der Altstadt hinaus in das Sauertal am Aubach (Gelbach).

Nördlich kommt am Hang des Burgberges noch ein weiterer Gebäudekomplex hinzu. Nahm die Stadtwerdung ihren Ausgang von dem baulichen und funktionalen Zusammenspiel von Burg und Kaufleutesiedlung(en), so bestand davor bereits eine bäuerliche Ansiedlung Humbach, die von der späteren Entwicklung erfaßt und in sie integriert worden ist.

Lagemäßig bildet die *Kirche* einen Gegenpol zum heutigen Schloß. Im Bering der spätmittelalterlichen Stadt befand sie sich nahe dem Hauptzugang, wo die Straße vom Rhein das Peterstor erreichte. Die Hügellage am Ortsrand hat sie mit anderen Westerwälder Kirchen, etwa denen von Kroppach, Salz und Seck gemeinsam.

Erzbischof Heinrich von Trier weihte 959 anstelle einer hölzernen die erste steinerne Kirche.

Der überlieferte Kirchenbau geht indes frühestens auf den Beginn des 14. Jahrhunderts zurück und hat wiederholt umfassende Veränderungen erfahren (1491, 1534, 1594, 1667, 1706, 1762).

Die Kirche ist eine vierschiffige gotische Stufenhalle mit überhöhtem Mittelschiff, fünfseitigem Chorapsidenschluß, querhausartigen Räumen beiderseits des Chores, einer Doppelturmanlage im Westen und zwei polygonalen Treppentürmchen im Osten sowie breitem, unsymmetrischem Satteldach (Abb. 87).

Der erste Eindruck, den dieser Bau hinterläßt, spiegelt sich wohl recht treffend in dem Urteil von Eduard Trier, daß hier »spätromanische und gotische Elemente zu einem zwiespältigen Ganzen verschmolzen sind«. Die in Montabaur zutage tretende Raumauffassung gibt den Geschmack des 14. Jahrhunderts wieder, der sich dem Typ der Hallenkirchen zuneigt, wie er schon während des 12. und 13. Jahrhunderts an der

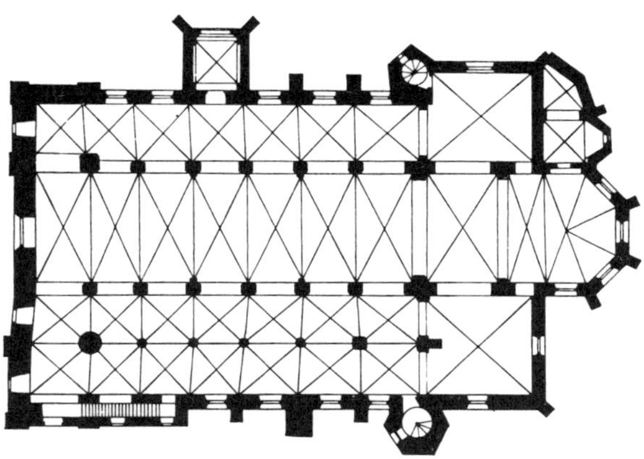

Montabaur, Pfarrkirche, Grundriß

Lahn (Niederlahnstein, Bad Ems, Dietkirchen, entfernt auch Limburg), am Mittelrhein (Linz, Andernach, Bacharach) und im nordwestlichen Westerwald (St. Servatius in Siegburg, Geistingen, Leuscheid) verbreitet war. Montabaur verwertet die mittelrheinischen Anregungen dabei im Detail anders als die fast gleichzeitigen Emporenhallenkirchen von Dausenau und Diez. Vom Gesamttyp her aber gehört sie mit diesen zu einem größeren Kreis solcher Kirchen, die an die Clemenskirche in Ahrweiler anschließen und im Rheinland noch weitere Parallelen (z. B. St. Goar, Kiedrich) haben. Gemeinsam ist diesen Bauten das Bestreben, die Emporengliederung dem Hallensystem unterzuordnen. Ein Mittel dazu sind die beide Geschosse durchlaufenden Pfeiler des Mittelschiffes (Abb. 88).

Die Gesamtkonzeption bedeutet also einen Rückgriff auf ältere Vorstellungen. Ungewöhnlich für die Erbauungszeit sind das überhöhte und dennoch fensterlose Mittelschiff, die Emporen über den Seitenschiffen, das Verhältnis von Gesamt- zu Emporenhöhe (3:1) und von Mittelschiffhöhe zur Gesamtbreite (1:2). Erinnert sei ferner an die paarweise Nuancierung der Joche, die je ein Quadrat bilden, was romanischen Vorstellungen entspricht. Hinzu nehmen mag man den fast quadratischen Grundriß der Pfeiler. Trotz der Veränderungen im 15./16. Jahrhundert haben auch die trutzigen Westtürme mit ihren Blendbogen altertümliche Züge bewahrt. Solche sind ferner in dem Treppenaufgang innerhalb der Wand des südlichen Seitenschiffes und in den beiden östlichen Treppentürmen zu erkennen. Dazu kommen Spuren älterer Bautätigkeit: romanische Mauerteile innerhalb des Westgiebels und vermutlich auch im nördlichen Seitenschiff. Hinzu zählen mag man auch die vermauerten Schallarkaden über dem Westfenster und die altertümlichen kopfförmigen Skulpturen an den Türmen. Auch den querhausartigen Chorkapellen wollte man schon romanische Vorläufer zuschreiben. Interessant ist dabei die Parallele zur romanischen Kirche in Hachenburg-Altstadt (Abb. 59), wo man im 15./16. Jahrhundert in ähnlicher Weise den Chor durch vergleichbare Räume seitlich erweiterte. Schließlich sei noch auf den giebelförmigen Türsturz im Montabaurer Chor hingewiesen, in dem romanisches Formempfinden nachlebt. Alles in allem liegt die Vermutung nahe, daß der uns überlieferte Bau auf der Grundlage einer Emporenkirche aus der ersten Hälfte des 13. Jh. entwickelt worden ist.

Die Ausstattung ist beachtlich. Am Nordportal befand sich die durch eine Kopie ersetzte Steinfigur einer stehenden Muttergottes aus der Mitte des 14. Jahrhunderts, die heute im südlichen Seitenschiff steht. Sie gehört zu jenen rheinischen Madonnendarstellungen, von denen auch Marienstatt ein wenig älteres Beispiel besitzt. Vermutlich um 1440/50 entstand die lebensgroße Marienstatue aus Holz in der nördlichen Kapelle. Sie gilt als Spätwerk des ›Weichen Stils‹, der teilweise vom böhmischen Kunstraum her inspiriert wurde. Vermutlich stammt die Figur aus einer Koblenzer Werkstatt. Wenig später (1489) datieren inschriftlich die nicht mehr vollständigen Chorgestühle. Ihre reichgeschnitzten Wangen zeigen üppige spätgotische Blattranken. Darin eingepaßt sind die Wappen des Erzbistums Trier und des Kurfürsten Johann von Baden (seit 1465 Erzbischof von Trier).

Montabaur, Pfarrkirche, Chorstuhlwange

Pfarrer Kauß stiftete den 1661 aufgestellten Taufstein aus weißgeädertem schwarzem Schuppacher Marmor. Wohl gleichaltrig sind die Rokokobeichtstühle.

1867/77 fand eine puristische ›Restaurierung‹ statt. Die Marmorkanzel wurde aufgestellt und der Chor um ein Hochaltarretabel bereichert, das mit Heiligenfiguren und Reliefdarstellungen ausgestattet ist. Ebenfalls in das 19. Jahrhundert gehören die Figuren der zwölf Apostel in der Südkapelle. Erhalten blieben weiterhin zwei Grabplatten (1644, 1694).

Die spätgotische Wandmalerei über dem Triumphbogen im Mittelschiff, die Mitte des 16. Jahrhunderts anzusetzen ist, stellt das Jüngste Gericht dar. Trotz der relativ späten Entstehungszeit atmet das Gemälde noch gotischen Geist. Die Gewölbekappen des nördlichen Seitenschiffes tragen Spuren spätgotischen Rankenwerkes mit Blättern und Blüten. Im Mittelschiff sind mehrere Wappen aufgemalt.

Das älteste Kunstwerk ist eine Glasmalerei im Fenster der Nordkapelle. Die kleine Scheibe mit einer Kreuzigungsszene aus der ersten Hälfte des 14. Jahrhunderts ist vermutlich Teil eines Bildniszyklus, wie er gerade zu dieser Zeit im Rhein-Lahn-Gebiet in hoher Blüte stand.

Das burgartige *Schloß* nördlich der Altstadt ist zum Wahrzeichen der Stadt geworden. Der Hauptturm ist im Kern mittelalterlich, die beiden kleinen Türme vor der Nordfront sind schon spätmittelalterlich, während im übrigen die Gesamtanlage durch die Kurfürsten Johann von Baden (1456–1503) und Richard von Greiffenclau (1511–1531) bestimmt worden ist. Kurfürst-Erzbischof Johann Hugo von Orsbeck (1676–1711) ließ dann 1686–1699 das Schloß von Grund auf erneuern. Der heutige

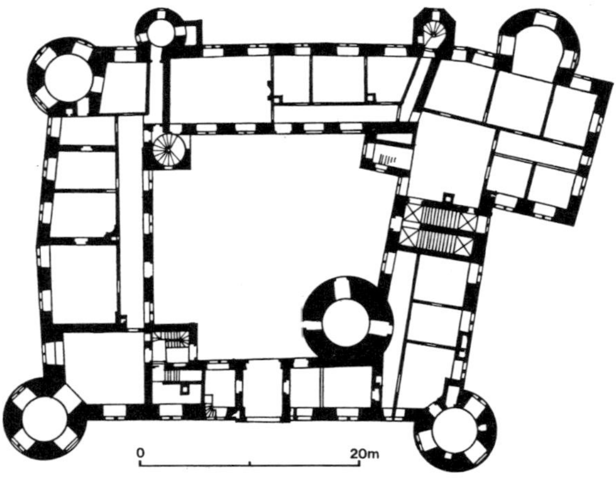

Montabaur, Schloß, Grundriß

Bau wurde von dem kurtrierischen Hofbaumeister Johann Christoph Sebastiani, anknüpfend an mittelalterliche Plangegebenheiten, größtenteils neu aufgeführt (Umschlagvorderseite). Kurfürst Franz Georg von Schönborn erteilte um 1754 Johannes Seiz, der auch die Pläne für Schloß Molsberg angefertigt hatte, den Auftrag »das Schloß gemachlich für sich und seinen Hofstaat einzurichten und zu meublieren«.

Der zweistöckige Hauptbau umschließt mit vier Flügeln einen annähernd quadratischen Hof, in dessen Südostecke der hohe, runde Hauptturm emporragt. Etwas kleineren Durchmesser und geringere Höhe haben die dreistöckigen Rundtürme an den vier Außenecken des Hauptbaues. Der Nordostturm ist beinahe halbkreisförmig in die Außenwand des Küchenbaues einbezogen, der hier mit je zwei Achsen aus der Ostfront fluchtet. Alle Türme sind mit glockenförmigen Dachhauben abgedeckt. Den Zugang zum Binnenhof vermittelt ein schönes Portal mit Quaderpilastern. Im Hof befindet sich ein malerischer Brunnen von 1608. Südwestlich liegt die Vorburg, ein dreigeschossiger Torbau. Der runde Eckturm wurde 1690 noch nach Art mittelalterlicher Wehrbauten von Johann Christoph Sebastiani errichtet. Johann Philipp Honorius Ravensteyn ergänzte Giebel und Dach des Torbaues (1709). Von ihm stammt auch der hübsche Treppenzugang samt der Holzgalerie mit toskanischen Stützen und dem geschweiften Dach (Abb. 91). Die Ostfront des Beringes wird von dem ehemaligen Marstall gebildet. Dabei befindet sich ein Neubau in historisierendem Stil.

Von der einstigen Ausstattung ist nur wenig vorhanden. Es sind vornehmlich schöne Stukkaturen aus der Zeit von 1690 bis 1700. Die Zeichnungen dazu sollen von Johann Michael Eytel herrühren, der auch im Schloß zu Engers gearbeitet hat. Die Stuckdecke im großen Saal (›Rittersaal‹) erhält ihren besonderen Reiz durch die Fresken von Lazarus Maria Sanguinetti (vor 1696). Stuckrahmen umfassen insgesamt neun runde oder vierpaßförmige Bildrahmen mit allegorischen Darstellungen des Lichtes (Abb. 90).

Außerhalb befindet sich am Fuß des Schloßberges das ehemalige kurfürstliche Gestüt. Johannes Seiz hat 1768 die Pläne für den zweistöckigen Bau entworfen.

Johannes Philipp Honorius Ravensteyn soll die Pläne für den 1713 errichteten zweistöckigen Bau der Alten Lateinschule entworfen haben. Anmutig springt vor dem Obergeschoß ein Eckerker vor, der aus drei Seiten eines Fünfeckes gebildet wird.

Südlich der Kirche befindet sich ein außergewöhnliches Gebäudeensemble. In der Zeile zweier alter Häuser, von denen das an der Westfront zum ältesten Baubestand von Montabaur gehört, erscheint eine gotische Kapellenwand. Sie gehört zur ehemaligen Friedhofskapelle, die von den beiden Häusern total umbaut ist. Zur Zeit dient die Kapelle als Gedächtnisstätte für die Gefallenen. Auf dem Altar ist ein schönes Reliefbildnis mit der Kreuzabnahme.

An der Koblenzer Straße steht die Heilige-Kreuz-Kapelle, die 1755 erbaut worden sein soll. Das Kreuz über dem Portal dürfte noch aus dem 15. Jahrhundert stammen.

Ausdruck des Selbstbewußtseins der Bürger war und ist stets das *Rathaus*. Möglicherweise brannte das erste 1534 ab, der Neubau war im Jahr 1540 vollendet. Dieser ältere Bau am Großen Markt wurde 1866 durch das heutige Rathaus in neugotischem Stil ersetzt.

Nach den Kriegszerstörungen ist Montabaur heute das einzige weitgehend intakte Beispiel für die Vielfalt der Häuserfassaden und Giebellösungen, die einst die Straßenzeilen alter Städte am unteren Mittelrhein zierten! Das *ehemalige Salzlagerhaus* am Großen Markt (Nr. 18) aus dem Jahre 1560 ist eines der ältesten Wohnhäuser der Stadt. Leider ist das Erdgeschoß arg verunstaltet. Die übrigen Häuser an beiden Märkten und an der Kirchstraße stammen durchweg vom Ende des 17. und Anfang des 18. Jahrhunderts. Sie sind zumeist dreistöckig und nicht selten paarweise unter geschweiften und geschnitzten Giebeln vereint. Das Fachwerk ist fast überall verschiefert oder gar modern verputzt. Das nur zweistöckige Haus Nr. 1 wurde kürzlich als Fachwerkbau in seiner alten Form sorgfältig wiederhergestellt, wobei ein Balken mit der Jahreszahl 1500 entdeckt wurde.

Gegen Ende des 14. Jahrhunderts wurde die Stadtbefestigung ausgebaut und während der zweiten Hälfte des 15. Jahrhunderts vollendet. Die westliche Mauer lief südwärts durch die heutige Wallstraße (Name!) zur gegenüberliegenden Anhöhe, wo der *Wolfsturm* (Farbt. 30) als stärkerer Mauerturm das Vorfeld beherrschte. Weitere Mauer- und Turmreste sind an mehreren Stellen zu sehen.

Südöstlich von Montabaur liegt auf den Höhen des Gelbachtales die *Kirche* (Farbt. 41) des Ortsteils **Wirzenborn**, deren Anfänge auf das Ende des 15. Jahrhunderts zurückgehen dürften.

Unter dem Maurermeister This wurde 1498/99 mit dem Bau der Ostteile begonnen. 1501 war der Chor vollendet. 1510 wurde die Weihe von drei Altären vollzogen. Vom Westportal führt ein überdachter Zugang aus dem 17. Jahrhundert zur Kirchhofsmauer, wo er mit einem geschweiften Giebel abschließt.

Der Chor besitzt ein schönes Sterngewölbe, das im Scheitel der Rippen Wappenschlußsteine trägt. Der barocke Hochaltar ist von 1710. Die große Muttergottes stammt aus der zweiten Hälfte des 17. Jahrhunderts. In die gleiche Zeit gehört der Steinaufsatz des südlichen Nebenaltars, auf dem sich das Gnadenbild befindet. Bei diesem bedeutenden Kunstwerk handelt es sich um eine stehende Muttergottes mit Kind. Die mittelrheinisch-mainzische Holzplastik dürfte gegen 1400 entstanden sein.

Die Weiterfahrt führt nach **Heiligenroth,** dessen *Kirche* drei Stilepochen angehört: romanischer Westturm, Schiff von 1782, modernes Seitenschiff (1933). Die barocke Einrichtung, darunter das kleine Vesperbild, erfolgte nach Fertigstellung des Schiffes. Vor der Kirche stehen einige Grabsteine aus dem 18. Jh. Der Ort, der sich in den letzten Jahrzehnten erheblich erweitert hat, besitzt einige alte Fachwerkhäuser (18. Jh.).

Unsere Straße zieht weiter durch die sagenumwobene Hermolter, wo die ›Napoleonsbrücke‹ als hochaufgeschichteter Damm das Ahrbachtal überquert. Links bietet sich bald die *Kirche* von **Großholbach** unserem Blick. Der ursprüngliche Saalbau (1738) wurde kurz vor dem Krieg durch Erweiterung des Chores und querhausartiger Anbauten verändert. Noch aus der Bauzeit stammt der mit guten Figuren der Hadamarer Schule geschmückte Hochaltar, dessen Fassung neuerdings (1971/72) in der ursprünglichen Weise erneuert wurde. Taufstein, Kanzel und Emporenbrüstung gehören dem 18. Jahrhundert an. Harmonisch ergänzt der benachbarte Hof aus Fachwerk (18. Jh.) das Ensemble.

Auch der Altaraufsatz der Kapelle von Girod-**Kleinholbach** trägt Bildwerke der Hadamarer Schule, welche die Apostel Petrus und Paulus darstellen. Aus der Bauzeit (1771) stammt auch die sonstige ältere Ausstattung. Romanischer Westturm, barockes Schiff (1786) und neugotischer Chor (1903) charakterisieren die katholische Pfarrkirche von **Girod,** die einige Ausstattungsstücke (Kanzel, Kruzifix, St. Jacobus) des 18. Jahrhunderts enthält.

Die alte Straße führte einst in das Eisenbachtal hinab, an der Studentenmühle vorbei nach **Nomborn,** während heute der Verkehr weiter östlich vorbeiflutet. Auf dem Bornkasten (320 m) sind Reste einer vorgeschichtlichen Ringwallanlage der Hunsrück-Eifel-Kultur vorhanden. Die alte, wiederholt umgebaute *Kirche* hat als Seitenkapelle den ursprünglich romanisch-frühgotischen Chor bewahrt. Die Glocke (um 1300) soll eine der ältesten im Westerwald sein. Eine spätgotische Traubenmadonna (um 1500) und der barocke Altaraufsatz (17. Jh.) sind die wertvollsten Stücke der Ausstattung.

Die Kirche von **Nentershausen** ist typisch für die historisierende Bauweise des 19. Jahrhunderts. An Molsberg erinnert die Wegekapelle am Ortsausgang (17. Jh.), die einen interessanten Altaraufsatz (Anfang 18. Jh.) enthält.

In **Pütschbach** einem Ortsteil von Dreikirchen, steht ein derzeit ungenutzter Kirchbau, dessen Chor nach oben zu einem achteckigen Turm hochgeführt ist (Abb. 92). Dadurch macht das kleine spätgotische Bauwerk (13. Jh.) beinahe einen wehrhaften Eindruck. Interessant ist der kleine Altaraufsatz (um 1680). An der Dorfstraße steht ein größeres Fachwerkgehöft (18. Jh.).

Etwa aus derselben Zeit stammen auch die wenigen alten Fachwerkhäuser in **Niedererbach,** wo man an den romanischen Westturm der alten Kirche 1906 ein neues Schiff samt Chor angebaut hat. Sehenswert im Nachbarort **Obererbach** ist eine Barockmadonna (18. Jh.) in der dortigen Kapelle.

Unsere Straße läuft über Görgeshausen in das Limburger Becken, wo sie sich mit anderen Straßen trifft und Limburg als vorläufiges Ziel hat.

Von dort zieht unsere Route nordostwärts. Dann trennen sich die Straßen, um als B 54 ins Siegerland oder als B 49 über Merenberg nach Weilburg zu ziehen.

Der romanische Kirchturm (12. Jh.) der im übrigen neugotischen Kirche (1884–86) von Beselich-**Obertiefenbach** bildet ein Wahrzeichen des ersten Ortes nach Limburg, den unsere Route berührt. Unter den älteren Fachwerkhäusern (um 1700) ist eines durch einen fränkischen Erker ausgezeichnet.

Zur Lahn hin liegen abseits unserer Fernstraße noch einige Orte, die es verdienen erwähnt zu werden. Beselich-**Schupbach** hat durch den dort abgebauten wertvollen Marmor einen guten Namen. Der romanische Westturm (12. Jh.) der evangelischen *Pfarrkirche* war ursprünglich als Wehranlage vorgesehen. In seine oberen Stockwerke gelangte man damals nur durch eine hoch an der Nordseite angebrachte Pforte. Das aus gleicher Zeit stammende Schiff wurde 1696 tiefgreifend verändert und im Osten erweitert. Altar, Kanzel und Emporen entstanden um 1700, die Orgel etwa hundert Jahre später. Dagegen sind die Malereien modern (1936). Anfang des vorigen Jahrhunderts errichtete man das ansehnliche Pfarrhaus.

Östlich von Runkel-**Wirbelau** liegt auf dem Hahn eine kleine romanische Kapelle (um 1100). Die Bruchsteine des Mauerwerks sind zu einem ährenförmigen Verband zusammengefügt, eine Eigenart, die wir im hessischen Westerwald öfter antreffen.

Nachdem ein älterer Kirchenbau des 18. Jahrhunderts einem Feuer zum Opfer gefallen war, hat man in Villmar-**Seelbach** 1874–76 einen nicht uninteressanten Neubau im Geschmack der Zeit fertiggestellt, der in barockisierender Manier ausgestattet ist.

Ungewöhnlich schlicht ist die kleine evangelische Kapelle (12. Jh.) von Weilburg-**Gaudernbach,** in der nur der steinerne Altartisch zur mittelalterlichen Ausstattung gehört. Die einfache Nordempore (16. Jh.) und der schmiedeeiserne Barockleuchter kamen später hinzu.

Von hier erreichen wir über Merenberg-**Allendorf** unsere große Straße. Die kleine Kirche in diesem Ort baute 1729 Alexander Glöckner aus Weilburg. Die Orgel (1753) steht auf einer Empore, deren Brüstung mit Malereien versehen ist.

Merenberg

Von ferne grüßt von einem Bergkegel die Ruine der **Burg Merenberg** (Farbt. 36). An dieser Stelle nahm unsere Straße schon früh einen Zubringer aus der Richtung Köln – Hachenburg auf. Bereits in prähistorischer Zeit suchten Menschen diesen Raum als

Merenberg, Fensterbankfüllung

Wohnstätte zu sichern. Östlich befand sich auf einem Gipfel, der den bezeichnenden Namen Höhburg trägt, eine kleine Ringanlage. Bedeutender war eine ähnliche auf dem Almerskopf. Beide Befestigungen entstanden in der Latènezeit.

Seit 1129 ist eine Burg Merenberg an der Stelle der heutigen Ruine bekannt. Dem Ort wurden 1290 und 1331 Stadtrechte zugesprochen, was seine Bedeutung ebenso widerspiegelt, wie sie die Rolle der hier ansässigen Adeligen unterstreicht. Nach dem Erlöschen ihrer Familie trat 1338 Graf Johann von Nassau-Merenberg ihr Erbe an. Er wurde Stifter der Linie Nassau-Weilburg. Später ging der Ort seiner Stadtrechte wieder verlustig. Die Burg ist seit 1634 Ruine.

Die von der Burg erhaltenen Reste gehören durchweg in das 14. Jahrhundert. Außer dem runden Bergfried ist ein Mauerstück des Palas erhalten, umschlossen von einem rechteckigen Bering mit halbrunden Schalentürmen.

Von oben sieht man vor sich auf dem Friedhof die ›Appenkirche‹, die nach einer gleichnamigen Wüstung benannt ist. In dem schlichten romanischen Bau befindet sich ein hölzernes, frühgotisches Sakramentsgehäuse.

Das Dorf betritt man durch einen quadratischen Torturm mit Spitztor, dessen Innenseite im 16. Jahrhundert mit Fachwerk verschlossen wurde. Wenig ist sonst von der einstigen ›Stadt‹ übriggeblieben: Der ehemalige Wirtschaftshof der Burg mit dem großen Herrenhaus (16. Jh.), der heute in mehrere Privathäuser aufgeteilt ist, sodann einige schöne Fachwerkhäuser (17./18. Jh.), von denen zwei Schnitzereien bzw. Kratzputz aufweisen.

Teile einer 1296 gegründeten Marienkapelle dürften noch in dem einfachen Saalbau der jetzigen evangelischen *Pfarrkirche* (1719) stecken. Das verschieferte Glockengeschoß erhielt der Westturm im Jahr 1819. Kanzel und Orgel sind Schöpfungen des 18. Jahrhunderts.

Die Kapelle in Merenberg-**Reichenborn** ist eine frühgotische Chorturmanlage. Allerdings hat man das Schiff durch eine spätere Balkendecke verändert (1655) und schließlich die Kanzel hinzugefügt (1667).

In der neuromanischen katholischen *Kirche* (1872) in Mengerskirchen-**Probbach** steht eine modern gefaßte Muttergottes (um 1500), die ein ganz ausgezeichnetes Kunstwerk ist. Barockem Kunstschaffen verdankt das runde Ölgemälde seine Entstehung, das die Dreifaltigkeit darstellt (18. Jh.).

Zu einer Kriegergedächtnisstätte umgewandelt wurde der wuchtige spätromanische Chorturm der alten *Kirche* von Mengerskirchen-**Dillhausen**, deren Schiff abgerissen worden ist. Im Kreuzgratgewölbe sind Reste alter Malereien zu erkennen. Guten ländlichen Geschmack verrät das barocke Vesperbild.

Der namengebende Ort der Großgemeinde **Mengerskirchen** hatte schon 1321 Stadtrechte, war er doch Gerichtssitz des sogenannten Kalenberger Zehnts. Nenderoth bildete innerhalb desselben den kirchlichen Mittelpunkt. Bald nach der Stadterhebung begannen die Grafen von Nassau-Beilstein mit dem Bau einer Burg.

Inmitten des Dorfes fällt das ehemalige *Schloß* auf. Es geht zurück auf jene 1341 erstmals erwähnte Burg. Der einfache Bau wird an seiner Südwestecke von einem Wohnturm (14. Jh.) flankiert. Nördlich und westlich hat man je einen Anbau hinzugefügt, wovon ersterer noch spätgotisch ist. Während des 16. oder 17. Jahrhunderts bekam der Hauptflügel weitgehend seine jetzige Gestalt mit dem Treppenturm zum Hof und dem Rundturm an der Südseite. Auf dorischen Säulen ruht ein offener Laubengang (1662), der entlang des Südflügels zieht.

Mengerskirchen, Schloß

In Richtung Mengerskirchen-**Winkels** versteckt sich im Wald die *Burgruine Eigenberg,* hier Maienburg oder Marienburg genannt. Graf Johann von Nassau-Dillenburg erbaute sie vor 1328 zur Sicherung des Kalenberger Zehnt. Nach 1600 wurde sie nutzlos. Schon 1632 stürzte der Bergfried ein, ihr Verfall war besiegelt. Die Reste sind durchaus sehenswert, denn der Unterteil des Bergfrieds weist Elemente der rheinischen Burgenarchitektur auf, zu der es gelegentliche Parallelen gibt. So sieht man die aus der französischen Burgenbaukunst entlehnten Ecktourellen, die wir im Westerwald mehrfach antreffen. Die Ringmauer, an deren Südwestecke ein Rundturm eingefügt ist, durchbrechen Schießscharten jener Art, wie sie – außerhalb unseres Reisegebietes – auf Burg Freienfels südöstlich von Weilburg auftreten.

In Weilburg-**Odersbach** haben wir das Stadtgebiet von Weilburg erreicht und damit eine uralte Etappenstation auf dieser Route. Odersbach besitzt einige alte Fachwerkhäuser, eines darunter von 1586. Jenseits der Lahn fesselt uns bald das überaus ein-

Löhnberg, Haustür

drucksvolle Panorama von Schloß und Stadt **Weilburg,** »wohl eine der am besten und geschlossensten erhaltenen Kleinresidenzen des alten Reiches« (Dehio)!

Schon 1295 erlangte Weilburg Stadtrechte, 1325 wurde es Residenz der Grafen von Nassau-Weilburg und zog nun die einstige Bedeutung von Merenberg an sich.

Ein Besuch im Anschluß an eine Westerwaldreise ist unbedingt lohnend! So viel mußte schon zur Geschichte angemerkt werden, hat doch Weilburg als Residenz und als kultureller Mittelpunkt (altes Gymnasium, Lehrerakademie) von alters her sehr stark in den Westerwald hineingewirkt. Die Lahn bildet nun zwar die äußerste Grenze unseres Reisegebietes. Aber es ist naheliegend, daß man den kurzen Weg über die alte Brücke wählt und diese einzigartige Stadt am Rande des Taunus besucht. Das ausgedehnte Schloß, die Schloß- und Stadtkirche, das Rathaus, die Heiliggrabkapelle auf dem Friedhof, der Kalvarienberg, ehemalige Kanzlei und Rentamt, viele alte Wohn- und Amtsbauten, Schloß- und Neptunbrunnen, Reste der Stadtbefestigung, das frühere Schloß Windhof (jetzt pädagogische Hochschule) und als technisches Kulturdenkmal der Lahntunnel für die Schiffahrt (1847) füllen das Besichtigungsprogramm.

Unsere alte thüringische Straße zog nördlich der Lahn weiter nach Wetzlar, wie es bei anderer Trassenführung auch die moderne Schnellstraße (B 49) tut.

Löhnberg erhielt 1321 Stadtrechte. Es sah verschiedene Herren, bis es 1773 endgültig an Nassau-Weilburg fiel, ein Ausdruck für die Bedeutung des Ortes. Zum einen gab es hier einen wichtigen Lahnübergang, vor allem aber gewann der Ort industrielle Bedeutung, nachdem 1609 ein Eisenhammer, 1617 zudem eine Hütte entstanden.

Graf Johann von Nassau-Dillenburg baute unweit die 1324 erwähnte ›Laneburg‹, die im 16. Jahrhundert zu einem *Schloß* umgestaltet wurde und im 18. Jahrhundert weitere Veränderungen erfuhr. Seit 1900 ist das Schloß Ruine. Zum Teil zeigen die Mauerreste spätgotische Formen. Die zwei Rundtürme sind mittelalterlich (14. Jh.).

Nördlich des Schlosses blieben Reste der Stadtbefestigung (14. Jh.) stehen. Über den Vöhlerbach spannt sich eine dreibogige Brücke (18. Jh.). Unter den alten Fachwerkhäusern (17. u. 18. Jh.) sticht eines in der Vorderstraße durch die zierliche Laube über der Eingangstreppe hervor (um 1700).

Die *ehemalige Hof- und Schloßkirche* wurde 1738 im Stil der Zeit erweitert, wobei man den gotischen Chor miteinbezog. Gleichzeitig entstanden die farbenfrohen Deckengemälde, vermutlich von Lazarus Maria Sanguinetti. Die hervorragenden Malereien an den Emporenbrüstungen stammen von dem Weilburger Hofmaler Friedrich Heinrich Seekatz. Zusammen mit der von Schnitzwerk verzierten Kanzel bietet der vorzüglich restaurierte Innenraum ein farbenprächtiges Bild! Die unscheinbare Friedhofkapelle dürfte im Kern mittelalterlich sein.

Beim Betreten der Kirche (1805–08) von Löhnberg-**Niedershausen** wird man von der beherrschenden Wirkung der mächtigen Kanzel-Orgel an der freien Längswand gefesselt.

Die Straße zieht nun an der Lahn entlang nach Wetzlar. Originelle Aushängeschilder aus dem 18. Jahrhundert winken an einigen der alten Fachwerkhäuser in **Leun** (Abb. 26). Sicherheit gewährten einst die in Resten erhaltene Stadtbefestigung und der wehrhafte Westturm der evangelischen Pfarrkirche (14. Jh.), deren Schiff im 16. Jahrhundert umgestaltet wurde.

Von der Bäderstraße zur Leipziger Straße

Einer der schon in vorgeschichtlicher Zeit bestehenden Nord-Süd-Wege wechselte bei Nassau die Lahnufer. Von Mainz und Wiesbaden her führte über den Taunus die 812 erwähnte Kemelerstraße, die in etwa der heutigen Bäderstraße entspricht. Nördlich fand sie ihre Fortsetzung in dem Alten Hömberger Weg in Richtung Montabaur. Von Montabaur fließt der Verkehr weiter nordwärts, um bei Rennerod die alte Leipziger Straße zu erreichen.

Nassau

Schon in fränkischer Zeit bestand in Nassau eine Straßensicherung. Die Grafen von Laurenburg errichteten über der Straße eine *Burg.* Bald nannten sich dieselben Grafen von Nassau. Der künftige Aufschwung von Herrscherfamilie und Stadt (seit 1348) war vorgezeichnet.

Die um 1100 von den Herren von Laurenburg begonnene Burg verfiel seit 1597 und wurde 1945 noch einmal in Mitleidenschaft gezogen. Turm und Palas sind inzwischen wieder aufgebaut worden. Die rechteckige Gesamtanlage hat manche Parallelen im Rheinland. Ihr beinahe symmetrischer Grundriß mit je einem Turm an den beiden Schmalseiten hat innerhalb unseres Reisegebietes nur ein Gegenstück in der Neuerburg. Der dem Hauptturm angegliederte Treppenturm erinnert an den Mäuseturm bei Bingen. Der schmale Zwinger in der Südostecke der Anlage mit seinem gerundeten Schalenturm stellt ein frühes Beispiel dieser Art dar, das einem Turm der Burg Lahneck bei Lahnstein ähnelt.

Unterhalb der Burg Nassau befindet sich die *Burgruine Stein,* die Stammsitz einer Familie war, die 1831 mit dem berühmten Reichsfreiherrn vom und zum Stein ausgestorben ist. Sie war noch 1636 bewohnbar und wurde erst 1945 bis auf geringfügige Reste vernichtet.

Da Nassau durch verheerende Feuersbrünste (1372, 1465, 1605) heimgesucht und außerdem 1945 noch zu zwei Dritteln zerstört wurde, ging viel an ehemaliger Bausubstanz verloren. Von der Stadtbefestigung sind noch der Graue Turm mit einem Mauer-

Nassau. Kupferstich von Matthäus Merian

stück und ein fünfeckiger Turm von der ehemaligen Eimelspforte erhalten. Die Fachwerkhäuser wurden fast alle im letzten Krieg zerstört. Um so einzigartiger wirkt der wiederhergestellte ehemalige *Adelsheimer Hof* (Abb. 95), den 1607–1609 Adam vom Stein erbaute und der seit 1912 als Rathaus dient. Über dem ehemaligen Haupteingang prangt das von Steinsche Wappen (1609). Beinahe südländisch mutet die Erdgeschoßlaube an der Giebelseite des dreistöckigen Fachwerkbaues an. Die entgegengesetzte Front wird durch zwei zweistöckige Erker belebt, die auf je einem Balusterpfosten ruhen. Ostportal und Eckpfosten weisen prächtige Schnitzereien auf.

Unweit steht in einem umfriedeten Hof das *Stein'sche Schloß* (Abb. 96), das sich heute im Besitz des Grafen von Kanitz befindet. Hier wurde der bedeutende deutsche Staatsmann und preußische Minister Karl Reichsfreiherr vom und zum Stein (1757–1831) geboren. Einen mittelalterlichen Gutshof hatten 1621 die Herren vom und zum Stein als Wohnsitz umgebaut, später erweitert (1755) und ausgebaut (1790, 1815). Zu den älteren und schlichteren Bauteilen des 17. Jahrhunderts mit dem quadratischen Treppenturm kontrastiert auffällig der achteckige Turm zwischen Mittelbau und südlichem Seitenflügel. Er entstand 1814 zum Andenken an die Freiheitskriege. Den Entwurf lieferte Johann Claudius von Lassaulx aus Koblenz, der hiermit sein erstes bedeutendes Werk schuf. Die Ausführung besorgte der nassauische Bauinspektor C. Zais aus Wiesbaden. Wir stehen vor einem der frühesten Zeugnisse der neugotischen oder ›altdeutschen‹ Architektur des Rheinlandes. Der Entwurf verwertete Anregungen aus dem Heidelberger Schloß, möglicherweise auch vom Schloß Laxenburg bei Wien. Die Außenmauern des dreistöckigen Bauwerks gliedern flache Eckstreben, Spitzbogenfen-

Nassau,
Stein'sches Schloß,
Renaissance-Portal

ster mit hölzernen Maßwerken, je ein Portal an den beiden Hauptseiten und – als Mauerrücksprung – ein Balkon. Die Dachterrasse umgibt eine steinerne Maßwerkbrüstung. Besondere Beachtung verdienen die figürlichen Plastiken, mit denen die Wandstreben geschmückt sind. Sie wurden von dem Kölner Bildhauer Peter Joseph Imhoff angeblich nach Entwürfen von Maximilian Fuchs geschaffen (1817–19). Der politischen Intention des Bauwerkes entsprechend, sind die Schutzpatrone der Staaten der Hl. Allianz dargestellt: Adalbert (Preußen), Alexander Newskij (Rußland), Georg (England) und Leopold (Österreich). Darüber befinden sich Allegorien für Einigkeit, Gottvertrauen, Tapferkeit und Beharrlichkeit. Wie die Architektur, zählen auch die Plastiken zu den frühesten Werken der neugotischen Kunst in Deutschland. Im Innern befindet sich zuunterst die Waffenkammer, darüber das Arbeitszimmer des Freiherrn vom Stein mit typischer Ausstattung in neugotischer Manier und im rippengewölbten Obergeschoß eine Ehrenhalle zur Erinnerung an die Befreiungskriege mit Texttafeln und Büsten der siegreichen Monarchen von Christian Rauch (1817/18).

Möchte man noch weiter die Schönheit des Lahntales genießen, sollte man einige Kilometer flußabwärts fahren oder wandern.

Dausenau

Ungemein malerisch bietet sich Dausenau an seiner Schauseite zur Lahn hin dar (Farbt. 3). Schon 1247 urkundlich erwähnt, war der Ort mit dem Schicksal von Burg und Amt Nassau eng verbunden. Als Pfarrei löste sich Dausenau 1321 von (Bad) Ems. Drei Jahre später war es bereits befestigt und 1348 Stadt. Doch wegen der Nähe von Nassau konnte der Ort nie so recht städtischen Charakter gewinnen.

Die Anlage innerhalb des dreieckigen Mauerberings ist sehr klar. Die parallel zur Lahn ziehende Hauptstraße entläßt landeinwärts die Kirch- und die Langgasse. Von Nassau her gestattete das Obertor mit dem seitlich anstehenden ›Schiefen Turm‹ den Zugang. Dieser ist eine besondere Kuriosität, vergleichbar mit einem ebenfalls achteckigen – allerdings geraden – Mauerturm in Balduinstein. Das Untertor am anderen Ende des Ortes ist noch vollständig erhalten. Es bildet eine rundbogige Durchfahrt in einem hohen Torturm mit Wehrgeschoß. Neben dem gotischen Rathaus überspannt die Mauer spitzbogig den Seitenbach. Der Wehrgang, der mit Zinnen bekrönt ist, kragt aus der Mauer vor und verläuft über einem Rundbogenfries. Zur Stadt hin hat die Mauer Bogenblenden. Beim Kirchhof erkennt man Reste eines dritten Turmes.

Durch die vielen alten Häuser, meist verputzte Fachwerkbauten, haben die winkligen Gassen viel von ihrer einstigen Anmut bewahrt. Manche ragen hervor durch schönes Schnitzwerk (Langgasse) oder dekorative Anordnung des Balkenwerks (beim Untertor). Sie entstanden durchweg im 17. und 18. Jahrhundert. Jünger ist das klassizistische Wohnhaus an der Hauptstraße (um 1820).

Von den zaghaften Anfängen städtischen Lebens kündet das gotische *Rathaus* (um 1400), das zu den bedeutendsten und ältesten Fachwerkbauten beiderseits der Lahn gehört! Massiv im Erdgeschoß ist es in die Stadtbefestigung einbezogen, deren Wehrgang durch das Gebäude läuft. Seine Funktion übernahm später ein barocker, zweistöckiger Neubau (18. Jh.), der jetzt als Wohnhaus dient. Stattdessen ist nun die ehemalige Schule (1830) zum dritten Rathaus in der Geschichte Dausenaus geworden. Der ansehnliche Bau hat einen dreiachsigen Mittelrisalit mit toskanischen Pilastern.

Schon vor der Einrichtung einer selbständigen Pfarrei Dausenau entstand während der ersten Hälfte des 14. Jahrhunderts die im einzelnen nicht datierte *Kirche Maria und Kastor* (Abb. 23). Die gewölbte Emporenhalle zählt zu jenen gotischen und spätgotischen Bauten, die ziemlich gleichzeitig an Rhein (St. Goar, Kiedrich) und Lahn (Diez) entstanden und im Trierer Dom gewissermaßen vorbereitet worden sind. Ursprünglich waren die Seitenschiffemporen nur in den drei Westjochen vorhanden und über eine Westempore im Mittelschiff untereinander verbunden. Damit herrschten hier damals Verhältnisse, die denen der im genannten Kunstkreis von Hallenkirchen maßgebenden in Ahrweiler nahestanden. Spätgotische Proportionen haben die Außenstreben am südlichen Seitenschiff, die ihrerseits eine rundbogige Vorhalle mit Sterngewölbe flankieren. Zu diesen jüngsten Bauteilen bilden die älteren – Schiff, nördliches Seitenschiff und spätromanischer Westturm – keinen störenden Gegensatz. Die Wirkung des Westturmes wird durch einen südlichen Treppenturm ergänzt. Im Chor hat der Übergang von einer Stilepoche zur anderen eine Übergangslösung nach sich gezogen, indem zunächst Außenstreben und erst im Südteil Innenstreben gebaut worden sind.

In der Bauzeit dürfte die Ausmalung entstanden sein, deren Reste 1902 nachhaltig restauriert wurden. Ein Fries im Hauptchor bringt zwischen paarweise zusammengestellten Apostelbildern (Abb. 24) Szenen aus der Leidensgeschichte Jesu. Im nördlichen Nebenchor sieht man die Verklärung auf dem Tabor, im südlichen das Martyrium der Zehntausend, im südlichen Seitenschiff schließlich die hl. Märtyrer Sebastian und Agatha.

Von großartiger Wirkung ist der spätgotische Flügelaltar (um 1500), der dem hessischen Kunstkreis angehört. Inmitten des dreiteiligen Schreines steht Maria mit Jesuskind auf der Mondsichel, begleitet von Maria Magdalena und Kastor und zwei Engeln über der Mittelfigur. Die Flügelbemalung zeigt vier Szenen aus dem Leben Mariens. Auch das Altarkreuz (15. Jh.) gehört noch zur mittelalterlichen Ausstattung, während die barocke Kanzel später hinzukam. Außer drei Grabsteinen (18. Jh.) verdient auf dem benachbarten Friedhof das von Josef Scholl aus Mainz geschaffene Grabmal für J. Kurtz (gest. 1824) Beachtung.

Von Nassau kann man sich an der historischen Straße orientieren, die bei Hömberg die Höhen erklomm, oder man kann den Umweg wählen, der durch das landschaftlich äußerst reizvolle Gelbachtal führt. Beide sollen hier beschrieben werden.

Stelzenbachtal

Zwischen Gelbach und Emsbach tragen die Höhen geschlossene Hochwälder. In kurtrierischer Zeit zogen dort die Erzbischöfe zur Jagd. Hier fließt der Stelzenbach nordostwärts zum Gelbach hin ab. Er lieh dem ausgedehnten Forst den Namen.

Wallonische Zuwanderer, die in Familiennamen wie Gilles, Lorenz oder Labonte noch fortleben, besiedelten ein im Dreißigjährigen Krieg heruntergekommenes Dorf und nannten es ›nova villa‹ (Neudorf), woraus sich **Welschneudorf** entwickelte. In kurtrierischer Zeit baute man hier ein Jagdzeughaus (1705), das heute zur Hälfte als Kirche dient. Über dem Mittelportal prangt noch das Wappen der Kurfürsten Johann Philipp von Walderdorff. Der schlichte Zweckbau, den ein Walmdach mit Haubendachreiter deckt, erhielt eine beachtenswerte Inneneinrichtung durch drei Altäre (18. Jh.) aus Ransbach.

Der von Dietrich Molitor für die Kapelle des Montabaurer Schlosses 1701 geschaffene Altaraufsatz fand nach der Errichtung der *Saalkirche* (1825–30) zu **Oberelbert** darin seine Aufstellung. Vor etwa zehn Jahren wurde das wertvolle Stück aus der Kirche entfernt und verbrannt! Erhalten blieben die lebensvolle Figur des hl. Michael (18. Jh.) und ein Vesperbild (15. Jh.).

In **Niederelbert** stoßen wir auf eine Art ›Dorfgemeinschaftshaus‹, wie es uns in Hessen in Kombination von Bürgermeisteramt oder Schule mit Kirche oder Gebetssaal häufig begegnet und von der heutigen Sozialpolitik in moderner Variante nachgeahmt wird. In dem zweigeschossigen Bau (1833), den ein Dachreiter mit Zeltlaterne krönt, sind oder waren gleichzeitig Kapelle, Gemeindeamt, Schule und Backhaus untergebracht.

Der Saalbau der *Kirche* (1756–59) in **Holler** wurde im vorigen Jahrhundert um zwei Achsen nach Westen verlängert. Stuck umrahmt die Gemälde der Spiegeldecke. Auch den Hochaltaraufsatz (um 1700) schmückt ein großes Gemälde, auf dem die Kirchenpatronin St. Margaretha dargestellt ist. Die barocken Heiligenfiguren dürften aus der gleichen Zeit stammen, während die Seitenaltäre und die Kanzel später (um 1760) entstanden sind. Am ältesten ist die Muttergottes auf dem linken Seitenaltar (Ende 15. Jh.).

Gelbachtal

Die zweite Route von der Lahn nach Montabaur führt durch das Gelbachtal. In **Obernhof** beginnt die Reise. Von einer Anhöhe auf der anderen Lahnseite grüßt die viertürmige Pfeilerbasilika des Klosters Arnstein. Bald nachdem Obernhof Pfarrsitz wurde (1691), entstand die kleine *Saalkirche* mit ihrer schlichten Barockausstattung, die um

1800 durch die Orgel ergänzt wurde. Eine Zierde des Ortes bilden einige beachtenswerte Fachwerkhäuser (18. Jh.).

Nahe der Mündung des Gelbaches in die Lahn liegt die umfangreiche **Talburg Langenau** (Farbt. 9), die ursprünglich kurzfristig in eine Wasserburg verwandelt werden konnte.

Daniel von Langenau errichtete den größten Teil der alten Anlage wohl um die Mitte des 14. Jahrhunderts. Älter mag der Hauptturm (13. Jh.) sein, der innen Verlies, Wohnraum und ein Obergeschoß enthält. Die Wehrplatte war früher (noch 1874) von Zinnen umkränzt. An Burg Hohlenfels erinnert die hohe Schildmauer an der Südseite des trapezförmigen Berings. Zwischen zwei Aufsatztürmchen verläuft an ihr über einem Rundbogenfries der Wehrgang. Die Nordseite schützen am östlichen Ende ein zweigeschossiger quadratischer Turm, am westlichen ein gleichfalls quadratischer Eckturm sowie dazwischen ein dreistöckiger Torturm. Die Südseite bewehren schmale Zwinger mit je vier Schalentürmen an den Ecken. Den mittelalterlichen Palas, von dem Mauerreste vorhanden sind, wandelte 1698 vermutlich der kurtrierische Hofbaumeister Joh. Christoph Sebastiani zu einem dreistöckigen Schloß um. Den einfachen Bau lockert ein dreiachsiger Mittelrisalit mit Segmentgiebel ein wenig auf. Die Innenräume haben zum Teil gute Stuckdecken von Eugenio Castelli (um 1720), der auch im Hadamarer Schloß tätig war. Ende des 16. Jahrhunderts sind die beiden Wirtschaftsgebäude aus Fachwerk entstanden.

Moselaner Behaglichkeit scheint uns in **Weinähr** zu empfangen, wo an den Hängen des Gelbachtales Wein angebaut wird. Vorlauben geben den wenigen alten Fachwerkhäusern ein ganz eigenes Gepräge. Sie alle übertrifft das spätgotische *Rathaus* (16. Jh.), dessen Fachwerkfront eine spitzbogige Pforte mit zwei nasenbesetzten Fenstern hat. Unscheinbar versteckt sich zwischen den Häusern die *Kirche,* deren Chor noch in frühgotischem Stil erbaut wurde. Das Schiff (1428, 1738 erneuert) setzte man später an. Stukkaturen an der flachen Decke und ein Altaraufsatz (um 1680) zieren den Innenraum.

Bergan führt eine Nebenstraße nach **Winden,** das nacheinander drei Kirchenbauten an derselben Stelle erhalten hat. Der jetzige, dritte, entstand 1788/89 und bietet mit seiner Inneneinrichtung ein gutes Beispiel für den Geschmack der Bauzeit. Älter ist die Holzfigur des hl. Willibrord (um 1520) auf dem rechten Seitenaltar. Beachtung verdient das eindrucksvolle Kruzifix (1754). Ein zweites (1791) hängt außen. Die kleine Michaelskapelle (1768) enthält einen wertvollen Renaissance-Altar.

Durch das stellenweise schluchtartige Gelbachtal windet sich die Straße über Dies nach Gackenbach-**Kirchähr,** einem uralten Pfarrort.

Das kleine Schiff und der durch Rundbogenfriese und Blendbogen gegliederte Westturm (Farbt. 29) sind romanisch, während der Chor und das (südliche) Seitenschiff schon spätgotischen Charakter tragen, der sich insbesondere in den Netzgewöl-

Kirchähr, Tabernakel

ben und Maßwerkfenstern des Chores äußert. Maßwerk bekrönt auch die Sakramentsnische (um 1520). Mit prächtigem Türbeschlag (16. Jh.) ist die spitzbogige Pforte am Seitenschiff versehen. In die zweite Hälfte des 15. Jahrhunderts fallen die Wandmalereien, die Passionsszenen zeigen. Eine alte Muttergottes (um 1500) vervollständigt die Ausstattung.

Unterhalb liegt malerisch das ehemalige Pfarrhaus, das zu den ältesten (1682) des Westerwaldes gehört. Es ist heute Bestandteil eines modernen Gebäudekomplexes (Abb. 97).

Oberhalb von Kirchähr liegt **Gackenbach,** dessen neugotische Kirche (1879) einen wertvollen Flügelaltar enthält. In der Mitte steht ein Vesperbild, die (jetzigen) Innenseiten der Flügel tragen Gemälde mit dem hl. Antonius Abbas und der hl. Margaretha, deren Stil sie als mittelrheinisches Kunstwerk (um 1480) ausweist. Kruzifix und Heiligenbildnisse gehören dem 18. Jahrhundert an, wie auch die alten Fachwerkhäuser im Dorf.

Die Kapelle in **Horbach** (18. Jh.) soll angeblich einen älteren Vorläufer aus dem 17. Jahrhundert gehabt haben. Sie enthält eine schöne Figur des hl. Laurentius (18. Jh.). Im Dorf blieben einige alte Fachwerkhäuser (18. Jh.) erhalten.

Esterau

Der Ort Isselbach zwischen Kirchähr und Wirzenborn bildete mit **Eppenrod** eine Vogtei der Grundherrschaft Esterau. Gleich am Ortseingang empfängt uns die *Kirche,* von

Holzappel, nach einem Stich des 19. Jh.

der Westturm und Chorjoch romanisch oder spätromanisch sind, während das Schiff im 18. Jahrhundert neu errichtet wurde. Aus dieser Zeit stammen auch die Emporen und die wappengeschmückte Orgel des mit einer Spiegeldecke versehenen Innenraumes. Im Dorf gibt es einige alte Fachwerkhäuser.

Der Hauptort der Esterau, **Holzappel,** hieß bis 1688 Esten. Nassau-Hadamar verkaufte die Herrschaft 1643 an den Feldmarschall Peter Melander, der daraufhin zum Reichsgraf von Holzappel erhoben wurde, womit der Wechsel des Ortsnamens und die Erhebung zur Stadt verbunden waren.

Das sogenannte Melanderhaus, ein dreistöckiger Fachwerkbau mit Dachreiter (17. Jh.), erinnert an den Reichsgrafen. Ihm wird der vollmundige Ausspruch, der auf Prinz Moritz von Oranien zurückgeht, zugeschrieben, er sei ein Westerwälder, und das sei soviel wie zwei Deutsche!

Nahebei wird im ›Goethehaus‹ beim Bärenbrunnen (1734) das Andenken an den Besuch des großen Dichters wachgehalten. Hier am Markt wie an der Hauptstraße stehen noch alte Wohnhäuser (17. u. 18. Jh.), die aber oft durch Putz oder Umbauten viel von ihrem ursprünglichen Charakter eingebüßt haben.

Feldmarschall Peter Melander wurde nach seinem Tod (gest. 1648) in der Kirche beigesetzt. Von dem hölzernen Grabmal (um 1670) sind Teile erhalten. Der jetzige klassizistische Saalbau wurde 1824/25 errichtet und ausgestattet. Hier ist auch die Grabstätte von Melanders Tochter Charlotte. Nach ihr ist der benachbarte Ort Charlottenberg benannt, den die Fürstin 1699 für Glaubensflüchtlinge gründete.

Wertvoller ist die Kirche (1739) von **Dörnberg**, die in der Bauzeit eine ansprechende Einrichtung erhalten hat, unter der die schmucke Kanzel hervorsticht.

Am Rande der Esterau baute ein edelfreies Geschlecht auf einem Berg über der Lahn die **Laurenburg**, von der wir 1093 oder 1117 Kunde erhalten. Wir stehen hier an der Wiege jenes mächtigen Geschlechtes von Nassau, das so nachhaltig die Geschicke des Westerwaldes mitbestimmt hat! Als Peter Melander die Esterau übernahm (1643), war die Burg schon verfallen. Zu sehen ist noch der fünfeckige Hauptturm, dessen Spitze gegen die Hauptangriffsrichtung gekehrt ist und in dieser Bauweise an den – allerdings dreieckigen – Turm der Burg Grenzau erinnert. Über der Wehrplatte erscheint als niedriger Rundturm eine Wendeltreppe. Die westlichen Ecken sind zusätzlich mit zwei kleinen Rundtürmchen bewehrt.

An ihrem Fuß stand ein Burghaus der Löner von Laurenburg, das die Fürsten von Anhalt-Bernburg-Schaumburg Ende des 18. Jahrhunderts in ein Schlößchen umwandelten. Die schlichte Anlage besteht aus drei Gebäudeflügeln, deren mittleren zum Hof hin zwei einachsige Giebelrisalite gliedern.

Von Holzappel kann man die Lahn auch über **Geilnau** erreichen, das durch seine 1790 gefaßte Mineralquelle bekannt geworden ist. Das Brunnenhaus liegt in einer Achse zum ehemaligen Waldeck'schen Jagdschloß (1797). Wohl im 17. Jahrhundert entstand die evangelische Kapelle mit bescheidener Einrichtung im Barockstil.

An der Ahr

Der Ahrbach ist einer der Quellbäche des Gelbaches. Ab Montabaur bestimmt die B 255 unsere Reiseroute.

In der Kirche von **Boden** befinden sich zwei bemerkenswerte Heiligenfiguren (Maria und Joseph) aus der ersten Hälfte des 18. Jahrhunderts. Älter ist die Muttergottesstatue (17. Jh.) in der Kirche in **Ruppach-Goldhausen**, deren moderner Bau noch eine alte Tür (17. Jh.) besitzt.

Zwischen beiden Orten liegt der *Hof Langwiesen* (Farbt. 17). Das Gelände verrät, daß der Hauptbau ursprünglich ein Wasserschlößchen gewesen ist. Dicke Rundtürme flankieren die vier Ecken des rechteckigen Hauses, vor dessen nördlicher Langseite ein Treppenturm (bez. 1608) steht. Etwas jünger sind Scheune (bez. 1750) und Stallungen. Aus einer Nische in der Scheunenwand blickt eine Heiligenfigur (18. Jh.) über den Hof.

Langwiesen gehört zu **Meudt.** Das *Rathaus* (bez. 1596) ist wohl das älteste seiner Art im Westerwald. Typisch für die Gegend ist das geschweifte Zwerchhaus an dem zweistöckigen Giebelbau.

Von der alten *Pfarrkirche* ist nur noch der romanische Turm erhalten, während der basilikale Neubau aus unserem Jahrhundert stammt. Eine Gruppe von vier barocken Heiligenfiguren und ein nur wenig älteres Vesperbild (18. Jh.) stellen eine besondere Zier des Inneren dar. Interessant sind auch die Wappengrabsteine der Freiherren von Esch, von denen einer die Jahreszahl 1685 trägt. Ausdrucksstark ist auch der Korpus des Friedhofkreuzes (18. Jh.).

Auf der Weiterfahrt über die Dörfer ›an der Ahr‹ überqueren wir die ›Hohe Straße‹. Die zu deren Sicherung einst eingerichtete Burg Hartenfels wachte auch über eine ostwärts ziehende Straße nach Haiger, die 1300 urkundlich Erwähnung findet. In ihrem Zuge lag **Himburg,** ein Ortsteil von Rothenbach, aber älter als dieses. Oberhalb bestand eine karolingische Straßenfeste, die sogenannte Hermannsburg. Das Dorf besitzt ein altes Fachwerkhaus von 1696 mit vorgebauter Laube.

Die *Kirche* (1751) von **Wölferlingen** verdient eine Hervorhebung wegen ihrer Sonderstellung innerhalb der Westerwälder Barockbauten, die sie wohl Einwirkungen süddeutscher Bautradition verdankt. Es handelt sich um einen großen Saalbau mit Ostturm, den breite Ecklisenen und eine hohe Zwiebelhaube schmücken. Im Innern befinden sich eine bemerkenswerte Orgel (um 1800) und eine Bestuhlung mit alten Wangen.

Die neue *Kirche* (1922–24) von **Langenhahn** verdient wegen ihrer Innenausstattung einen Besuch. Hoch- und Seitenaltäre (1719) sind Werke des Johannes Schryer und gelangten von Niederselters hierher. Das Hochaltargemälde mit der Himmelfahrt Mariens ist eine Zutat. Die Gemälde der Seitenaltäre zeigen Maria (Immaculata) und Joseph. Die Kanzel (um 1720) trägt eine Figur des Guten Hirten. Bemerkenswert ist ein älteres, unvollständiges Relief der Himmelfahrt Christi (um 1500). Auf dem Friedhof steht eine romanische Kapelle, deren Schiff später nach Westen erweitert worden ist.

Das Dorf **Bellingen** hat einige alte Fachwerkhäuser vorzuweisen, darunter eines mit fränkischem Erker (1637). Unterhalb führt die moderne Nistertalstraße direkt nach Hachenburg.

Rotenhain hieß früher ›Rotzenhahn‹ und stand mit diesem ungewöhnlichen Namen in einer Reihe mit ›Kackenberg‹ oder ›Kotzenroth‹. In falscher Scham haben Sprachreiniger die originellen Namen durch – wie sie meinten – feinere ersetzt. Manchmal erwiesen sie – wie hier – eine glückliche Hand. (Mitunter kamen aber landschaftsfremde Wortbildungen wie ›Rosenheim‹ oder ›Waldbrunn‹ dabei heraus.)

Die barocke *Kirche,* deren Anfänge bis in das 11. Jahrhundert zurückreichen, entstand 1743, Chor und Westteil wurden 1938/39 neu aufgeführt. Ein Beichtstuhl blieb aus der Bauzeit erhalten.

Die *Kirche* von **Nistertal-Büdingen** bezog ihre Ausstattung von auswärtigen Kirchen. Aus Burgbrohl kommen der Hochaltaraufsatz und die beiden Nebenaltäre (1715), aus Merzig/Saar stammt die Kanzel (18. Jh.). Von besonderem Wert sind ein Relief der Hl. Familie (18. Jh.) und die Plastiken aus der Hadamarer Schule.

Langenhahn, Friedhofskapelle

Die Schnellstraße soll uns wieder zurück zu unserer Hauptroute führen, wo schon bald der Kirchturm von **Höhn** grüßt. Der Ort besaß schon im Mittelalter eine gewisse Mittelpunktfunktion; bereits 1100 war er Pfarrort. Wohl an einem Schnittpunkt alter Wege steht ein inschriftloses Steinkreuz, dessen Bedeutung unklar ist. Sehenswert ist die Kirche, in der sich Alt und Neu glücklich verbinden.

An die moderne *Kirche* schließen sich seitwärts als Seitenkapellen die Chöre des Vorläuferbaues an. Dieser war eine Hallenkirche (nach 1462). Ihr Hauptchor ist heute die größere der beiden Seitenkapellen, die ein Sterngewölbe mit Vierpaß-Schlußstein aufweist. Die spätgotische dekorative Ausmalung konnte größtenteils restauriert werden. Die kleinere, kreuzgratgewölbte Kapelle ist spätromanisch und war in der vorerwähnten Kirche nördlicher Seitenchor. Zur alten Einrichtung gehören eine Bischofsfigur (16. Jh.), eine Muttergottes (gegen 1700) und ein Relief aus einem Barockretabel (18. Jh.).

Weniger fürsorglich handelte man in **Pottum**, als man zugunsten eines Neubaues (1927) die alte barocke Kapelle abgerissen hat, aus der nur eine Muttergottesfigur (18. Jh.) gerettet werden konnte.

Unsere Straße zieht weiter nach Rennerod, kreuzt hier die ›Mainzer Straße‹ und trifft nördlich auf die ›Leipziger Straße‹.

Die Mainzer Straße

Die alte Straße vom Taunus über Limburg ins Siegerland mag noch andere Namen getragen haben. Sie dürfte einer der Wege gewesen sein, über die Kurmainz Kontakt mit seinen Besitzungen hielt, auf denen aber auch die Produkte des Siegerlandes als Handelsware an Rhein und Main gelangten. In diesem Kapitel ist mit der ›Mainzer Straße‹ eine Reiseroute gemeint, die durch den Verlauf der B 54 bestimmt wird.

Heute fließt der Verkehr aus dem Limburger Becken nach Norden und Nordwesten über die ›Lange Meil‹ (B49) bis Ahlbach, wo sich die Straßen trennen. Der ältere Weg folgte mehr den Ortsverbindungen entlang dem Elbbach. Wir benutzen zunächst die Nebenstraßen.

Der Limburger Ortsteil **Offheim** besitzt noch heute einige alte Fachwerkhäuser (17. Jh.). An der Kirche ist nur der romanische Westturm alt.

Hadamar

Außerordentlich sehenswert ist **Hadamar** (Farbt. 7). Zweimal war die Stadt Residenz der Grafen von Nassau-Hadamar (1303–1394 ältere, 1607–1711 jüngere Linie). Segensreich für Stadt und Land wirkte sich die Herrschaft der jüngeren Linie aus. Johann Ludwig von Nassau-Hadamar trat in Wien bei den Friedensverhandlungen nach dem Dreißigjährigen Krieg hervor, so daß er als erster nassauischer Graf gefürstet wurde (1650). Die Fürstenfamilie starb im 18. Jahrhundert aus.

Während der Reformation hatte die Stadt die neue Lehre angenommen (1535), wurde aber 1629 katholisch. Damals (1540) verwüstete eine Feuersbrunst die mittelalterliche Stadt. Um 1600 begann man, einen neuen Plan zu realisieren, der zwei rechteckige Marktplätze als Mittelpunkte der Anlage vorsah.

Aus dem Mittelalter ist noch die ›*Totenkirche*‹ überliefert. Der spätgotische Bau war zeitweise Stiftskirche (bez. 1483), dann Pfarrkirche. Ihr Baubeginn liegt vor 1379. Um 1450 wurde sie erweitert und nach umfassender Restaurierung (1597–1602) unter dem Chorfußboden die Fürstengruft angelegt (1624). Die dreischiffige Hallenkirche hat fünf Hauptjoche, die in den Seitenschiffen beiderseits des Westturmes um ein sechstes ergänzt werden. Die Pfeilerkapitelle sind mit Blattmustern und figürlicher Zier ausgestattet, wie auch die Konsolen der Außenwände figürlichen Schmuck tragen. Wirkungsvoll sind die Maßwerke der Fenster, die fast durchgehend einheitliches Fischblasenmuster aufweisen.

Von der Innenausstattung verdienen der Hochaltar (18. Jh.) und die Seitenaltäre (17. Jh.) Beachtung, ferner die Kanzel (1743), die Figur der hl. Apollonia (um 1750), das Gestühl (18. Jh.) und mehrere Grabdenkmäler, unter denen ein Epitaph mit den Heiligen Heinrich und Elisabeth und dem Gekreuzigten (1724–29) herausragt.

Alles übrige entstand beim Neubau der Stadt, wenn man von Resten der Stadtbefestigung (nach 1324) absieht.

Das imposante *Schloß* geht auf einen mittelalterlichen Hof (Grangie) des Klosters Eberbach zurück, den 1323 Graf Emich I. von Nassau-Hadamar kaufte und in eine Wasserburg verwandelte. Zwar schritt man nach der Brandkatastrophe zum Wiederaufbau, der aber erst unter Graf Johann Ludwig und seinen Baumeistern, M. Johann Hederich Sprenger (bis 1616) und Joachim Rumpf, in den Jahren von 1612 bis 1629 in eine völlig neue Richtung gewiesen wurde.

Das Hauptschloß bildet eine hufeisenförmige Anlage mit nach Westen offenem Ehrenhof. Wenn auch im Kern noch spätgotisch, so bietet sich der Bau in einheitlichem Renaissancestil dar. Das dreigeschossige Gebäude hat große Kreuzstockfenster, seine Dächer werden durch Zwerchhäuser mit Rollwerkgiebeln belebt. Am Nordflügel befinden sich hofseitig zwei Treppentürmchen, außen ein achteckiger Turm. Dem Südflügel ist ein hoher gleichfalls achteckiger Treppenturm angegliedert, der von einem zweistöckigen Haubenhelm mit kleiner Laterne bekrönt wird. Über dem von Rustikapilastern flankiertem Hofportal des Südflügels stellt ein Alabasterrelief den Grafen Johann Ludwig vor.

Hadamar, Gußplatte

Hadamar, Holzschnitzerei der Rathausvorhalle

Im Innern werden außer mittelalterlichen Kellerräumen die ehemalige Schloßküche und vor allem die Schloßkapelle, die seit 1791 als evangelische Pfarrkirche dient, Aufmerksamkeit finden.

Die übrigen Räume des Südflügels haben zum Teil prunkvolle Stuckdecken, unter denen die meisterhaften Arbeiten aus der Werkstatt Eugenio Castellis (1705–10) durch ihre Eleganz bestechen. Die Kreuzgewölbe im Balkonzimmer des ersten Geschosses tragen Malereien.

Zum Schloß gehört eine Reihe von Nebengebäuden. Im Süden ist noch ein Teil des früheren Marstalles (1619–25) erhalten. Etwas weiter befindet sich der sogenannte Fohlenhof aus der gleichen Bauzeit. Nördlich vom Hauptschloß ließ Fürst Franz Bernhard den ›Neuen Bau‹ (1694), das spätere Amtsgericht, errichten.

Die Rekatholizierung des Herrscherhauses wirkte befruchtend auf die kirchliche Bautätigkeit. Jesuiten gründeten 1630 ein Kollegium. Der Laienbruder Franz Pfisterer baute dazu 1753–55 die *Kirche St. Johann von Nepomuk,* heute katholische Pfarrkirche (Abb. 103). Es handelt sich um einen durch Pilaster gegliederten Saalbau, an den 1898 noch der Westturm angebaut wurde. Die Spiegeldecke wird von Schmuckkartuschen gesäumt und trägt zwei Deckengemälde, die den Tod des Johann von Nepomuk und die Himmelfahrt Mariens darstellen. Drei Altäre, Kanzel, Beichtstühle, Orgel, Taufstein und ein Vesperbild stammen aus der Bauzeit. Südlich der Kirche bilden die beiden dreistöckigen Flügel des ehemaligen Kolleggebäudes (1750–60) einen Ehrenhof.

Westlich des Elbbaches erhebt sich das ehemalige *Franziskanerkloster* (1632–1816). Dessen Kirche (1658–66) entspricht ganz dem Typ, den die Bettelorden bevorzugten: einschiffig und lediglich von einem Dachreiter überragt. Unter dem Chor ruhen in den 31 Särgen der Fürstengruft die Herrscher des Hauses Nassau-Hadamar.

Die *Kapelle* auf dem Herzenberg war 1675 zunächst nur als achteckiger Zentralbau fertiggestellt worden. Später setzte man das länglich-achteckige Schiff an. Bald darauf wurde der schöne Hochaltar mit seinen gedrehten Säulen aufgestellt. Die Madonna stammt aus dem 15. Jahrhundert.

Das prächtige *Rathaus* (seit 1818) entstand 1638 als privates Wohnhaus! Die reichen Schnitzereien am Erker und an der Treppenlaube (1643 ergänzt) machen es zu einem der schönsten Fachwerkbauten im Westerwald.

Auch in der Borngasse und Schulstraße stehen Häuser in alter Pracht mit wunderschönem Schnitzwerk im Gebälk oder am Portal (Abb. 102). Der Neumarkt mit seinen Pflastersteinen, dem Brunnen (1732) und den Häuserfronten strahlt noch etwas von dem Flair der einstigen Kleinresidenz aus.

In Hadamar-**Niederzeuzheim** treffen wir bei der *Pfarrkirche St. Petrus* die häufig wiederkehrende Bausituation, bei der von einer alten romanischen Kirche der Westturm erhalten blieb, während Schiff und Chor im 18. Jahrhundert neu aufgeführt wurden. Von der Inneneinrichtung sind vor allem die Statuen des Hochaltars und der Seitenaltäre ganz hervorragende Kunstwerke der ›Hadamarer Schule‹. Etwas früher entstand der sechseckige Zentralbau der kleinen Kreuzkapelle (1706–11).

Die Weiterfahrt geht über Dornburg-**Thalheim** mit schönen Fachwerkhäusern (um 1700) nach Dornburg-**Dorndorf**, wo man die Mauern eines alten Burgturmes in den Kirchenneubau des 19. Jahrhunderts mit einbezogen hat.

In Dorndorf-**Frickhofen** ist von der einstigen Barockkirche, abgesehen von Turm und Chor, nur die bedeutende Inneneinrichtung erhalten: Hoch- (Abb. 105) und Seitenaltäre (1735–50), Kanzel und Beichtstühle sowie ein älterer Taufstein (1653). Bürgerstolz äußert sich in dem wertvollen alten Rathaus (17. Jh.) und in dem erkergeschmückten Fachwerkhaus in der Egenolfstraße (1732).

Der Name der heutigen Großgemeinde **Dornburg** lenkt unseren Blick weit zurück in die Vor- und Frühgeschichte. Teile des gleichnamigen Berges stehen unter Naturschutz, weil sein Plateau Reste einer großzügigen keltischen Wallanlage trägt.

Der gegenüberliegende Blasiusberg (Blesberg) war wohl früher eine heidnische Kultstätte. Schon 1231 ist hier eine *Kirche* bezeugt. Sie war eine kleine spätromanische Pfeilerbasilika (Anfang 13. Jh.), die nach einem Brand 1868–70 weitgehend im alten Stil neu aufgebaut worden ist. Sie birgt einen schönen Hochaltar im Knorpelstil, einen Seitenaltar mit einer Pietà und zwei Chorstühlen.

Wer der Bundesstraße (B 54) nach Norden folgt, kann in Elbtal-**Hangenmeilingen** ein Fachwerkhaus mit schönem ländlichen Schnitzwerk (1761) bewundern. Spätestens bei Elbtal-**Dorchheim** wird er aber zu einer Ortsbesichtigung die Schnellstraße verlassen müssen.

Dorchheim

Die neben der neugotischen Pfarrkirche leicht zu übersehende *Friedhofskapelle* (12. Jh.) ist eine kunstgeschichtliche Kostbarkeit. Der mittelalterliche Bau bestand ursprünglich aus einem tonnengewölbten Chor, einem flachgedeckten Hauptschiff gleicher Breite und einem nördlichen Seitenschiff. Letzteres wurde im 16. Jahrhundert abgebrochen. Damals brach man in die Südwand zwei Portale und zwei Spitzbogenfenster, deren spätgotisches Maßwerk sehr zartgliedrig wirkt. Außerdem wurde eine neue Flachdecke eingezogen, die auf Wandstreben und zwei Mittelpfeilern ruht. Die Köpfe der Heiligen und Unholde sind eingeschnitzt, im Rankenwerk tummeln sich Drachen. Anders als die phantastischen Holzschnitzereien bieten die Wandgemälde aus dem späten 15. Jahrhundert ein klares Bildprogramm mit Szenen aus der Apokalypse, dem Leiden Christi, dem Jüngsten Gericht und dem Leben von Heiligen. Der Untersatz des Hochaltars ist mittelalterlich, die Kanzel von 1734.

Das jetzige *Rathaus* war ursprünglich ein Hof (Grangie) des Klosters Marienstatt bei Hachenburg und ist ein Beispiel guterhaltener zisterziensischer Klosterhöfe des 18. Jahrhunderts. Im Untergeschoß des 1702 fertiggestellten Bauwerks befand sich eine Kapelle. Das Obergeschoß ist eine Fachwerkkonstruktion mit einem steilen Walmdach. Das Haus wird von einem zweigeschossigen Erker flankiert. Gute Holzarbeiten sind die alte Haustür und die freistehende Wendeltreppe.

Auch im benachbarten Elbtal-**Elbgrund** stößt der Reisende wieder auf eines der vielen Zeugnisse feudaler Herrschaft früherer Zeiten. Zu Waldmannshausen gehören eigentlich vier Gebäude. Von der mittelalterlichen Burg sind nur Ruinen vorhanden. Sie ist Stammsitz von Waldboten der Grafen von Diez. Der Hof (heute Schullandheim) mit Burghaus war Sitz der 1136 erstmals bezeugten Adelsfamilie von Waldmannshausen. Der eigentliche Hof ist ein dreigeschossiger spätgotischer Bau mit hohen Giebeln, einem Rundturm in der Mitte und zwei Ecktürmchen. Während unten noch gotische Fenster vorhanden sind, wurden die Obergeschosse wie das Innere um 1800 umgestaltet. Damals entstand auch das stattliche Wirtschaftsgebäude. Schließlich gehörte der Nachbarhof, dessen Herrenhaus 1790 errichtet wurde, einst zum Lehenhof.

Südwestlich der Großgemeinde Elbtal, zu der die zuletzt beschriebenen Orte gehören, erstreckt sich der bewaldete Höhenzug des *Heidenhäuschens* (398 m). Nördlich davon liegen die Ortschaften der Großgemeinde *Waldbrunn,* deren Name für die hiesige Landschaft ein sprachliches Unding ist.

Geschichtlich bildete dieser Raum einen eigenen Amts- und Landgerichtsbezirk, der aus vier Zehntbezirken bestand. Die letzten Gaugrafen des fränkischen Niederlahngaues waren zugleich die ersten Grafen von Diez. Wichtigster Ort ist **Ellar,** das die Diezer 1337 an Nassau-Hadamar abtraten und das 1367 an Katzenelnbogen kam. Schon 1372 erhielt der Ort Stadtrechte, verlor aber dennoch nie seinen rein dörflichen Charakter. Diesem Sachverhalt begegnen wir mehrfach im Westerwald.

Steinbach, Kapelle

Ellars Bedeutung hängt mit seiner Lage in Nähe der alten Fernstraßen zusammen. Die Burg Ellar, erstmals 1323 erwähnt, diente als Straßensicherung. Sie lag zwischen zwei Zügen unserer ›Mainzer Straße‹. Wir dürfen nicht vergessen, daß wir uns mit dem Ausflug in das Tal des Elbbaches von der alten Straßenführung weit entfernt haben! Diese zog von Limburg bis Hadamar-**Steinbach**, wo neben mehreren Fachwerkhäusern (um 1700) auch die Muttergottes-Kapelle (1702) mit dem Altar der Vierzehn Nothelfer Aufmerksamkeit verdient. Dann gabelte sich die Straße, um in zwei Zügen beiderseits Ellar nordwärts ins Siegerland zu führen.

Die romanisierende *Pfarrkirche* enthält einen barocken Hochaltar (1720) des Kirchenpatrons St. Maximin. Er wurde 1863 aus Kiedrich hierher gebracht. Ein besonderes Schmuckstück ist die spätgotische Madonna darauf. Nur der rechte Seitenaltar, auf dem sich eine Statue des Kirchenpatrons (mit dem Bären) befindet, stand von Anfang an in Ellar, und zwar in der 1843 abgerissenen St. Maximinus-Kapelle.

Die 1756 umgestaltete Kapelle im Ortsteil **Hintermeilingen** behielt in Schiff und Chor spätgotischen Charakter, was für ihr Alter spricht (1590 erwähnt). Dagegen ist die alte *Pfarrkirche St. Johannes* in Waldbrunn-**Lahr** noch weitgehend einheitlich in ihrer spätgotischen Form überliefert (13. Jh.). Die dreischiffige Pfeilerbasilika wirkt mit ihrem beinahe quadratischen Chor, den schmucklosen Pfeilern und dem hohen Turm südlich neben dem Chor schlicht, wenn nicht gar etwas roh. Aus alter Zeit stammt das spätromanische Taufbecken, das ein Bogenfries mit Lilienornamenten ziert.

Die für unsere Reise richtungsweisende Bundesstraße 54 berührt in Dornburg-**Langendernbach** einen uralten, schon 879 urkundlich erwähnten Ort. Vielleicht war die vorbeifführende ›Mainzer Straße‹ mit ein Grund, daß sich hier auffallend viele Herrenhöfe befanden. Einer von ihnen verbirgt sich hinter dem bezeichnenden Namen des Hotels ›Hofhaus‹, das eigentlich der alte *Volenhof* ist. Der zweiflügelige Bau (1556) wird von einem runden Treppenturm mit Haube überragt, der zwischen die rechtwinklig aufeinanderstoßenden Flügel gestellt ist. Das Obergeschoß ist aus Fachwerk. An einem der Giebel befindet sich auf Holzkonsolen ein zweistöckiger Erker. Auch sonst besitzt der Ort noch einige schöne Fachwerkhäuser, von denen eines in der Kirchstraße einen fränkischen Erker und Schnitzereien symbolischen Inhalts aufweist (1717).

Bei Langendernbach tritt der Elbbach nahe an unsere Reiseroute heran. Er lädt ein, die ›Mainzer Straße‹ zu verlassen und einen kurzen Abstecher entlang seinem Oberlauf zu unternehmen.

In **Willmenrod** sehen wir eine Pfarrkirche vom Ende des 19. Jahrhunderts, deren alter Turm erhalten blieb. Zwei barocke Putten (18. Jh.) beleben die Orgel. Das stattliche Pfarrhaus (1765) wurde leider abgebrochen. Reste des mittelalterlichen Burghauses der Adligen von Willmenrod stecken im Stallgebäude. Die Pfarrscheune von 1731 mit gutem Fachwerk ist jetzt Kirchengemeindezentrum. Am Fuß des Burgberges von **Weltersburg** fällt das Reifenberger (›Brambacher‹) Schlößchen auf (Abb. 50).

Guckheim scheint nur mit modernen, aber in erfreulicher Weise gelungenen Bauten dienen zu können, doch bergen sowohl Pfarrkirche als auch Friedhofskapelle je zwei schöne Madonnenbilder (18. Jh.), wobei letzteres samt den beiden Engelfiguren der Hadamarer Schule entstammt.

Bei **Härtlingen** stößt man auf zwei repräsentative alte Hofanlagen, wie sie im Westerwald mit seiner Kleinbauernwirtschaft sonst nicht sehr häufig sind. Während die Fachwerkbauten von Hof *Witzelbach* erst dem 18. Jahrhundert angehören, wird das stattliche Hofhaus von Hof *Westert* durch Jahreszahlen an Kellertür und Obergeschoß auf 1568 und 1572 datiert. Etwa hundert Jahre später wurde der seitliche Anbau hinzugefügt. Leider sind die Fachwerkschnitzereien ziemlich in Unstand.

In **Kölbingen** besitzt der Ortsteil **Möllingen** eine Kapelle (jetzt Kriegergedächtnisstätte) von 1728, die aber weit übertroffen wird von der Friedhofskirche im Ortsteil **Schönberg**, deren Saalbau (1714) noch gotische Elemente bewahrt hat, etwa die Rippen im hölzernen Tonnengewölbe. Auch hier stößt man auf Spuren alter Adelshöfe.

Das ›Trierische Land‹ um Westerburg war lange eben nur nominell trierisch, während sich die Grafen von Westerburg und andere Grundherren ein gut Stück Unabhängigkeit sichern konnten. Mit der Annahme der Reformation war der Bruch mit dem katholischen Trier endgültig vollzogen.

Westerburg

Wo Hüls- und Seebach den Schafbach zuwege bringen, hatten schon die Kelten eine Fliehburg. Im 12. Jahrhundert residierten hier Vögte des benachbarten Stiftes Gemünden. Die Herren von Runkel brachten die Siedlung in ihren Besitz, und 1288

70 BAD MARIENBERG Evangelische Pfarrkirche

◁ 69 SCHLOSS FRIEDEWALD

71 BAD MARIENBERG Romanischer Taufstein

72 DAADEN Inneres der Kirche

73 WAIGANDSHAIN Rathaus

74 Landschaft im Hohen Westerwald

75 MADEMÜHLEN Kirche

76 HERBORN Bast'sches Haus, Eckträger und Schnitzwerk

77 DONSBACH Fachwerk mit Inschrift

78 HERBORN Bast'sches Haus

BAST

80 DILLENBURG mit Wilhelmsturm

79 HERBORN Rathaus

82 NANZENBACH
81 DILLENBURG Wilhelmstraße
83 HOHENSOLMS

84–86 BALLERSBACH Fresken, 15. Jh.

87 MONTABAUR St. Peter in Ketten

88 MONTABAUR St. Peter in Ketten, Innenansicht

89 MONTABAUR Fachwerkschnitzerei, Hinterer Rebstock

90 MONTABAUR Schloß, Deckengemälde

91 MONTABAUR Galerie an der Vorburg

94 NIEDERHADAMAR

92 PÜTSCHBACH Alte Kirche

93 WIRZENBORN Eingang zur Kapelle

96 NASSAU Stein'sches Schloß

97 KIRCHÄHR Ehemaliges Pfarrhaus (›Karlsheim‹)

95 NASSAU Rathaus (Adolzheimer Hof)

98 MAXSAIN Haus Sahm

99 MEUDT Altes Rathaus

100 NISTERTAL-BÜDINGEN Madonna

101 NISTERTAL-BÜDINGEN Kanzel

Westerburg, Schloß, Vorhalle und Kapellentür

nannten sie sich Herren von (Runkel)-Westerburg. Vier Jahre später erhielt der Ort Stadtrechte. Das Herrscherhaus spaltete sich in mehrere Linien auf.

Als Kreisstadt erlangte Westerburg zeitweilig (1887–1974) größere Bedeutung, die möglicherweise noch durch die Rolle als Eisenbahnknotenpunkt übertroffen wurde (Farbt. 44). Die 1906/07 errichtete Brücke ist fast zu einem Wahrzeichen für die Stadt geworden und mit 267 m Länge und 31 m größter Höhe ein technisches Baudenkmal. Im Krieg lenkte sie aber leider feindliche Luftangriffe auf die Stadt, die dabei zur Hälfte zerstört wurde.

Das äußerlich form- und schmucklose *Schloß* der Grafen von Leiningen-Westerburg birgt überraschenderweise in seinem Innern wertvolle spätromanische und gotische Räume. Als Privatbesitz kann die Anlage nicht besichtigt werden!

Östlich vom Schloß erinnert noch der Stumpf eines Rundturmes an die Burg der Gemündener Vögte. Beiderseits der Durchfahrt durch den Ostflügel befinden sich eingewölbte Räume, die zum Teil romanische Architekturdetails (Kämpfer) zeigen. Die ehemalige Burgkapelle über dem nördlichen Raum ist flachgedeckt, hat aber zwischen zwei zierlichen Säulchen eine kleine Nische für den Altar. Von einer Vorhalle über der Tordurchfahrt betritt man durch ein reich profiliertes Portal die Kapelle, wobei man unter zwei liegenden Löwen hindurchgeht. Eine vierteilige Fenstergruppe gestattet einen Blick in den Burghof.

Aus späterer Zeit stammt der Erkerraum an der Südostecke der Burg mit seinem dekorativen Stuck (18. Jh.). Von beträchtlicher Wirkung ist der Saal im Westflügel, dessen Netzgewölbe Vierpaßschlußsteine mit zum Teil figürlichem Schmuck aufweisen. Der Kamin wird von einer Halbfigur mit Wappen sowie Getier (15. Jh.) geschmückt.

Von den Wohnbauten im Stadtbereich verdient das Burgmannenhaus der Adligen von Irmtraut in der Steinkaute besondere Hervorhebung, weil das barocke Fachwerk noch auf mittelalterlichen Grundmauern ruht. Zwei Burghäuser (angebl. 15. Jh.) und einige Fachwerkhäuser (17./18. Jh.), etwa in der Kirchgasse, haben die Verwüstungen des Krieges mehr oder weniger gut überstanden.

Zum Schloß gehört auch die evangelische *Pfarrkirche.* Mit dem Bau der dreischiffigen Hallenkirche wurde 1516 begonnen. Wie der erhöhte Chor, unter dem sich eine Gruft befindet, andeutet, war die Kirche als Grablege der Westerburger Grafen bestimmt, die vorher in Gemünden beigesetzt worden waren. Drei Bildnisgrabsteine sind von 1580, 1584 und 1597, von denen einer die Signatur HRH (= Hans Ruprecht Hoffmann) trägt.

Die katholische *Wallfahrtskirche* außerhalb der Stadt auf dem Reichenstein ist einer älteren, seit dem 17. Jahrhundert verfallenen nachempfunden. Das dort verehrte Vesperbild (1430) ist nicht das alte ›Gnadenbild‹. Dieses, eine thronende Muttergottes, steht heute in der modernen Kirche in der Stadt.

Nur 3 km östlich von Westerburg liegt bescheiden das Dorf **Gemünden,** das eine der größten Kostbarkeiten des Westerwaldes besitzt, die ehemalige *Stiftskirche St. Severus.* Bereits um die Mitte des 9. Jahrhunderts hat hier Graf Gebhard vom Niederlahngau ein geistliches Stift gegründet, dessen Kirche 879 geweiht wurde, das schon im 10. Jahrhundert Reichsstift war. Der überlieferte Bau ist allerdings erst um 1100 neu angelegt und nach einer Feuersbrunst seit 1510 im Langhaus verändert worden, wobei er den Charakter einer Stufenhalle erhielt. Die damals eingezogenen Gewölbe hat man jüngst (1971–73) entfernt, um den alten romanischen Grundzug im Verfolg umfangreicher Renovierungsarbeiten weitestmöglich wiederherzustellen.

Strenge Formen und Abmessungen kennzeichnen das bedeutende Bauwerk. Die dreischiffige Pfeilerbasilika besitzt ein einfaches Querhaus, einen quadratischen Chor und (eigentlich) zwei Westtürme, von denen nur der nördliche vollendet ist. Ursprünglich war die Wirkung von Querhaus und Turmanlage sicherlich stärker, weil bis

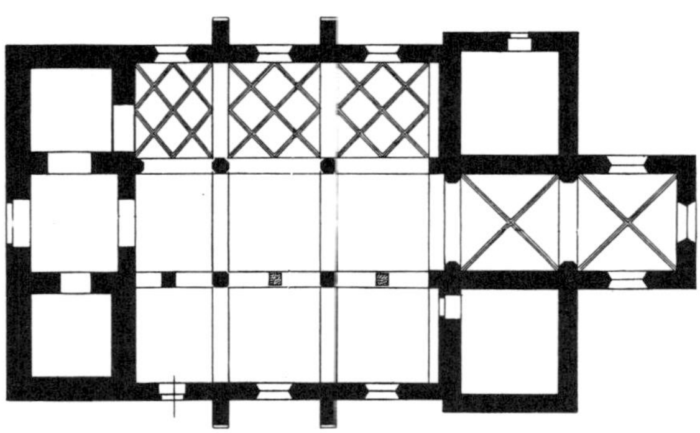

Gemünden, Pfarrkirche, Grundriß

Gemünden, Pfarrkirche

etwa 1510 die Seitenschiffe noch nicht so breit waren. Auch das Netzgewölbe im nördlichen Querschiff will nicht so recht in das monumentale Bild der alten Architektur passen. Ebenso steht das gotische Maßwerkfenster (14. Jh.) des Chores in einem gewissen Widerspruch zu den romanischen Fenstern im zum Teil noch ursprünglich befensterten Obergaden.

Im Innern überraschen die für ein romanisches Bauwerk ungewöhnlich hohen Ausmaße (Abb. 107). Die Wandmalereien im Chor und Querhaus konnten teilweise renoviert werden. Stil und Motive der Ornamente (Mäander) und Malereien (Deesis) künden sowohl von romanischem wie gotischem Kunstschaffen. Der Rest des Chorgestühls (14. Jh.) erweist sich durch die Gestalt seiner Armknäufe und die Profilierung der Wangen als rheinisches Schnitzwerk, das in den Gestühlen der Klöster Marienstatt und Arnstein (Lahn) Parallelen besitzt. Spätmittelalterlich (15. Jh.) sind ein Kruzifixus und eine Statue des Kirchenpatrons St. Severus. Im Barock wurde die an der Brüstung prächtig bemalte Westempore mit einer Herrenloge eingebaut. Um 1780 schuf Johann Conrad Bürgy aus Bad Homburg die Orgel.

Dem Nachbarort **Seck** haben die Konradiner (wohl vor 879) eine *Kirche* gestiftet. Der jetzige Bau der Kirche steht auf den Fundamenten oder Mauerresten der älteren Kiliankirche, deren Seitenschiffe im 17. Jahrhundert, deren übrige Teile 1878 eingeäschert wurden. Sie war Anfang des 10. Jahrhunderts durch Bischof Rudolf von Würzburg gegründet worden. Man begann sofort, den Neubau nach dem Typus der spätromanischen Pfeilerbasilika hochzuziehen. Im Innern befindet sich ein spätromanischer Taufstein von jener Art, wie man sie im Westerwald mehrfach antreffen kann. Das meist bandverzierte Rundbecken wird dabei jeweils von acht oder – wie hier in Seck – von sechs Säulen getragen. Die zum Teil restaurierten Figuren der hll. Elisabeth und

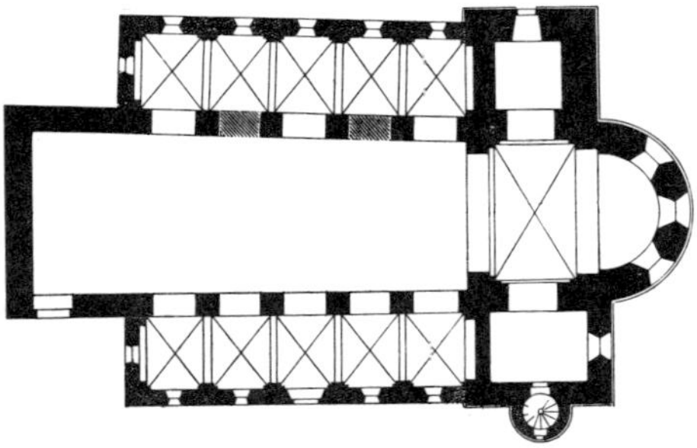

Seck, Pfarrkirche, Grundriß

Lubentius (15. Jh.) erinnern an Gestalten, die für die Westerwälder Kirchengeschichte wichtig sind. Ihnen gesellte man nach dem Wiederaufbau die anderen sechs Heiligenfiguren ländlichen Stils (16. und 18. Jh.) bei. Die plastisch verzierte Kanzel kam aus Eibingen im Rheingau hierher. Aus der Werkstatt der Hadamarer Schule stammt die Kreuzigungsgruppe.

Auch in Seck bestand ein geistliches Stift, das Nonnenkloster Seligenstadt (1181 erwähnt), das aber schon vor 1499 aufgegeben wurde und von dem nur noch dürftige Ruinen vorhanden sind.

Von hier kann man auf einer Nebenstraße nach **Irmtraut** fahren, um dort wieder unsere Hauptreiseroute zu erreichen. Der Ort, der geschichtlich enge Bindungen an Gemünden hatte, verwahrt in der *Kirche* eine wertvolle Muttergottes (18. Jh.), die ursprünglich in Seck stand. Auch das achteckige, vielleicht noch romanische Taufbecken ist beachtenswert. Architektonisch interessant sind der frühgotische Chorturm und das Fachwerkhaus (18. Jh.) neben der Kirche. Zur Weiterfahrt nach Rennerod empfiehlt sich der Umweg über einige Orte östlich der Bundesstraße.

Von allen Orten im Gebiet der Lasterbach verdient **Neunkirchen** wegen seiner Pfarrkirche besondere Beachtung. Nächst jener in Daaden (S. 105) gilt sie als bedeutendste Barockkirche des Westerwaldes. Der romanische Turm (12. Jh.), den ein achteckiger Spitzhelm krönt, verbindet sich harmonisch mit dem quadratischen Schiff von 1740. Dessen Architekturformen (Eckpilaster, Rundbogenfenster, Spiegeldecke) und Innenausstattung (dreiseitige Emporen, beherrschender Kanzelaufbau) verraten die Hand von Julius Ludwig Rothweil. Die 1755 erbaute Schölerorgel mußte leider einem modernen Werk weichen. Inmitten der Kirche gemahnt ein romanischer Taufstein wohl noch an die Zeit, als die Pfarrei dem Limburger St. Georgsstift gehörte.

In **Hüblingen** weist die zum Teil noch mittelalterliche *Kirche* (1358) ebenfalls einen Chorturm auf. Weniger die Barockausstattung als die Wandmalereien des sogenannten Weichen Stils (ca. 1420–30) sind die besondere Zier des Raumes. Zarte Ranken umflechten Darstellungen aus dem Leben Jesu (Drei Könige, Leiden) und vom Jüngsten Gericht oder Heiligenbilder.

Die neuromanische *Kirche* (1911) im Nachbarort **Elsoff**, an der noch der alte gotische Turm mit seinem charakteristischen Spitzdach erhalten ist, trägt auf dem Altar einen Aufsatz aus dem 18. Jahrhundert. Etwa aus der gleichen Zeit stammen die sehr schlichten Figuren der Kapelle (1788) im Ortsteil **Mittelhofen.** Der Altaraufsatz (17. Jh.) ist ebensowenig in allen Teilen original überliefert wie der in Elsoff. Auch **Oberrod** hat eine Kirche im historisierenden Stil – hier neugotisch –, an den älteren Vorläuferbau erinnert ein spätromanisches Portal. Im Dorf stehen einige alte Fachwerkhäuser, eines davon mit Schnitzwerk (17. Jh.).

Die Kreuzigungsgruppe der Kirche von **Westernohe** erinnert an die von Seck und an den Hochaltar von Hahn. Sie ist wie diese ein Werk der Hadamarer Schule. Einige schmucke Fachwerkhäuser (18. Jh.) und der eiserne Laufbrunnen, der wohl in der Sayner Hütte gegossen wurde, bereichern das Ortsbild.

In **Rennerod,** das seit 1971 Stadt ist, stoßen wir wieder auf die Mainzer Straße. Ihr verdankt Rennerod seine überörtliche Bedeutung, die schon früh (1444, 1552) darin zum Ausdruck kam, daß hier Recht gesprochen wurde. Das alte Zehntgrafenhaus (1475–1516) fiel den Bombenangriffen des letzten Krieges zum Opfer. Lediglich zwei Grabmäler der Renneroder Zehntgrafen (1675, 1714) an der katholischen Pfarrkirche erinnern an die alte Geschichte.

Der Ortsteil **Emmerichenhain** war einst Hauptort der alten Herrschaft zum Westerwald und eines der drei Kirchenspiele, die erstmals unter diesem Namen genannt werden. Bauliche Erinnerungen an diese Zeiten gibt es nicht mehr. Die barocke *Kirche* (1744) bildet mit ihrem von einem hohen Haubenhelm überragten Turm ein auffälliges Wahrzeichen. Das Innere des repräsentativen Saalbaues wird beherrscht von umlaufenden Emporen, der reichgeschnitzten Kanzel und der Orgel darüber.

Unsere Route führt nordwärts und erreicht in **Stein-Neukirch** das höchstgelegene Dorf des Westerwaldes und wie Emmerichenhain einer der drei Kernorte dieser Gegend. Zwar ist schon 1231 die Ablösung von Herborn erfolgt, aber der gotische Chor der ›nuve Kirche‹ datiert erst in das 14. Jahrhundert, das Schiff entstand 1748, Turmdach und Ausstattung kamen im 19. Jahrhundert dazu. Dennoch repräsentiert die wehrhafte Anlage mit ihrer markanten Berglage jenen uralten Typ Westerwälder Dorfkirchen, wie man sie von Kircheib im Westen bis zum Hinterland im Osten antreffen kann (Farbt. 16).

Wie noch heute in der Nähe wichtige Fernstraßen einander kreuzen, bildete die Gegend auch im Mittelalter einen wichtigen Straßenknotenpunkt. Eine kleine Burg in **Liebenscheid,** die seit 1341 zeitweilig Sitz der Grafen von Nassau-Beilstein war, steht damit in Zusammenhang. Sie ist spurlos verschwunden, wie auch die Stadtrechte verlorengingen, die Liebenscheid 1360 erhielt. Immerhin verraten letzte Spuren von Wallgräben ein wenig von einstiger Bedeutung. 1765 ersetzte man eine 1452 gestiftete Kapelle durch den jetzigen Saalbau.

Der Reisende hat nun die Wahl, ob er über die Lipper Höhe zur Heller und weiter nach Siegen fährt oder ob er einen Umweg über Haiger nimmt. Er würde in diesem Falle ungefähr der Richtung einer alten ›Rheinstraße‹ folgen.

Vor der Höh – wie man hier sagt – verlangen zwei schon in Südwestfalen liegende Orte kurze Aufmerksamkeit. In **Niederdresselndorf** überrascht das Mansarddach auf der Kirche (1754/55; Portal vom Vorgängerbau 1620), weil eine derartige Konstruktion für Westfalen recht ungewöhnlich ist (Abb. 109). Im benachbarten **Holzhausen** fällt demgegenüber der achteckige, dreifach gestufte Barockhelm (1792) des Kirchturmes auf. Diese Dachkonstruktion ist deutlich von der hessischen Bautradition beeinflußt, was die nahe Grenze mit sich bringt.

Haiger

An der Öffnung dreier Täler lud dieser Raum schon früh den Menschen zur Ansiedlung ein. Bereits 778 wird ›Haigraha‹ urkundlich erwähnt. Die fränkischen Könige hatten in der Haigerer Mark eine Grenzorganisation geschaffen, deren Mittelpunkt Haiger war. Auch die spätere Herborner Mark war ursprünglich Teil dieses Territoriums.

Im 12. Jahrhundert vermochten die Grafen von Nassau hier Fuß zu fassen. Bis Ende des 14. Jahrhunderts entwickelte sich der Ort zur Stadt, doch bald liefen ihm Siegen, Dillenburg und Herborn den Rang ab. Die Straßen hatten ihre Richtung verlagert, Stadtbrände (1723, 1829) zehrten an der Substanz. Erst Eisenbahn und Industrie bescherten seit dem 19. Jahrhundert wieder Wohlstand.

Die mittelalterliche Stadtbefestigung ist verschwunden. Nur die beherrschende Lage der alten *Kirche* auf der Anhöhe über dem Marktplatz verrät, daß dieser Bezirk

Haiger. Kupferstich von Matthäus Merian

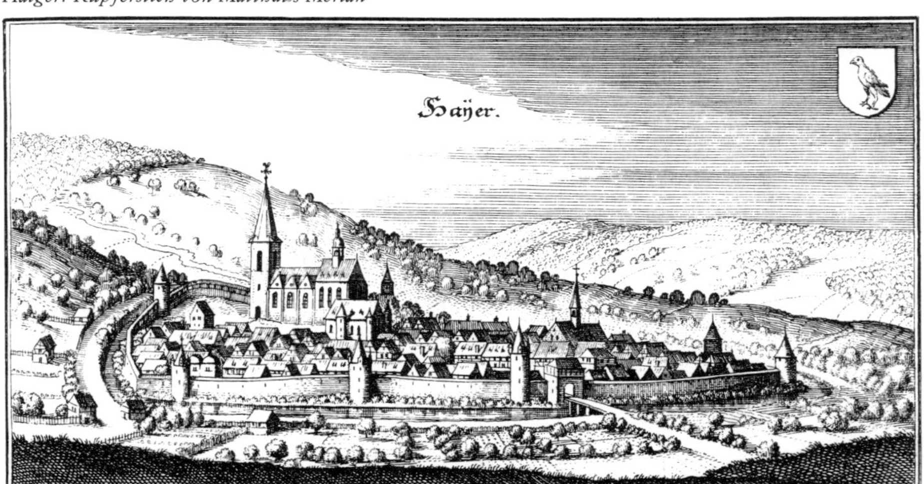

Haiger, Pfarrkirche, Südansicht

einst auch strategische Bedeutung hatte. Zwar ist der heutige Bau erst in der Spätgotik entstanden, enthält aber Bestandteile aus Vorläuferanlagen. Die letzten Ritter von Haiger, deren Wasserburg südlich der Kirche stand, trugen zu ihrer Gestaltung bei. Man übernahm gewisse romanische Züge vom Vorgängerbau, folgte aber sonst bei der Errichtung des dreischiffigen Hallenlanghauses dem Stil der Zeit. Im Westturm sind die unteren Geschosse noch romanisch. Spätere Epochen nahmen weitere Änderungen vor. Erwähnt seien hierzu die barocken Stuckmedaillons im Netzgewölbe des mittleren Joches im Mittelschiff.

Anfang unseres Jahrhunderts stieß man im Chor auf die alte Ausmalung (15. Jh.), deren Bilder und Szenen eine Lebendigkeit ausstrahlen, wie sie in unserem Raum sonst kaum anzutreffen ist (Farbt. 28). Am nächsten stehen stilistisch die Wandmalereien von Ballersbach. Dargestellt sind das Leiden Christi, Apostel, Märtyrer, Evangelisten, das Jüngste Gericht und Engelgestalten. Mitunter sind die Szenen recht drastisch geraten, längeres Verweilen erschließt dem Betrachter manches köstliche Detail!

Abgesehen von der gotischen Sakramentsnische ist die Einrichtung viel jünger. Erwähnenswert ist die Orgel (1730–32), die Florenz Wang aus Hadamar gebaut hat.

Nach dem letzten großen Stadtbrand wurde die Stadt nach beinahe rechtwinkligem Muster neu angelegt (1835). Der Marktplatz stellt noch heute ihr Zentrum dar. Einen Blickfang bildet das Haus Fischbach, in dem sich das Heimatmuseum befindet. Typische Zwerchgiebel-Häuser begleiten die anstoßenden Straßen. Am Obertor steht die Alte Wache (um 1820).

Die zu Haiger gehörenden Orte besitzen zum Teil viele Zeugnisse ländlicher Architektur und Kunst. Am charakteristischsten sind wohl die kleinen Fachwerkkirchen, die es östlich der Dill so überaus zahlreich gibt. Ihren Wert hat man in jüngster Zeit wiederentdeckt – für manche von ihnen zu spät, denn die von Flammersbach, Haigerseelbach und Steinbach wurden 1957/58 und 1971 abgerissen.

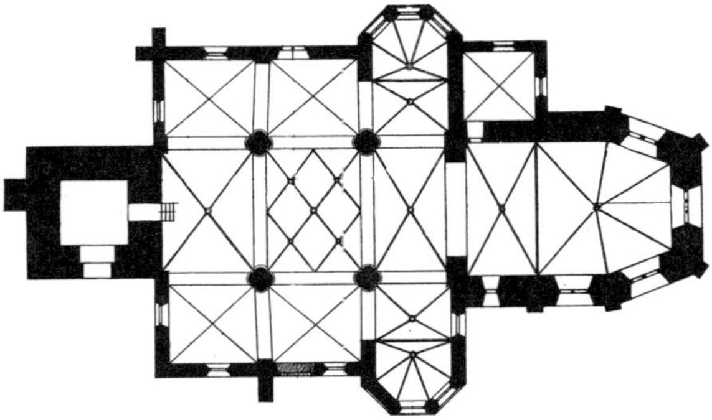

Haiger, Pfarrkirche, Grundriß

In Haiger-**Allendorf** konnten sich außer der Kirche noch mehrere Fachwerkhäuser (18. Jh.) und das schmucke Rathaus (um 1700) über diese Zerstörungsphase hinwegretten. Das Innere der Kirche wird durch barocke Ölgemälde und einen Putto, der ein Spruchband hält, belebt. Die Kanzel trägt Schnitzereien.

Ähnliche Züge weist die Kirche von Haiger-**Dillbrecht** (1743) auf, deren Fachwerk verputzt ist. Die Emporenbrüstungen hat 1783 Georg Ernst Justus Kayser mit Blumen und Sprüchen bemalt.

In Haiger-**Fellerdilln** ist die verputzte Fachwerkkirche (um 1800) zu einem Mehrzweckbau erweitert, in dem oben das Bürgermeisteramt untergebracht ist. Einige der im Ort erhaltenen Fachwerkhäuser (um 1700, 18. Jh.) haben Flachschnitzereien.

Wohl eines der schönsten Beispiele für diese barocken Dorfkirchen ist die 1776–77 von Joh. Heinrich Hofmann erbaute in Haiger-**Offdilln** (Abb. 116). Die Ausstattung ist erstaunlich reichhaltig, denn neben dem Schnitzwerk an Emporen und Kanzel sind farbenfrohe Blumenbilder auf die Brüstungen, Wände und an die Decke gemalt (1781). Die Ausmalung wird demselben Künstler zugeschrieben, der auch in Fellerdilln gearbeitet hat. Die Kieselsteine im Fußboden hat man hochkant gestellt und zu Fischgrätenmustern vereinigt, wie es noch andere Kirchen in dieser Gegend zeigen. Der barocke Türgriff am Eingangstor soll aus einem westfälischen Schloß stammen. Die schönen Fachwerkhäuser (18. Jh.) im Dorf haben zum Teil reichgeschnitzte Türen.

Auch die Kirche von Haiger-**Weidelbach** (1817) steht in dieser Tradition, wie der aufgemalte Blumendekor im Innern verrät. Hier ist das Fachwerk unter Putz verborgen. Dafür wird man durch den Anblick mehrerer eindrucksvoller Fachwerkhäuser (um 1700) entschädigt. An der Hauptstraße ist Fachwerk mit verzierten Eckpfosten und Flachschnitzereien zu sehen, zu dem sich in den beiden zuvor besuchten Dörfern Parallelen finden.

Den Rückweg nach Haiger nimmt man am besten durch das Roßbachtal. In der Kirche von **Oberroßbach** (1768) sieht man wieder, wie kleine Steine zu einem schmucken Fußbodenmuster zusammengefügt sind. Auch die Fachwerkhäuser des Dorfes haben zum Teil noch jene Schnitzereien, wie sie für diese Landschaft so typisch sind. Ähnliches gilt für **Niederroßbach**, dessen ehemalige Schule, jetzt Rathaus, um 1700 entstand.

Von Haiger aus ist nun die Kalteiche zu überwinden, die heute noch als natürliche Grenze zum Siegerland empfunden wird. In Wilnsdorf treffen die beiden Wege zusammen, die uns vom Limburger Becken ins Siegerland führen.

Im Freien Grund

Nach dem Passieren der Lipper Höhe, die sich durch die Alte Zollstation und die Zufahrt zum modernen Siegerland-Flugplatz dem Reisenden einprägt, zieht die Straße rasch steil bergan in das Tal der Heller. In **Burbach** ist der Mittelpunkt des Freien Grundes, wie man das obere Hellertal bezeichnet. Vorgeschichtliche Reste deuten auf eine latènezeitliche Ansiedlung hin. Im Jahre 1048 wurde das Tal zwischen Haiger und Scheuerfeld als ›Gebiet der Freien Männer‹ bezeichnet, wo sich erst seit dem 13. Jahrhundert eine Adelssippe ›von Seelbach‹ niederließ.

Burbach wird 1219 erstmals urkundlich erwähnt, ist seit 1326 Sitz eines Gerichtes und bald darauf eines nassauischen Vogtes.

Die evangelische *Pfarrkirche* (1774–76) erhebt sich auf einem Hügel, der bis 1367 die dann zerstörte Snorrenburg trug. Von einer Vorläuferkirche ist der kleine quadratische Westturm erhalten. Die jetzige ist schon äußerlich als quergerichteter Predigtsaal erkennbar. Seine schmucklosen, klassizistischen Formen werden nur auf der Nordseite durch die übergiebelte Sakristei stärker akzentuiert. Um so bemerkenswerter ist die Innenausstattung mit altem Riemchenfußboden, Kanzel-Orgel-Prospekt (1779/80), Altar und Emporen.

Nahebei befindet sich das ehemalige Amtshaus (Haus Ginnerbach, 17. Jh.) mit einer jener zweigeschossigen Dielen, die man im Siegerland häufiger antrifft.

In der 1889/90 von dem Siegener Baumeister Feindler in neuromanischem Stil erbauten *Kirche* zu **Wilnsdorf** befindet sich ein prächtiger barocker Hochaltar aus Marmor, Alabaster und Speckstein (um 1700). Er stammt bis auf den hl. Michael aus der Werkstatt der bekannten westfälischen Bildhauerfamilie Papen, die in Giershagen (Kreis Brilon) ihren Sitz hatte. Ursprünglich stand der Altar in der Zisterzienserabtei Hardehausen bei Paderborn, von wo er nach der Aufhebung des Klosters hierher gelangte. Daneben sind eine spätgotische Madonna (um 1475) und zwei Alabasterfiguren (17. Jh.) beachtenswert.

Kurz vor Siegen sollte man zur *Eremitage* (Niederdielfen), einer Wallfahrtsstätte, abbiegen. Der kleine Vierkonchenbau entstand 1677–85. Das verschieferte Haubendach mit dem Dachreiter mußte nach den Kriegsschäden erneuert, die Inneneinrichtung durch den jetzigen Barockaltar (1739, aus Henglarn) ersetzt werden.

Siegen

Bald empfängt uns die geschäftige Großstadt **Siegen** (Abb. 111). Die Möglichkeit, hier Eisen zu gewinnen, veranlaßte schon während der Latènezeit Menschen, sich an dieser Stelle niederzulassen. Zwischen 1079 und 1089 ist ein fester Ort beurkundet, der im 12. Jahrhundert bereits Stadtrechte besaß und den Grafen von Nassau gehörte. Man unterscheidet diese alte Stadt, die sich beim Zusammenfluß von Sieg und Weis um die St. Martinikirche gruppiert, von der neuen Stadt auf dem Berg im Bering der nassauischen Burg. Letztere findet erst 1224 Erwähnung, als der Kölner Erzbischof Teile von den Grafen von Nassau erwarb, die zu Beginn des 15. Jahrhunderts zur Alleinherrschaft in Siegen gelangten. Etwa hundert Jahre später wurden beide Stadtteile vereinigt. Die Feuersbrunst von 1695 und die Kriegszerstörungen von 1944/45 haben viel von der alten Substanz vernichtet.

Auf einem Ausläufer des unteren Siegberges steht die evangelisch-reformierte *Martini-Kirche*. Die beiden Treppentürme an der Westseite gehören noch zu dem Vorgängerbau aus der Mitte des 12. Jahrhunderts, dessen Aussehen dem Typ der Stiftskirche von Freckenhorst (Kreis Warendorf) glich. Es ist unklar, warum hier an der Sieg ein so aufwendiger Bau errichtet worden ist. Von 1511 bis 1517 wurde der Bau zu einer nüchternen Pseudobasilika mit Strebepfeilern, spätgotischen Maßwerkfenstern und wenig hervortretendem Chor umgewandelt. Von der älteren spätromanischen Pfeilerbasilika hat man die Schiffswände und ein frühgotisches Stufenportal in den Neubau miteinbezogen. Weitere Veränderungen erfolgten 1833–38 und nach dem letzten Krieg. Ausgrabungen haben im nördlichen Seitenschiff Reste der ehemaligen Burgkapelle zutage gefördert, deren schöner Ziegelfußboden (12. Jh.) mit ähnlichen in Bochum und Minden wetteifern kann.

Die *Nikolaikirche* am Markt war für die neue Stadt (nach 1224) errichtet, aber später (1654–58; 1903–05) nachhaltig verändert worden (Abb. 114). Der leicht auseinander-

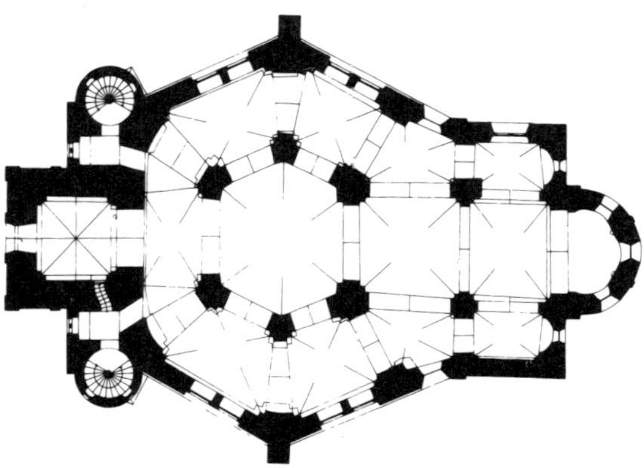

Siegen, Nikolaikirche, Grundriß

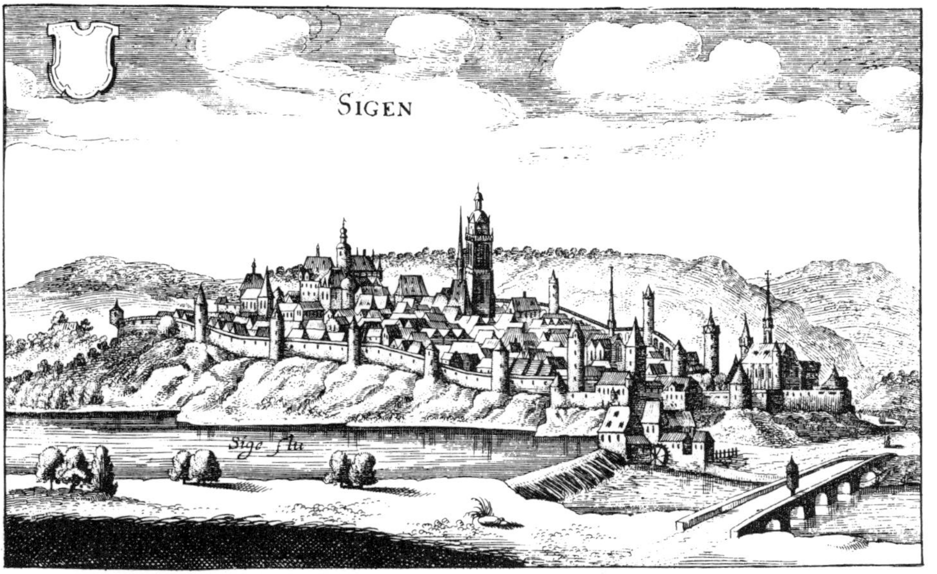

Siegen. Kupferstich von Matthäus Merian

gezogene Zentralbau besitzt einen dreischiffigen Hallenchor und gegenüber einen mächtigen Westturm. Dieser und die Hauptapsis werden durch Lisenen und Bogenfriese gegliedert, während der zentrale Teil schmucklos ist. Nur im Innern zieren vier Masken die Gewölbeansätze. Ihre Bestimmung zur Gruftkapelle der Grafen von Nassau hat wohl die Ausführung als Zentralbau veranlaßt. Auf die älteren Turmgeschosse, darunter die spätgotische Glockenstube (1455–64), kam 1658 ein niedriges Barockgeschoß, das Fürst Johann Moritz mit einer Haube versehen und deren Laterne er mit der schmiedeeisernen Fürstenkrone schmücken ließ, die bis heute das Wahrzeichen von Siegen ist (Abb. 113).

Bemerkenswert ist die moderne Bronzetür des Westportals von dem Kölner Künstler Gerhard Marcks (1954). In der oberen Turmhalle befinden sich Reste von Wandmalereien (16. Jh.).

Die ehemalige *Jesuitenkirche* hat der Ordensbruder Anton Hülse nach eigenen Plänen 1702 bis 1724 erbaut. Der langgestreckte, rechteckige Bau mit sieben Jochen folgt dem gleichen Schema, das der Klosterbruder auch bei seinen Kirchenbauten in Coesfeld und anderswo entwickelt hatte.

Das *Obere Schloß* geht auf eine 1259 erstmals erwähnte Burg zurück (Abb. 112). Im 17. Jahrhundert war es Residenz der katholischen Linie von Nassau-Siegen (bis 1743). Die Höhenburg ist im Kern noch mittelalterlich. Unter den überlieferten Bauten ist das Bischofshaus (1500–06) das älteste. Zu ihm gehören das massige Torhaus, ein viergeschossiger Wohnturm und das dreigeschossige Hauptgebäude. Im ersten Stock befinden sich der sogenannte Oraniersaal und eine spätgotische Halle, deren Gewölbe auf einer Mittelsäule ruhen. Im Saal des oberen Geschosses ist ein anmutiger Erker mit Stuckdecke und Wandvertäfelung (18. Jh.). Zu diesem Komplex zählen ferner das Grafenhaus und ein Fachwerkbau. Ursprünglich gehörte auch das Zeug- und Lagerhaus in der Burgstraße (17. Jh.) zum Schloßbezirk.

Das *Untere Schloß* ging aus einem Kloster hervor, beherbergte 1596–1609 die Herborner Hohe Schule und wurde dann Residenz der reformierten Linie Nassau-Siegen. Zunächst hatte man 1669/70 eine Fürstengruft am ehemaligen Kloster errichtet. Beide Bauteile wurden von Peter Rembold 1689–91 durch das neuerrichtete Schloß verbunden, das vier Jahre später abbrannte. Von 1689 bis 1714 entstand dann die heutige Dreiflügelanlage mit dem offenen Bogengang im Mittelbau, die nach den Kriegszerstörungen jetzt wieder weitgehend in der alten Gestalt vor uns steht. Die von Maurits Post erbaute Fürstengruft blieb von dem Brand im 17. Jahrhundert verschont. In der Gruft steht eine Marmorhalbfigur, die Bartholomäus Eggers von Fürst Johann Moritz angefertigt hat.

Das nach dem Krieg wieder hergerichtete Rathaus entstand 1783–88 über mittelalterlichen Fundamenten. Um die Marienkirche befinden sich noch einige teilweise verschieferte Fachwerkhäuser. Im übrigen kommt der Kunstfreund beim Besuch der Gemälde- und Graphikensammlung aus dem Schaffen von Rubens (1577 in Siegen geb.) im Museum des Siegerlandes (Oberes Schloß) voll auf seine Kosten.

Die Eisenstraße

Als man das Siegerländer Eisenerz zu nutzen lernte (ca. ab 500 v. Chr.), entstanden zur Sicherung der Vorkommen zahlreiche Wallburgen (Hohenseelbachskopf, Burbach, Heunstein, Rittershausen, Hesselbach, Laasphe u. a.), aber auch ein Netz von Höhenwegen, über die das Eisen zu Handelszwecken ausgeführt wurde. Eine ›Eisenstraße‹ führte von Siegen südöstlich ins Hinterland. Sie soll zu einem kleinen Abstecher einladen.

Kalteiche und Haincher Höhe riegeln geographisch das Siegerland gegen das Dilltal ab. In Hainchen und Irmgarteichen erreichen wir die letzten für uns bemerkenswerten Orte in Westfalen.

In **Hainchen** hatte der seit 1215 bekannte Ritter vom Hain seinen Stammsitz, der im 14. Jahrhundert an die einflußreiche Adelsfamilie von Bicken fiel. Die alte Burg war von einem mit Wasser gefüllten Graben umgeben. Die quadratische Hauptburg trug ursprünglich vier Ecktürmchen. Ihren Kern bildete ein in den unteren Teilen noch erhaltener Wohnturm (1537). Die Torflügel wurden später umgebaut (18./19. Jh.).

Hainchen, Schloß (früherer Zustand)

Auf die Familie von Bicken stoßen wir im nahen **Irmgarteichen.** In der alten Turmhalle der im übrigen neuen Kirche (1932) befindet sich ein eindrucksvolles Wandgrabmal für die Ritter Johann und Eberhart von Bicken (gest. 1554, 1555). Auf der fast 4 m hohen Sandsteinplatte sieht man in einem runden Hochrelief die beiden Ritter vor dem Gekreuzigten. Im Aufsatz ist die Auferstehungsszene wiedergegeben. Die Ädikula weist die Formen der strengen Hochrenaissance auf.

Die alte ›Eisenstraße‹ zog unweit **Fischelbach** vorbei, das schon vor 1303 Pfarrsitz war. Die auf einer Anhöhe gelegene Kirche ist ein flachgedeckter Saal, der im Osten als niedriges Turmmassiv ausgebildet ist, auf dem ein dreifach gestufter Barockhelm (1734) sitzt, der auffallend an den von Holzhausen erinnert.

Von Dillenburg nach Biedenkopf

Die heutigen Hauptverkehrswege zwischen Dill und oberer Lahn folgen den Tälern von Schelde oder Dietzhölze und Perf. Sie weisen sich damit als relativ späte Straßen aus.

Hohe Straße

Durch den Schelderwald zog einst als echte ›Hohe Straße‹ ein Weg von der Dill nach Marburg. Diese Bezeichnung treffen wir mehrfach auf unseren Reisen an. Sie ist immer Indiz dafür, daß ein alter Fernweg vorliegt, der allmählich seine Bedeutung an die jüngeren Talstraßen abgegeben hat. Das ist auch bei dieser der Fall, die einst von der Dill über Tringenstein und Wallenfels führte, während heute der Verkehr der Schelde-Lahn-Straße folgt.

Kurz vor Einmündung der Schelde in die Dill bestand im Mittelalter eine Siedlung, von der die evangelische Pfarrkirche in Dillenburg-**Niederscheld** Kunde gibt. Der heutige Bau (1762) mit seinem großen Chorturm geht nämlich auf einen mittelalterlichen Vorläufer zurück, der 1756 abgebrannt ist. Die Kanzel (1722) soll aus dem Alten Haus im Dillenburger Tiergarten stammen.

Dillenburg-**Oberscheld** kann auf die Geschichte seines einst so bedeutenden Bergbaues zurückweisen. Die evangelische *Pfarrkirche,* deren Obergeschoß aus Fachwerk besteht und in der Zone des Satteldaches den ›Hessischen‹ oder ›Wilden Mann‹ aufweist, entstand 1692. Damals wurden die reichprofilierten Emporen und der Kanzelaltar eingebaut sowie das Stuckrelief mit dem Pelikanmotiv an der Flachdecke angebracht.

Unsere Hohe Straße kam von Herborn über den Schelderwald und strebte weiter nach Angelburg. Die Sicherheit dieser Straße mußte allen interessierten Mächten ein Anliegen sein. Um 1351 entstand die nassauische Burg Murstein, die 1356 erstmals *Tringenstein* genannt wird. Sie war im Verlauf der Dernbacher Fehde als Trutzburg gegen die Herren von Dernbach und von Bicken gedacht. Später saß hier ein Gericht. Die wachsende Bedeutung kam in einer Erweiterung (1472–81) zum Ausdruck. Seit dem 18. Jahrhundert verfiel die verwaiste Burg. Tringenstein gehört neuerdings zur Großgemeinde Siegbach.

Als Rückendeckung gegen die Nassauer sollte eine Burg dienen, die den Adligen von Bicken und von Dernbach von den hessischen Landgrafen auf dem Kirchberg bei Siegbach-**Eisemroth** errichtet worden war, die aber von den Nassauern offenbar bis 1328 zerstört werden konnte. An dem romanischen Chorturm der *Kirche* fällt das gratlose Kuppelgewölbe über den Blendnischen auf, zu dem es mehrere Parallelen in unserem Gebiet gibt. Das Schiff wurde später angesetzt (1721–27), Anfang des 19. Jahrhunderts entstanden die jetzigen Dächer und die Einrichtung (Emporen, Altar, Kanzel, Orgel), deren Aufstellung nicht mehr ganz der ursprünglichen entspricht.

Bürgerliches Selbstbewußtsein spricht aus dem Rathaus (1781) in Siegbach-**Uebernthal,** dessen Fachwerk mit Schnitzereien versehen ist (Abb. 120). Der Dachreiter kam später hinzu (1830). Die Bautätigkeit Anfang des 18. Jahrhunderts verhalf auch Siegbach-**Wallenfels** zu einem jener Kombinationsbauten aus Fachwerk, die man beinahe als Vorläufer der modernen Dorfgemeinschaftshäuser ansehen möchte. Hier hatte man im Erdgeschoß Platz für Backhaus und Gemeindeverwaltung, im Obergeschoß für den Betsaal. Leider wurde dieses Baudenkmal 1976 abgerissen! Ähnlich erging es viel früher der Burg, von der der Ort seinen Namen hat. Ihr Verfall setzte im 16. Jahrhundert ein, als sie ihre Bedeutung an Tringenstein verloren hatte.

Die evangelische *Kirche* zu Angelburg-**Lixfeld** bietet eines der in dieser Gegend nicht allzu häufigen Beispiele für eine mittelalterliche Kirche, deren Bausubstanz nicht – wie sonst – stärker verändert wurde. Die kleine Anlage besteht aus Schiff und spätgotischem Chorturm mit Kreuzgewölbe. Der Spitzhelm wird von vier Wachhäuschen flankiert (Abb. 108). Die Inneneinrichtung erfolgte später, wirkt aber durch die barocken Emporen recht eindrucksvoll. Bemerkenswert ist das Altarkreuz (17. Jh.).

Eine wenig bekannte Rarität besitzt Angelburg-**Gönnern** in seinem *Backhaus*. Der von einem hohen Zeltdach überragte, gewölbte Steinbau ist der älteste seiner Art in Hessen und entstand 1559! Beachtung verdienen einige Fachwerkhäuser (18. Jh.), darunter das renovierungsbedürftige Alte Schulhaus, die durchweg dem 18. Jahrhundert angehören und gelegentlich geschnitzte Eckpfosten aufweisen.

Noch eindrucksvoller wirkt das *Backhaus* in Steffenberg-**Steinperf** (Farbt. 34). Hier ist der quadratische Bruchsteinbau, der geradezu barock wirkt (18. Jh.), mit einem hohen, zeltförmigen Doppelmansarddach versehen. An der kleinen Fachwerkkapelle (18. Jh.) wurden Nordwand und Innenraum später umgestaltet.

Das Trio der alten Backhäuser vervollständigt das von Steffenberg-**Niedereisenhausen,** dessen ebenfalls quadratischer Bruchsteinbau von einem dreifach abgesetzten Kamindach gekrönt wird (18. Jh.). Reste einer älteren steinernen Kapelle wurden im 16. Jahrhundert durch Fachwerk ergänzt und später (18. Jh.) im Chorteil erweitert. Besonderen Wert hat deren Innenausstattung mit den vielleicht spätgotischen Emporen und der prächtigen Kanzel, deren Maßwerkmotive die offizielle Datierung (1730) irgendwie ad absurdum führen.

An der evangelischen *Pfarrkirche* von Steffenberg-**Obereisenhausen** ist nur der romanische Chorturm alt (Helm erst von 1805). Dafür hält sie im Innern eine Überraschung bereit, ein Kruzifix, das auf ein brettartiges Kreuz genagelt ist, aus dem man Ornamente gesägt hat (1741). Die alte Kanzel (1653) verleiht dem modernen Raum ein wenig Atmosphäre.

In Steffenberg-**Oberhörlen** blieb die romanische Kirchenanlage zum größeren Teil erhalten. Im Chorturm ist ein Kreuzgratgewölbe. Später wurde der Haubenhelm aufgesetzt. Im Innern findet man ein spätgotisches Sakramentshäuschen, das von einem Gitter verschlossen ist, eine barocke Kanzel (1747) und figürliche Grabplatten (1647). Südlich der Kirche steht Hof Jödt (18. Jh.), dessen Gefache mit Kratzputz versehen sind.

Die Fachwerkkirche von Steffenberg-**Niederhörlen** (um 1700) muß man heute im Freilichtmuseum im Taunus besichtigen.

Dagegen hat die Kapelle (17. Jh.) von Steffenberg-**Quotshausen** 1972 eine gründliche Instandsetzung erfahren (Abb. 118). Nur eine weitere Kirche in Hessen hat wie diese den sogenannten 4/8-Chorschluß, womit Quotshausen eine Besonderheit innerhalb unseres Gebietes bildet!

Die Weiterreise führt in den Breidenbacher Grund. Man hat eine Alternativroute durch das Dietzhölztal über die B 253.

Dietzhölze

In wirtschaftlicher Beziehung hat das Dietzhölztal beinahe dieselbe Bedeutung wie das Dilltal. Schon zur Struth hin, dem Bergzug nördlich des Tales, liegt Dillenburg-**Manderbach**, dessen Kirche (1831) mit seinen klassizistischen Formen ein gutes Beispiel für die Baukunst des vorigen Jahrhunderts darstellt.

Die gleichmäßige Aufreihung der Häuser an der Hauptstraße von Dillenburg-**Frohnhausen** ruft sofort die Erinnerung an Dillenburg-Nanzenbach wach. Hier wie dort hatte ein verheerender Brand einen völligen Neubau des Dorfes nötig werden lassen, der in Frohnhausen 1778 unter der Leitung des dillenburgischen Amtmannes Rühle erfolgte. Die großzügige Anlage muß ehedem viel besser gewirkt haben, als ein Bachlauf unverrohrt in der Mitte der Hauptstraße floß. Beiderseits verlaufen Parallelstraßen, die durch Quergassen verbunden sind. Gleichmäßig werden sie auch heute noch von den Hofseiten gesäumt. Die Giebelhäuser bergen Wohnbau, Stall und Scheune unter einem Dach. Vielfach sind schöne Schnitzereien und Eckpfosten zu sehen.

Alt und neu verbinden sich in der evangelischen *Pfarrkirche*. An einen gotischen Westturm (14. Jh.) mit gekuppelten Schallarkaden und Kreuzgratgewölbe im Erdgeschoß schließt sich das jüngere Schiff (1780–84) an, dessen Front nach Süden weist. Die geschmackvolle Ausstattung des 18. Jahrhunderts ist gut restauriert. Den Fußboden hat man aus kleinen Steinen zusammengefügt.

102 HADAMAR Fachwerkhaus in der Schulstraße

103 HADAMAR St. Johann von Nepomuk, Inneres ▷

104 BEROD St. Josef

105 FRICKHOFEN Heiligenfigur auf dem Hochaltar

106 ›Dernbacher Beweinung‹, Detail (Limburg, Diözesanmuseum)

205
232 127
181 1-2
7

108 LIXFELD

109 NIEDERDRESSELNDORF

110 ›Anbetung der Weisen‹ (Detail), Gemälde aus der Rubens-Schule, heute in Marienstatt

107 GEMÜNDEN Kirche, Langhaus

111 SIEGEN Blick vom Kreishaus

112 SIEGEN Oberes Schloß

113 SIEGEN Krone auf der Nikolaikirche

114 SIEGEN Nikolaikirche, Innenraum

115 BREIDENBACH Kirche

116 OFFDILLN Kirche

118 QUOTSHAUSEN
Fachwerkkirche

117 Obere Dill zwischen
Dillbrecht und Offdilln

119 BIEDENKOPF Burg

120 UEBERNTHAL Rathaus

121 Burgruine GRENZAU

122 Kurtrierischer Stundenstein bei Montabaur

123 Nassauischer Grenzstein auf der Denzerheide bei Bad Ems

124 Altes Windrad, Weltersburg

125 Förderturm der ehem. Grube ›Georg‹, Horhausen

126 Letzte Fahrt der Grubenbahn Katzwinkel – Wissen, 29. 10. 1962

127 Kirmesbaum mit Eierschmuck

128 Unterwesterwälder Tracht in Holler

129 Geschnitzte Rathaustür in Rehe

130 Westerwälder Keramik

131–133 Beispiele für Schmuck- und Gebrauchskeramik im Kannenbäckerland

134 Ketzerstein bei Weißenberg, Blockbasalt (ND)

135 Gesteinsprofil ›Am Laufenden Stein‹ in Dillenburg (ND)

136 Wilhelmssteine, Eisenkieselfelsen (ND)

137 Farnwedel

138 Korallenstock (Disphyllum caespitosum)

139 Brachiopodenschill

140 Stielglieder von Seelilien

141 Trilobit (Archegonus culmicus)

142 Koralle (Pleurodictyum problematicum)

In Eschenburg-**Eibelshausen** stoßen wir auf dieselbe Art von Fußboden. Der Saalbau der evangelischen *Pfarrkirche* entstand 1776–79 und wird von einem Mansarddach mit quadratischem Dachturm bedeckt. Die Spiegeldecke ist mit zwei runden Gemälden verziert. Die später eingebaute Orgelempore (19. Jh.) verdeckt ein wenig den ursprünglichen Zustand der Inneneinrichtung, die – wie hier allgemein üblich – nur eine dreiseitige Empore vorsah und an den freien Schmalseiten allein die Kanzel (1755) als Ort der Verkündigung duldete.

Ein reizvolles Beispiel evangelischer Kirchenbaukunst des 19. Jahrhunderts hat der abseits liegende Ort Eschenburg-**Eiershausen** in dem annähernd quadratischen Saalbau, den Eberhard Philipp Wolff 1826/27 errichtete. Flache Lisenen und ein schmaler Portalrisalit gliedern die Außenwände. Die Einrichtung geschah zur Bauzeit, doch ist die Kanzel älter (18. Jh.) und entspricht jener in Eibelshausen. Aus jener Zeit stammen einige Fachwerkhäuser des Ortes.

An einen mittelalterlichen Chorturm angebaut wurde die Fachwerkkonstruktion der kleinen Kirche in Eschenburg-**Roth** (1823/24). Die vierseitige Empore trägt Darstellungen der Apostel und Propheten.

Innerhalb der Gemarkung von Roth lag die Burg Hessenwalt. Der ausgedehnte Komplex ist seit dem 15. Jahrhundert verfallen.

Zurückversetzt in die frühe Latènezeit werden wir in Dietzhölztal-**Rittershausen.** Auf der Bergkuppe nördlich des Ortes, die bezeichnenderweise ›Burg‹ genannt wird, lag eine gewaltige Ringanlage. Die evangelische Kirche im Ort entstand gegen Mitte des 18. Jahrhunderts und ist mit ihrer Ausstattung beispielhaft für den ländlichen Barock dieser Gegend.

Dietzhölztal-**Ewersbach** wuchs aus den Orten Bergebersbach und Straßebersbach, die sich ihrerseits seit dem 15. Jahrhundert aus der alten Siedlung Ebersbach entwickelt haben, zu einer Gemeinde zusammen.

Seitdem das alte Rathaus (1788) im Freilichtmuseum steht, blieb die kleine wehrhafte *Kirche* mit ihren vermauerten Schießscharten (13. Jh.) letzter baulicher Zeuge der Vergangenheit im unteren Ortsteil (= ›Straß-Ebersbach‹).

Bedeutender ist die evangelische *Pfarrkirche* im oberen Ortsteil (= ›Berg-Ebersbach‹). Der überlieferte Bau besteht aus spätromanischen und spätgotischen Teilen. Die älteren repräsentiert der mächtige Westturm, dann die Schiffsmauern, die zum Teil in Fischgrätenverband hergestellt sind, ferner der ursprünglich wohl rechteckige Chor,

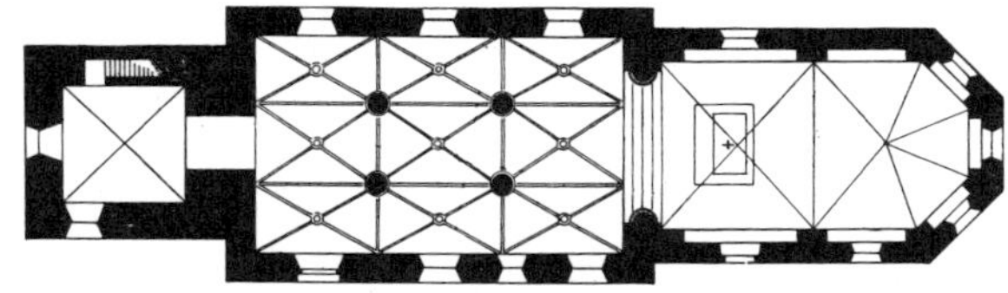

Ewersbach (Bergebersbach), Pfarrkirche, Grundriß

Ewersbach (Bergebersbach), Pfarrkirche, Kapitell am Chorbogen

der heute nur ein Vorchorjoch bildet und schließlich der Chorbogen. In das ältere Schiff hat man im 15. Jahrhundert zwei Säulenpaare eingebracht und so dasselbe in eine spätgotische Halle mit Kreuzrippengewölben umgewandelt. Gleichzeitig wurden der Chor verlängert und das Turmgeschoß erhöht. Die nachträglich eingebauten Emporen (1536, 1627, Chorempore 19. Jh.), von denen eine inzwischen wieder entfernt worden ist, vermögen die vorteilhafte Raumwirkung nicht entscheidend zu beeinträchtigen. Die bemerkenswerte Kanzel (15. Jh.), an deren Korbecken gedrehte Säulchen stehen, ruht auf einer Steinsäule. Ihr Steinkorb besitzt schöne Maßwerkfüllungen. Reste des alten Fußbodens, der aus ährenförmig gesetzten Flußkieseln besteht, finden sich im Chor.

Breidenbacher Grund

Beide von Dillenburg nach Nordosten ziehenden Wege münden in den Breidenbacher Grund, ursprünglich die Tallandschaft an Perf, Banfe und (vermutlich) Dautphe. In diesem zwischen Hessen und Nassau umstrittenen Raum, an den auch die Grafen von Wittgenstein vorrückten (1307), hat der alteingesessene Adel nie auf Dauer über eine richtige Burg verfügen können. Die Bevölkerung fand zu Notzeiten Schutz in wehrhaften Kirchen oder Kirchhöfen. Die Chortürme von Gönnern (abgebrochen), Hörlen, Lixfeld, Obereisenhausen, Roth und Simmersbach sowie die Westtürme von Breidenbach und Wallau dienten Verteidigungszwecken.

Der Turm der evangelischen *Pfarrkirche* von **Breidenbach** springt schon von ferne ins Auge, weil sich über seinen steilen Giebeln ein leicht gedrehter, hoher Spitzhelm erhebt (Abb. 115). Die Kirche entstand Mitte des 13. Jahrhunderts. Mit einer solchen Hallenkirche wurde zweifellos die Bedeutung des Ortes als Gerichtssitz unterstrichen. Kunstgeschichtlich bildet sie einen südlichen Vorposten jenes Bautyps, der in Südwestfalen häufig ist. Die gleichhohen Schiffe der romanisch konzipierten Kirche wurden in frühgotischer Zeit mit Gratkuppelgewölben versehen. Die Langhauspfeiler haben an drei Seiten starke Halbsäulen mit Würfelkapitellen. Die später angebrachten Strebepfeiler verfälschen den ursprünglichen Außeneindruck. Dagegen sind die drei spätgotischen Maßwerkfenster (1479) im Chor nicht ohne Wirkung.

Was dem Innern an architektonischer Feingliederung mangelt, soll durch die Ausmalung ersetzt werden. Die gemauerten und verputzten Kapitelle tragen aufgemalten Blattdekor. An der Nordostwand und im Chor sind Reste von Wandmalereien zu sehen, die Christophorus (um 1300) und Martin sowie die Kreuzigungsszene (um 1400) zeigen. Die Kanzel ist nach der Art jener von Dautphe mit Intarsien und Evangelistendarstellungen verziert (1628). Die Orgel schuf 1767 Johann Andreas Heinemann aus Gießen. Auf den Emporen bemerkt man bäuerliche Malereien (18. Jh.).

Gegenüber dieser bedeutenden Kirche mag die von Breidenbach-**Achenbach** auf den ersten Blick zurücktreten. Dennoch erweist sich der achteckige Zentralbau (1769) mit Zeltdach und Dachreiter als originelle Schöpfung ländlicher Kirchenbaukunst.

Anfang des 18. Jahrhunderts entstand wohl die Fachwerkkapelle von Breidenbach-**Wolzhausen**, die auf einem hohen Steinunterbau ruht und einen polygonalen Schluß hat.

Biedenkopf

Wir nähern uns dem Hauptort des Hinterlandes, Biedenkopf, und damit der Lahn, die unser Reisegebiet abgrenzt. **Breidenstein** gehört bereits zu Biedenkopf und ist hier der letzte Ort diesseits der Lahn. Die Herren von Breidenbach hatten 1398 für Breidenstein

Biedenkopf. Kupferstich von Matthäus Merian

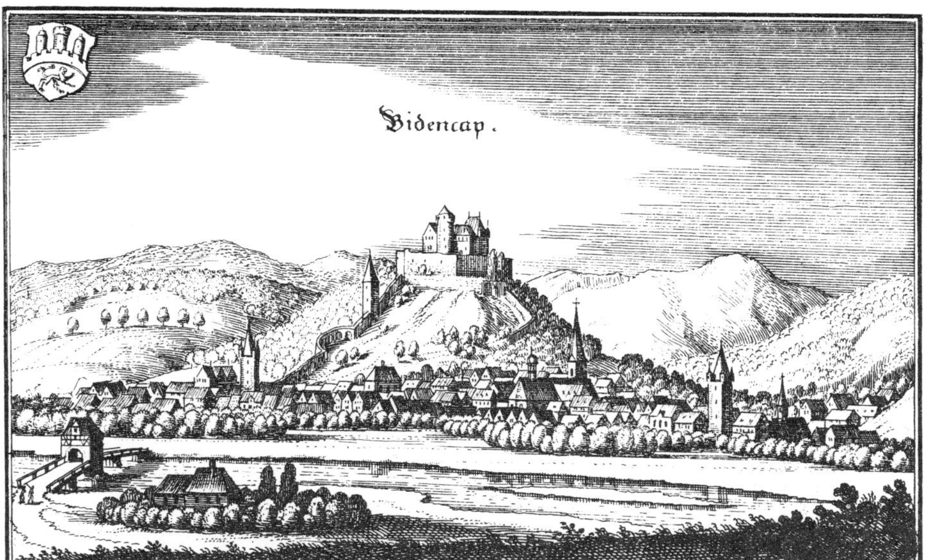

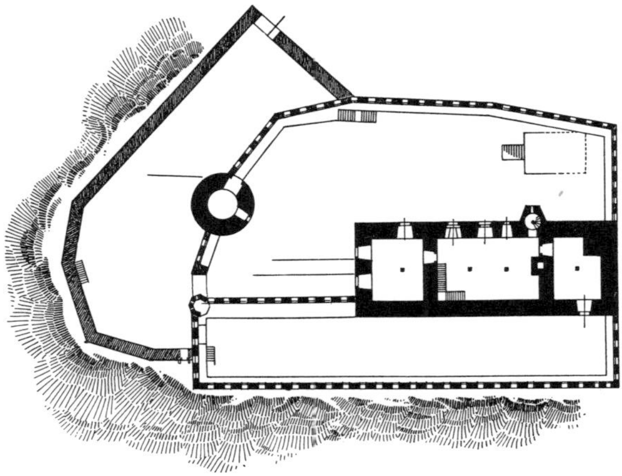

Biedenkopf, Schloß, Lageplan

die Stadtrechte erwirkt und zuvor eine Burg errichtet, von der aber nur Reste der Ringmauern und Grundmauern eines Turmes erhalten sind. Nicht weit davon entstand 1712–14 das Untere Schloß, ein langer stattlicher Bau, dessen Obergeschoß aus Fachwerk besteht. Schon Ende des 17. Jahrhunderts war die kleine evangelische Kapelle als Fachwerkkonstruktion auf einem Bruchsteinbau errichtet worden. Leider hat man die Inneneinrichtung mutwillig zerstört. Doch konnten die schönen Emporenmalereien gerettet werden. Sie gleichen jenen in Niederhörlen.

Bald nach 1180 hatten die Thüringer Landgrafen auf einem hohen Berg nördlich der Lahn die umfassende *Burganlage Biedenkopf* errichtet (Abb. 119). Etwa 1234 entstand darunter ein ›Tal‹, die Siedlung für die Burgmannen, die schon 1254 ›Stadt‹ genannt wird. Im folgenden Jahrhundert dehnte sich die Stadt weiter aus, erlitt aber 1647 und 1717 verheerende Brände. Die Burg wurde 1296 zerstört und verkleinert wiederaufgebaut (1360–65). Seit dem 16. Jahrhundert verfiel sie und erlebte durch die Restaurierung von Georg Moller (1843–47) ihre Wiederauferstehung.

Die Stadt wurde auf dem südlichen Vorsprung des Burgberges angelegt, und zwar dürfte die Obergasse den Kern bezeichnen. Erst später, als die Siedlung mit einer Mauer gesichert worden war, konnten sich weitere Straßenzüge und der Markt mit den entsprechenden Häuserzeilen bilden. Im 19. Jahrhundert hat man die Stadtmauer samt Toren abgebrochen, so daß nur geringe Reste am Burgberg das Andenken an sie wachhalten.

Trotz dieser Verluste bildet die Altstadt noch immer ein malerisches Bild durch die am Hang stufenweise aufgereihten Häuser. Das Alte Rathaus (1719) stellt einen stattlichen Fachwerkbau dar. Der Rathausbrunnen ist zum Teil mittelalterlich, der Löwe mit dem Wappen in den Pranken barock.

Anstelle der neugotischen evangelischen Pfarrkirche (1885–91) befand sich ursprünglich eine Hallenkirche (13. Jh.), die jener von Breidenbach entsprochen hat.

Daraus sind die Nothgottes-Kapelle (1415), heute als Chorbau, eine Grabplatte mit Messingauflage (1520), der Taufstein (1682) und das große Kruzifix (17. Jh.) erhalten geblieben.

Ehemals lag vor dem steinernen Neutor der mittelalterlichen Stadt ein Hospital, zu dem die *Hospitalkapelle zum Hl. Geist* gehörte, deren verändertes Schiff (1617, 19. Jh.) heute Gemeindezwecken dient. Ihr von zwei Jochen gebildeter Chor zählt zu den letzten Bauwerken, die noch unter dem Einfluß der Elisabethkirche in Marburg entstanden sind. An einem Dienst kauert unter einem Baldachin ein Verkündigungsengel. Die Kanzel (Anfang 17. Jh.) gehört zur älteren Ausstattung.

In Biedenkopf-**Wallau** war der uns schon bekannte Joh. Jakob Blecher (Blöcher) tätig. Er ersetzte unter Schonung des mittelalterlichen Westturms das alte Schiff 1758 durch einen Neubau, der neuerdings (1963/64) westwärts erweitert worden ist. Die Kanzel (17. Jh.) stellt ein besonderes Schmuckstück dar. Geschichtliche Erinnerungen wecken die sechs Grabdenkmäler der Familie Breidenbach zu Breidenstein (16.–18. Jh.). Der Hof Bellinghausen entstand zu Beginn des 19. Jahrhunderts als hufeisenförmige Anlage.

Lahnabwärts treffen wir in Biedenkopf-**Eckelshausen** auf eine romanische Kirche mit Westturm, die schon gotische Maßwerkfenster und dreiseitige Emporen aus späterer Zeit (1775) besitzt.

Das Gebiet nördlich der Lahn außerhalb unseres Reisegebietes ist wegen seines Waldreichtums beliebt. Von der *Sackpfeife* (674 m) genießt man einen ausgezeichneten Rundblick. Kunstgeschichtliches Interesse beanspruchen die Fachwerkkirche (18. Jh.) von Biedenkopf-**Weifenbach** und die evangelische *Pfarrkirche* von Biedenkopf-**Dexbach.** Ältester Teil ist hier das Schiff (13. Jh.), während der schmalere, spätgotische Chor um 1400 entstand. An seiner Ostseite ist das Dach nach Art eines Wehrganges in Fachwerk ausgebaut. Die Wandmalereien (15. Jh.) wurden 1958 entdeckt und restauriert.

Längst ist unmerklich der Westerwald in das Rothaargebirge übergegangen. Das Hinterland, ja den größten Teil der Landschaft im Lahnbogen östlich der Dill kann man ebensogut als Südabdachung dieses großen Gebirgszuges ansehen. Wir gelangen nördlich an die Wasserscheide zwischen Rhein und Weser und stehen an einer natürlichen Grenze, wie sie der Westerwald nirgends in dieser Eindeutigkeit besitzt.

Über Straßen an Dautphe und Salzböde

Dautphe und Salzböde haben mit ihren Tälern natürliche Wege geschaffen, die eine Nordsüd-Durchquerung des Berglandes zwischen den frühen Siedlungskammern im Lahntal um Biedenkopf und im Gießener Becken zulassen. Von mehreren alten Höhenwegen hat sich wie fast überall der Durchgangsverkehr bald in die Täler verlagert. Dieser zieht von Biedenkopf über die B453 in Richtung Gladenbach, um dann über zweitrangige Straßen südöstlich zur Lahn zu gelangen. Nach Marburg führt eine Direktverbindung der Lahn entlang über die B62 und die B252.

Lahntal

Als man 1335 die Neustadt von Biedenkopf in der Talaue anlegte, trug man dem Umstand Rechnung, daß die Höhenwege ihre Bedeutung bereits an die Lahntalstraße abgetreten hatten.

Eine Fliehburg auf dem *Rimberg* südöstlich von Dautphetal-Elmshausen bezeugt die weit zurückreichende Bedeutung dieses Raumes als Siedlungsgebiet. Reste der Steinwälle sind noch zu erkennen. Funde weisen auf eine Benutzung schon in der Spät-Latènezeit hin.

In Lahntal-**Caldern** hatte die Landgräfin Sophie ihre St. Nikolauskapelle für die Gründung eines Klosters der Zisterzienserinnen (1250–1527) zur Verfügung gestellt. Die ehemalige Klosterkirche, heute evangelische *Pfarrkirche,* entstand Mitte des 13. Jahrhunderts als spätromanische Anlage mit Westturm. Merkwürdig ist das zweischiffige Langhaus, das aus Haupt- und nördlichem Seitenschiff gebildet wird. Die Gurtbogen des Hauptschiffes lasten auf Wandvorlagen mit Halbsäulen. Unvermutet entdeckt man daran Stengelkapitelle jener Art, wie sie im Rheinland verbreitet sind. Auch der Fußboden im Chor kommt uns bekannt vor: Wie in mehreren Kirchen an Dill und Dietzhölze hat man Kieselsteine zu Fischgrätmustern zusammengefügt. Das große Kruzifix aus Eichenholz (14. Jh.) stammt aus der Werkstatt, in der die Marburger Landgrafen-Grabmäler angefertigt wurden.

Gegenüber diesem hervorragenden Stück mutet der Zierrat an der Orgel (um 1700) eher dörflich an. Zwei Grabsteine (1682), eine gotische Piscina und – vor der Kirche – ein frühgotisches Taufbecken vervollständigen das Inventar.

Reste der Klostergebäude sind verbaut, das Refektorium dient einem Gehöft als Scheune.

In Lahntal-**Goßfelden,** wo eine hübsche Brücke (1802) die Lahn überspannt, steht eine von dem Italiener Giovanni Ghezzy 1749 erbaute schlichte Saalkirche. Während die Fachwerkkirche von Lahntal-Sarnau leider 1969 abgebrochen wurde, blieb die von Lahntal-**Kernbach** erhalten. Eine Inschrift auf der Empore erteilt Auskunft: ». . . Henrich Bolich und Johannes Ber die beiden habens gebaut. A. D. 1687.«

Dautphetal

Auch **Elmshausen,** das bereits zur Großgemeinde Dautphetal gehört, hat eine kleine Fachwerkkirche mit Walmdach und Dachreiter, die aber verputzt oder verschiefert ist (18. Jh.).

Die Kirche von Dautphetal-**Allendorf** erlitt zu gleicher Zeit dasselbe Schicksal wie die von Lahntal-Sarnau. Nur mühsam sind im Wald die Reste der Burg Hohenfels aufzuspüren, die Landgraf Heinrich etwa gleichzeitig mit Burg Blankenstein und Biedenkopf verwüstete (1293).

Gegenüber erblickt man auf der anderen Flußseite Dautphetal-**Buchenau.** Auf einer Bergnase steht die Alte Burg (nach 1500), deren Hauptburg außer zwei Wohntürmen einen Trakt im Renaissancestil (1578) hat. Davon zu unterscheiden sind einmal die Obere Burg (1550, 1694) und dann das Schloß (1611–18), die beide heute Teil einer Schule sind.

Wir reisen im Dautphetal bachaufwärts. Der Hauptort der Großgemeinde, **Dautphe,** hat durch sein Zehntgericht früh Bedeutung erlangt, die in der ehemaligen *St. Martinskirche,* jetzt evangelische Pfarrkirche, zum Ausdruck kommt. Das anstelle einer früheren Flachdecke eingezogene Tonnengewölbe verdeckt den romanischen Dachstuhl, dessen Balken im Westteil sichtbar werden. Der fensterlose romanische Westteil des Schiffes (12. Jh.) läßt darauf schließen, daß der Bau wohl einmal als Wehrkirche diente. Die Maßwerkfenster wurden erst nachträglich in das Ährenmauerwerk gebrochen. Die Fenster im später (13. Jh.) entstandenen Chorturm verraten deutlich Marburger Einfluß.

Die Emporen sind zum Teil spätgotisch (1543) oder barock, wie einige Brüstungsmalereien zeigen. Die Kanzel (1631) ist mit Intarsien ausgelegt. Einige Kirchenstühle sind sehr alt. Auf dem Altar steht ein Kreuz aus dem 17. Jahrhundert. Die Grabsteine (17.–19. Jh.) auf dem Friedhof verdienen wegen ihrer volkstümlichen Darstellungen Beachtung. Im Ort existieren einige alte Fachwerkhäuser (um 1700).

Dautphe, St. Martin, Emporenstütze und Pflasterung

Kleine reizvolle Fachwerkkirchen stehen in Dautphetal-**Silberg** und **-Hommershausen.** Während die von Silberg (1712) dem uns längst bekannten Typ weitgehend entspricht, hat die von Hommershausen beinahe fremdartigen Charakter. Der 1817/18 errichtete Saalbau ist breitgelagert und entspricht deutlich der in Norddeutschland üblichen Fachwerkbauweise. Die Kanzel (17. Jh.) ist mit reichem Schnitzwerk versehen.

Das Fachwerk der kleinen Kirche von Dautphetal-**Elmshausen** ist verputzt oder verschiefert. Noch andere Dörfer von Dautphetal besaßen kleine Fachwerkkirchen, die leider abgerissen wurden. In **Friedensdorf** blieb ein kreuzgewölbter romanischer Chor erhalten, an den man nach Zerstörung des Fachwerks ein neues Schiff anbaute (1925). Von einer alten Kirche steht in Dautphetal-**Damshausen** ein Teil. An den Chorturm des 13. Jahrhunderts, den ein barocker Haubenhelm krönt, hat man ein modernes Schiff (1930) angebaut. Im Ort finden sich einige Fachwerkhäuser (18./19. Jh.).

In Dautphetal-**Holzhausen** am Hünstein verheißt ein Schild am Dorfeingang, daß dieser Ort Bundessieger im Wettbewerb ›Unser Dorf soll schöner werden‹ geworden ist. So sehr dieser Wettbewerb oftmals merkwürdige Blüten treiben mag, hier erreichte die Ehrung eine Gemeinde, die einer solchen Auszeichnung wert war! Ganz überraschend trifft man im älteren Ortsteil auf zahlreiche Fachwerkhäuser, in deren Gefachen zum Teil ausgezeichnete Beispiele des für das Hinterland so charakteristischen Kratzputzes zu sehen sind (Farbt. 37). Mögen die Farben und Muster auch in den letzten Jahrzehnten erneuert worden sein, was übrigens technisch erforderlich ist, kaum irgendwo dürfte der ursprüngliche Eindruck wesentlich verfälscht sein. Man ist geneigt, dieses Dorf etwas überschwänglich als ›Perle des Hinterlandes‹ zu feiern! Hinzu kommt, daß wir uns auf ältestem historischem Boden bewegen, hatte doch der nahe

Hünstein eine frühgeschichtliche Fliehburg, welche die Rolle jener auf dem Rimberg offensichtlich ergänzte.

Runzhausen gehört bereits zur Großgemeinde Gladenbach. Die quadratische, zweistöckige *Fachwerkkirche* (1781; Farbt. 33) ist ein Werk des Johann Georg Blecher (Blöcher) aus Achenbach. Wie bei diesem Kirchentyp üblich, steht in der Mitte des flachen Zeltdaches ein Dachreiter, der eine Haubenlaterne trägt. Im Innern befindet sich ein barocker Tischaltar aus vier Balustern (Docken). Die Kanzel ist mit Intarsien ausgelegt.

Das geographische Dautphetal liegt hinter uns. Von Westen her fließt die Salzböde herbei und weist in südöstlicher Richtung den Weg zur Lahn, die in weitem Bogen östlich unser Reisegebiet umschließt.

Obere Salzböde

Ihren Ursprung hat die Salzböde im Gladenbacher Bergland. Eine ausgezeichnete Orientierung vermittelt der Rundblick vom Aussichtspunkt auf der *Endbacher Platte* (480 m).

Geschichtlich waren Burg und ›Tal‹ Dernbach für diese Gegend ausschlaggebend. Bei Endbach-**Dernbach** kündet der dürftige Mauerrest eines Rundturmes von der einstigen Burg, die 1350 durch die Herren von Bicken und von Dernbach erbaut wurde, nach 1540 aber verfiel.

Die evangelische Pfarrkirche von Endbach-**Hartenrod** stellt ein gutes Beispiel für die Baukunst des 19. Jahrhunderts dar (1858). Der alte, leider schadhafte Taufstein (16. Jh.) ist mit Reliefs geschmückt. Dagegen blieb in Endbach-**Günterod** aus alter Zeit ein romanischer Chorturm bis in Höhe des später angebauten Schiffes erhalten. Die Steine hat man zu ährenartigen Mustern zusammengefügt, eine Eigentümlichkeit, die im Hinterland mehrfach begegnet, ebenso wie die Vorliebe für barocke Bemalung der Emporenbrüstungen, wie sie hier 1664 und 1731 vorgenommen wurden.

Nachdem die Salzböde *Bad Endbach* passiert hat, fließt sie durch die Großgemeinde Gladenbach, um erst jetzt in südöstlicher Richtung der Lahn zuzustreben.

Lohra

Der Hauptort der gleichnamigen Großgemeinde war früh als Gerichtsort von Bedeutung. Auf einem Hügel steht die kleine *Kirche* (13. Jh.), die möglicherweise einst Wehrcharakter besaß. An der spätromanischen Pfeilerbasilika überrascht die relativ steile Proportionierung. Der Fachwerkaufbau über dem südlichen Seitenschiff entstand 1909, der Dachreiter ist noch aus dem 18. Jahrhundert. Die schon in den Proportionen zum Ausdruck kommende Zwischenstellung schlägt sich auch in den Gewölbeformen nieder.

Die farbige Innenausmalung wurde erneuert. Mittelalterlich sind die Sakramentsnische (14. Jh.) und das wertvolle Kruzifix (15. Jh.). Die Emporen (17. Jh.) versah Wilhelm Hermann Werner aus Gladenbach 1772 mit Malereien. Älter ist die gleichfalls bemalte und zudem mit Schnitzereien verzierte Empore im Chor (1690, 1699), zu der auch der verschließbare Orgelprospekt gehört. Nicht alltäglich dürfte ein für den Pfarrer H. Fenner (gest. 1656) gemaltes Holzepitaph sein. Der Pfarrstand (um 1700) und ein Lutherbildnis (18. Jh.) ergänzen die Ausstattung.

Wohl im 16. Jahrhundert entstand die kleine Kirche in Lohra-**Rollshausen,** deren Türe spätgotische Beschläge zieren. In Lohra-**Seelbach** stoßen wir auf eine jener Fachwerkkirchen mit quadratischem Grundriß, wie wir sie in Frohnhausen oder Runzhausen antrafen. Sie stammt vermutlich von Joh. Jakob Blecher (Blöcher), ist aber älter als jene beiden (1711).

Die spätmittelalterliche *Kirche* von Lohra-**Rodenhausen** erfuhr wiederholt Veränderungen. So wurden die jetzigen Decken erst später eingezogen. Die Brüstungen der Emporen (1617) versah 1818 Joh. August Asmann aus Weidenhausen mit Malereien. Noch aus der Bauzeit der Kirche dürfte der Taufstein stammen, während Orgel und Altarkreuz erst ins 18. Jahrhundert gehören.

Auf einem romanischen Vorgängerbau ist die kleine Kirche in Lohra-**Altenvers** zurückzuführen, die eine Kanzel aus dem 17. Jahrhundert besitzt. Etwa hundert Jahre früher entstand der Saalbau der Kirche zu Lohra-**Weipoltshausen,** der 1965 nach Westen erweitert wurde. Die Kanzel hat etwa dasselbe Alter wie die in Altenvers, ist aber reich verziert.

Die romanische *Pfarrkirche* von Lohra-**Kirchvers** wurde im 17. und 18. Jahrhundert stark restauriert, so daß nur der Chor (um 1300) ziemlich intakt überliefert ist. Ein auffallend großer Haubendachreiter überragt das Bauwerk. Ein romanisches Taufbecken mit Rundbogenfries, die gotische Sakramentsnische und der Altartisch gehören zu der mittelalterlichen Ausstattung. Die gutgelungene Kanzel (um 1600) und die Emporen (17. Jh.) mit ihren Brüstungsmalereien sowie einige Grabsteine (18. Jh.) kamen später hinzu. Auch in diesem Dorf stehen einige alte Fachwerkhäuser (17./18. Jh.).

Bereits zu Lollar gehört der Ort **Salzböden** am Unterlauf unseres Flüßchens, über das sich eine alte, zweibogige Brücke (um 1800) spannt. Die wuchtige, turmartige *Kirche* (13. Jh.) strahlt eindrucksvoll und unvermindert ihre Wehrhaftigkeit aus. Allerdings wurde der frühgotische Rechteckbau später mit einem Fachwerkobergeschoß und dem mächtigen Walmdach versehen (16. Jh.) sowie 1600 um einen Chor erweitert, der als Grabstätte der Familie von Rol(l)shausen bestimmt war. Farbig gefaßte Wandgräber derselben (1582–94) fanden hier ihren Platz. Die Emporen (1600, 1807) haben Georg Ernst Justus Kayser aus Gladenbach und sein Sohn Johann August nach ländlicher Art bemalt. Älter sind die Malereien an den Gräbern und um die Fenster. Stilistisch gehören sie der Spätrenaissance (1600) an und dürften gleichzeitig mit dem Choranbau entstanden sein. Bäuerliche Handwerkskunst spricht aus der Rokoko-Orgel (um 1760).

Nahe der einst wichtigen Durchgangsstraße wurde schon in karolingischer Zeit eine Feste angelegt, das Alte Schloß oder Schloß Battingsfeld genannt. Die Furt an der Salzböde ist noch durch Wegerinnen erkennbar.

Auch **Fronhausen** ist ein Ort von historischer Bedeutung, worauf zwei ehemalige Burganlagen und die frühere Wehrkirche hindeuten. Der Dorfname ist wohl abzuleiten von dem Fronhof, auf dem die Vögte des Reichsstiftes Essen saßen. Ende des 13. Jahrhunderts bauten sie neben dem Fronhof die *Oberburg*, eine Wasserburg, die im Dreißigjährigen Krieg ausbrannte und jetzt verwahrlost ist.

Eine zweite Wasserburg, die *Unterburg*, wurde 1367 erbaut. Zwar verfiel sie seit dem Dreißigjährigen Krieg, doch vermochten die Freiherren Schenck zu Schweinsberg sie 1923 völlig zu restaurieren, wobei die Anlage aber etliche Veränderungen erfuhr. Die Wassergräben wurden zu Parks.

Das romanische Schiff der evangelischen *Pfarrkirche* zeigt im Mauerwerk Fischgrätenverband. Der frühgotische Chorturm hat über der verschieferten Glockenstube eine malerische Haube, an der vier Wichhäuschen und dazwischen vier Zwerchgiebel sitzen.

Zwei Ganzfiguren auf einem Grabstein zeigen den letzten Vogt und seine Gemahlin (gest. 1568). Die zum Teil gutgelungenen älteren Grabsteine auf dem Kirchhof stammen aus dem 18. Jahrhundert. Dort befindet sich auch ein schadhaftes romanisches Taufbecken. An den Resten der Kirchhofmauer sind Vorrichtungen zu Verteidigungszwecken (Schießscharten, Graben) zu erkennen.

Im Dorf sehen wir mehrere prächtige Fachwerkhäuser (16.–19. Jh.). Man spürt geradezu das Wohlstandsgefälle, das einst zwischen den höher gelegenen Waldgebieten im Innern und den Niederungen an den Flüssen, hier der Lahn, geherrscht hat.

Die ›Kannenbäckerstraße‹

Dieses Mal sollen die alten Wege verlassen werden, um einer Straße zu folgen, die ohne historisches Vorbild und als touristischer Wegweiser gedacht ist.

Ihren Namen hat die Straße von dem hier üblichen Namen für die Angehörigen des Töpferhandwerkes (Umschlagklappe vorn, Farbt. 39, 40, Abb. 130–133). Auch Krugbäcker und Eul(n)er war früher gebräuchlich.

Noch andere Zentren des Töpferhandwerks kannte oder kennt man im Westerwald. Im Osten war es einst das Marburger Töpfergewerbe. Von Hessen her erreichte dieser Berufszweig vor 1620 Herborn und um 1700 Breitscheid, wo die Kannenbäcker jedoch Häfner genannt wurden, worin die oberdeutsche Herkunft ihres Handwerks deutlich ist. Allerdings setzte sich die Bezeichnung ›Hafen‹ (österreichisch ›Häferl‹) nie durch, sondern man sagte für Topf echt westerwäldisch auch hier ›Dibbe‹ (Debbe, Döbbe).

Die hochwertigen Tone in Rheinnähe sollen schon Urnenfelderleute (um 800 v. Chr.) zu Abbau und Verarbeitung verlockt haben. Vermutlich haben auch Römer und Franken aus Westerwälder Ton Gefäße gefertigt. Urkundlich ist erst 1402 von Töpferöfen in Höhr die Rede, was aber früherliegende Anfänge voraussetzt. Damals produzierte man ›braune‹ oder ›geflammte Ware‹, Keramik mit brauner Lehm-Engobe oder rötlichen Flammungen. Den Funden zufolge handelte es sich um einfaches Gebrauchsgeschirr. Machart und Formen entsprechen ganz jener im Rheinischen.

Als Ende des 16. Jahrhunderts Einwanderer aus dem Rheinland das heimische Töpferhandwerk belebten, kam durch ihren Einfluß das grau-blaue salzglasierte Steinzeug in Mode, das heute als typisch für den Westerwald angesehen wird. Damals wurden die Euler bald mit Privilegien seitens der heimischen Herrschaften bedacht. Aus den Urkunden ist ersichtlich, daß sie nicht nur Töpfe anfertigten, sondern auch sonstiges Hausgeschirr (›Kannenbäcker‹), Sauerwasserkrüge (›Krugbäcker‹) und kunsthandwerkliche Keramik (›Krossenbäcker‹).

Nach einer Hochblüte im 17. Jahrhundert kam es im 18. Jahrhundert durch die Konkurrenz von Fayence und Porzellan zu Absatzkrisen, der schließlich die kunsthandwerkliche Keramik zum Opfer fiel. Wasserkrüge und Hausgeschirr bildeten nunmehr die einzigen Produktionszweige. Daneben spielte die Herstellung von Tonpfeifen, die gleichfalls vom Rhein her Eingang gefunden hatte, aber auch im Herborner

Raum verbreitet war, eine beträchtliche Rolle. In Hilgert pflegt man in bescheidenem Umfang noch heute dieses Handwerk.

Krüge werden nur noch in Mogendorf und Ransbach-Baumbach gefertigt, spielen also im Zeitalter der Glasflaschen und Kunststoffbehälter lediglich eine exklusive Rolle. Dafür hat sich anstelle der Herstellung von Irdenware im Handwerksbetrieb die industrielle Produktion von Gebrauchskeramik aller Art bis hin zu hochspezialisierten Erzeugnissen für individuelle Ansprüche durchgesetzt.

Mit der neuerdings stark erwachten Hochschätzung des Kunsthandwerkes konnten sich einige Werkstätten ausschließlich diesem Zweig widmen. Einige genießen internationales Ansehen. Längst haben die Kunsthandwerker und Künstler eine dem modernen Empfinden entsprechende Formensprache gefunden, die sich von der Tradition emanzipiert hat, ohne diese völlig zu vernachlässigen. Für hervorragende Werke wird alle zwei Jahre der ›Westerwaldpreis für Keramik‹ verliehen. Hinzurechnen muß man den Einfluß der Bunzlauer Keramik (Schlesien), die nach dem Krieg durch Heimatvertriebene hier eigene Pflegestätten erhielt.

Die Nachfolgeinstitute der 1879 gegründeten ›Keramischen Fachschule‹, ein öffentliches Keramikmuseum sowie zwei private Fachmuseen sorgen mit den Betrieben dafür, daß das hohe Niveau gewährleistet bleibt.

Die ›Kannenbäckerstraße‹ erstreckt sich zwischen Boden und Neuhäusel, kann also von der B 255 wie von der B 49 angefahren werden. Wir beginnen die Reise in Boden und machen in **Moschheim** den ersten Halt. Vor uns ragt die unverwechelbare Kuppe des *Malbergs* empor, dessen Gipfelplateau Reste einer keltisch-germanischen Fliehburg trägt. Während ein Abstecher nach **Bannberscheid** als einziges künstlerisch interessantes Werk eine Muttergottesstatue (18. Jh.) in der Kirche zu bieten hat, ist ein Besuch in **Helferskirchen** lohnend. Ein in der Gotik erhöhter romanischer Westturm weist auf den alten Vorläuferbau (ab 1222) der 1769 erbauten *Saalkirche* hin, die wegen der fast vollständig erhaltenen barocken Inneneinrichtung (Seitenaltäre bez. 1778/79) einen frohstimmenden Eindruck hinterläßt. Neben Altären, Kanzel oder Orgel verdienen die Stationsgemälde und eine Immaculata Hervorhebung. Älter ist eine Muttergottes auf der Mondsichel (um 1500), die sich auf dem Hochaltar befindet.

Ein Hof zu **Wirges** erscheint bereits 959 in einer Urkunde. Heute ist der alte kurtrierische Ort Stadt. Ihn überragen Schlote und die neugotische Kirche (1885). Innen steht ein Retabel mit gemalten Flügeln, doch ohne die Figuren, die ursprünglich darin Platz fanden.

In **Dernbach** hatte ein gleichnamiges Adelsgeschlecht seinen Sitz. Zwei runde Ecktürme blieben von der mittelalterlichen Anlage (teilweise) erhalten. Zwischen ihnen erstreckt sich der 1769 errichtete Gutshof. Katharina Kasper (1820–98) machte durch die von ihr gestiftete Klösterliche Schwesterngenossenschaft den Ort weithin bekannt.

In der Pfarrkirche befinden sich Barockfiguren von Maria, Joseph und dem Kirchenpatron Laurentius. Am südlichen Ortsende duckt sich unter mächtigen Linden die Kapelle am Heilborn. Der Chor dürfte um 1692 entstanden sein, während das kleine Schiff 1875 angefügt wurde.

Dernbach besaß eines der bedeutendsten Beispiele der mittelrheinischen Tonplastik vom Beginn des 15. Jahrhunderts. Die Beweinungsgruppe (›Dernbacher Beweinung‹) ist ein Werk des Weichen Stils und befindet sich jetzt im Diözesanmuseum zu Limburg (Abb. 106).

Die moderne Kirche von **Ebernhahn** birgt ein schönes Beispiel ländlicher Kunst, ein spätmittelalterliches Vesperbild. Von Mogendorf aus sollte man einen Abstecher nach Nordhofen und Selters unternehmen.

Die romanische Kirche von **Nordhofen** erhielt in der Spätromanik noch das nördliche Seitenschiff, der Barock (18. Jh.) veränderte die Südseite des Schiffes und den Chor; um 1840 bekam der Turm ein Zeltdach mit Haubenlaterne. Die beiden bronzenen Grabplatten (1660, 1665) halten das Gedächtnis an die Hilchen von Lorch wach.

Seit der Mitte des 19. Jahrhunderts wuchs **Selters** eine wichtige Funktion als Amtssitz zu. Sie schlug sich in der Bautätigkeit nieder, der wir den Saalbau der evangelischen *Pfarrkirche* (um 1830) verdanken (Abb. 48). Daran sind zwei leicht zurückgesetzte Flügel angebaut, die als Gemeindehaus dienen und mit der Kirche einen imposanten Komplex bilden. Für den guten Geschmack der Erbauer legt die Inneneinrichtung der Kirche Zeugnis ab. Einige Wohnhäuser stammen noch aus jener Zeit.

Auf der Kannenbäckerstraße erreichen wir **Ransbach-Baumbach.** Die alte *Kirche* im Ortsteil Ransbach gehört der evangelischen Pfarrei. An den schlichten romanischen Westturm schließt sich der spätere Saalbau (1719) an. Ein alter Grabstein datiert von 1703. Die moderne katholische *Pfarrkirche* hat als Schmuck zwei Heiligenfiguren (Immaculata, Joseph) und eine barocke Beichtstuhlfassade aufzuweisen, die aus einem Hochaltaraufsatz (aus Dierdorf stammend) umgebaut worden ist. Am Erlenhofsee steht die 1767 zuerst erwähnte Erlenhofkapelle.

Nördlich liegt im Sayntal **Breitenau,** wo ein romanischer Westturm mit einem späteren Schiff verbunden ist. Baumeister Schweitzer leitete den Bau dieses klassizistischen Saales (1809), dessen Nordwand durch einen Portalrisalit mit Giebel gegliedert wird. Bestes Ausstattungsstück ist ein Beichtstuhl (17. Jh.). Daneben verdienen die beiden Seitenaltäre (Aufsätze 18. Jh.) und die Kanzel aus der Bauzeit Beachtung.

Unterhalb des Ortes besaß das Kloster Schönstatt einen Hof, der im vorigen Jahrhundert umgebaut wurde. Von außen verrät das heutige Hofgut Adenroth noch seine Herkunft, da die kleine, einst zu Rommersdorf gehörende Kapelle (1268) nach der Umgestaltung zu Wohnzwecken als Baukörper erhalten geblieben ist.

In **Wittgert** ist das ›Alte Haus‹ (1813) wegen seiner Schnitz- und Schabkunst beachtenswert.

Über Hilgert führt die ›Kannenbäckerstraße‹ zur ›Hauptstadt‹ des Distriktes, nach **Höhr-Grenzhausen.** Die Stadt wurde 1936 aus den Orten *Grenzau, Höhr* und *Grenzhausen* gebildet. Heinrich, Herr von Isenburg, hatte kurz vor 1213 auf einem Berg über dem Brexbach eine *Burg* erbaut, der er höfisch-elegant den französischen Namen

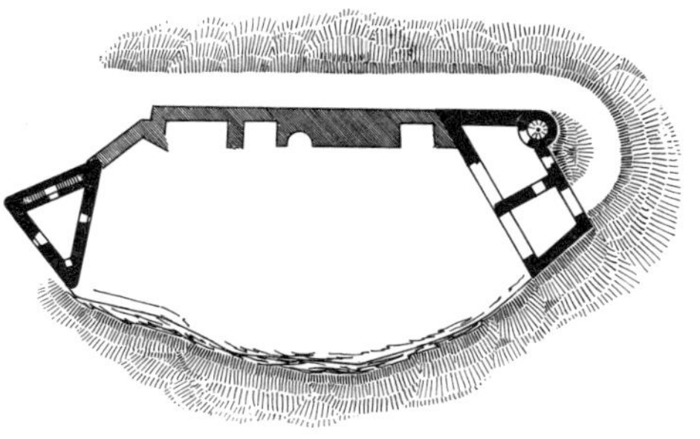

Burgruine Grenzau, Lageplan

›Gransioie‹ gab. Sie ist von den Franzosen zerstört worden (1635), doch noch 1788 wurden einige Räume bewohnt, bis 1793 schließlich das Dach einstürzte. Der Architekt Prof. Dr. Hans Spiegel bemüht sich als Eigentümer seit langem um eine Wiederherstellung der Ruine (Abb. 121).

Durch das Gelände bedingt, hat der Bering einen mandelförmigen Grundriß. Der dreieckige (!) Bergfried ist weit zum Halsgraben an der Angriffseite vorgerückt und kehrt dem Gegner seine spitze Kante zu. An dem schweren Torbau springt ein Rundturm vor, der den im französischen Burgenbau üblichen Tourellen gleicht. Am Bergfried wie an der starken Mauer des nordöstlichen Berings zieht ein Rundbogenfries entlang. Von dem Versuch, die Burg zu Beginn des 17. Jahrhunderts neu zu befestigen, blieb eine Bastion im Südosten übrig. Das hier ausgegrabene Steinzeug ist mit anderen keramischen Erzeugnissen und Produkten der Sayner Hütte zu einer Sammlung vereinigt.

Am Fuß des Burgberges lädt ein schmuckes Fachwerkhaus (1631) zur Rast ein. Der breite Mittelerker mit seinem geschweiften Giebel und dem Schnitzwerk, schließlich die heimelige Atmosphäre, stellen das Haus zweifellos in eine Reihe mit den schönsten Westerwälder Gasthöfen. Nahebei steht die kleine Kapelle (1796), in der sich eine Marienkrönung (1636) befindet.

Von der alten Pfarrkirche (jetzt evangelisch) blieb nur der romanische Westturm (13. Jh.). Schiff und Chor wurden 1878 erbaut. In der neugotischen katholischen Kirche (1885) befinden sich beachtenswerte Bildwerke (18. Jh.) und eine Steinzeugmadonna.

›Am weißen Stein‹ oberhalb **Alsbach** amtierten Vorfahren der Herren von Isenburg als Richter. Von der betreffenden Feste (1376) ist nichts mehr zu sehen. Noch romanisch ist der untere Teil der Pfarrkirche, die der Kreisbauaccesist Friedrich Schlichter aus Hachenburg 1853/54 in neuromanischem Stil neu errichtete und passend ausstattete.

Die bis auf den romanischen Westturm moderne Kirche von **Nauort** besitzt zwei großartige Holzfiguren der Apostel Petrus und Paulus (18. Jh.), an denen dieselbe Hand gearbeitet hat wie an den Steinskulpturen in Steinefrenz. Nur wenig älter ist eine

Muttergottesstatue. Unter den meist verschieferten oder verputzten Fachwerkhäusern (17./18. Jh.) fällt eines in der Kirchstraße durch seinen Vorbau auf.

Die ›Kannenbäckerstraße‹ erreicht in **Hillscheid** ihren letzten Zielort ehe sie in Neuhäusel endet. Die zum Teil wertvolle Ausstattung lohnt eine Besichtigung der Friedhofkapelle (1681–83), deren Schiff Johann Theodor Kleudgen erweitert (1756) und mit dem schönen Dachreiter geschmückt hat. Die Gebrüder Stumm schufen die Orgel (18. Jh.). Barocke Formen zeigen auch die Aufsätze von Hoch- und Seitenaltären (1769, 1710), Kanzel, Gestühl und Taufstein (1770), ferner Holzbildwerke (18. Jh.) und der Grabstein von Baumeister Kleudgen.

Eines der wenigen im Westerwald wirklich überzeugenden modernen Bauwerke stellt sicherlich die neue katholische Pfarrkirche dar. Ungewöhnlich ist das im Chor freischwebende Kreuz.

Grenzau, Gasthaus

Steinreiches Land für Naturfreunde

(Übersichtskarte zu diesem Kapitel in der hinteren Umschlagklappe)

Der Westerwald ist ›ein Gebirge innerhalb des Gebirges‹, das nur durch die Talfurchen von Rhein, Lahn und Sieg innerhalb des Rheinischen Schiefergebirges hervorgehoben wird.

Ganz grob kann man vier Höhenstufen unterscheiden. Im Nordosten bildet der eher monotone *Hohe Westerwald* das Kerngebiet unserer Landschaft, die in der Fuchskaute mit 657 m ihre höchste Erhebung besitzt. Gürtelartig ist der *Oberwesterwald* vorgelagert, dessen Hochfläche (etwa 380 bis 450 m) durch Basaltkuppen, Senken und Mulden abwechslungsreicher gegliedert ist. Auf diesem Höhenniveau bewegt sich größtenteils auch das durch das Dilltal ostwärts markant abgesetzte *Gladenbacher Bergland* (Hinterland), das allerdings im Gesteinsuntergrund anders aufgebaut ist und einen selbständigen Naturraum innerhalb des Westerwaldes bildet.

Der ausgedehnte *Niederwesterwald* repräsentiert die folgende Höhenstufe, über die nur einzelne Höhenzüge hinausragen, nämlich die Montabaurer und Linzer Höhe (540 und 448 m), das Siebengebirge (461 m) und der Leuscheid im Norden (389 m). Diese Höhenstufe ist recht uneinheitlich in ihrer Oberflächenform.

Schließlich bleiben als unterste Stufe die Tallandschaften der drei Grenzflüsse und der Dill.

Die bewegte Vergangenheit hat sich in unserem Reisegebiet vielfältig niedergeschlagen, so daß in diesem Kapitel einige Hinweise für Naturfreunde zum Ansehen und Sammeln gegeben werden.

Aus dem Urmeer geboren

Eine geologische Karte zeigt, daß man nach dem Vorkommen der Gesteine, die den Untergrund des Westerwaldes bilden, grundsätzlich zwei Teile unterscheiden muß: den altzeitlichen oder paläozoischen und den neuzeitlichen oder tertiären Westerwald. Von dem älteren sei zuerst die Rede.

Dessen gewaltige Gesteinsmassen von Schiefer, Grauwacken und Quarziten bilden den Sockel des gesamten Rheinischen Schiefergebirges. Sie wurden in der Devonzeit vor rund 405 bis 350 Millionen Jahren aus einem Meer abgelagert, das beinahe ganz Europa überflutete. Es handelt sich um Schlamm und Sand, der in riesigen Zeiträumen zu Gestein verfestigt wurde. Reste der damaligen marinen Tier- und Pflanzenwelt sanken zu Boden und wurden versteinert. Diese Fossilien erlauben es, verschiedene Perioden zu unterscheiden, in denen das Meer kam und ging und eine unterschiedliche Fauna und Flora aufwies. Im Dillgebiet sind die Lagerungsverhältnisse sehr kompliziert, so daß der Gesteinsuntergrund dort ein buntscheckiges Bild bietet.

Später bildeten sich unter dem Meeresspiegel Untiefen aus, die oft von Korallen besiedelt wurden. Auf derartige Riffe gehen die Kalkvorkommen im Lahn- und Dillgebiet zurück. Beinahe zur selben Zeit regte sich untermeerischer Vulkanismus, der den ›Schalstein‹ (Diabase, Keratophyre, Diabastuffe) förderte oder beim Reagieren eisenhaltiger Gase mit dem Meerwasser die Roteisensteinlager des Lahn-Dill-Gebietes schuf.

Zum Ende des Erdaltertums oder Paläozoikums wich das Meer zurück, der Meeresboden hob sich allmählich. Die entstehenden Sümpfe am Anfang der Kohlenzeit (Karbon), dem Kulm, haben im östlichen Westerwald Spuren hinterlassen. Vor etwa 300 Millionen Jahren wurde der einstige Meeresgrund zum Variskischen Gebirge emporgefaltet, dessen Fundament das heutige Rheinische Schiefergebirge darstellt, denn die Hebung vollzog sich bei gleichzeitiger Einebnung. Unser Gebiet blieb Festland, nur Wasser und Wind modellierten weiter an der Erdkruste. Lediglich die harten Quarzite leisteten Widerstand, wodurch die Höhenzüge der Montabaurer Höhe oder des Leuscheid aus dem nachgiebigeren Gestein herauspräpariert wurden.

Nr. 1–42 (Gesteinsbildungen / Versteinerungen; Erze / Mineralien; Vulkanbauten) erscheinen auf der Übersichtskarte in der hinteren Umschlagklappe rot, Nr. 43–54 (Pflanzenvorkommen) grün. NSG = Naturschutzgebiet; ND = Naturdenkmal

Gesteinsbildungen und Versteinerungen

1 Ruppertsklamm bei Lahnstein: Erosionsschlucht (NSG)
2 Fockenbachtal: Stangenstein, Im Bengert, Hangelay: Felsbildungen aus Devonquarzit (ND)
3 Lökestein bei Krautscheid: Devonquarzit (ND)
4 Steinbrüche bei Niederähren: Rippelmarken
5 Bahnhof Seifen: Klassischer Fundpunkt von Fossilien
6 Hamm: Rippelmarken an der B 256
7 Langenaubach, Wildweiberhäuschen: Felsen aus devonischem Riffkalk (Farbt. 53) (NSG). Reichgegliederte Aufschlüsse beim Schießplatz und im Aubachtal nach Haiger
8 Bei Breitscheid und Erdbach: Karstgebiet mit Spalten, Höhlen, Dolinen und Bachversickerung (NSG). Berühmter Kulm-Aufschluß in Erdbach, Fossiliensammeln verboten!

9 Schupbach: Steinbruch mit schwarzem Lahnmarmor

10 Dillenburg: Reichgegliedertes Gesteinsprofil ›Am Laufenden Stein‹ hinter dem Bahnhof (Abb. 135) (ND)

11 Haiger: Fossilfundpunkt ›Haiger Papiermühle‹

12 Wallenfels: Wilhelmssteine, Eisenkieselgruppe im Deckdiabas (Abb. 136) (ND)

13 ›Gladenbacher Schweiz‹

14 Zwischen Bicken und Offenbach: Steinbruch Benner mit verschiedenen Modifikationen der oberdevonischen Kalke (ND)

15 Weibachtal: Steinbruch Weber mit kugeliger Kulmgrauwacke

16 Herborn: Fossilfundpunkt ›Weinberg‹ (NSG)

17 Biedenkopf: Felsen aus Eisenkiesel am Hohenstein

18 Uckerath, Steimel: Fundpunkt fossiler Pflanzen (Prototaxiten)

Erze und Mineralien

Bei der Auffaltung des uralten Gebirges entstanden Klüfte und Spalten im Gestein. Aus dem Erdinnern konnten heiße Salzlösungen eindringen, aus denen sich beim Erkalten Minerale absetzten. Die Erzvorkommen im Siegerland, an der Wied, Lahn und Dill sind so entstanden.

Unter besonderen Voraussetzungen kristallisierten sich aus den erkalteten Lösungen die vom Sammler begehrten Mineralstufen aus.

Aus den zahllosen Mineralienfundpunkten seien nur einige wenige ausgewählt, die bei intensiver Nachsuche noch bescheidenen Erfolg versprechen. Fast immer muß vorher Erlaubnis beim Besitzer eingeholt werden!

19 Herdorf: Halden ehemaliger Gruben mit beschränkten Fundmöglichkeiten von Mineralien. Auskunft: G. Buchheit, Augustastr. 5, ✆ 02744/5353

20 Horhausen: Ehemalige Grube Georg, bescheidene Haldenfunde

21 Dillenburg: Fundhilfen durch E. Dietermann, Hauptstr. 20, Donsbach, ✆ 02771/22172

22 Ehringshausen: Ehemalige Grube ›Heinrichssegen‹

23 Hohensolms: Grube ›Königsberger Gemarkung‹

24 Herbornseelbach: Diabas-Steinbrüche

25 Hartenrod: Diabas-Steinbruch

26 Fellinghausen: Grube Friedberg

27 Hermannstein: Kalksteinbruch

28 Dernbach: Ehemalige Grube ›Schöne Aussicht‹: Spezialisten haben mitunter bei der Nachsuche Erfolg

29 Bad Ems: Mehrere alte Grubenhalden. Auskunft im Verkehrsamt Nassau.

Unruhige Erde

Während das Erdmittelalter (Mesozoikum) ereignislos blieb, setzte mit Beginn der Erdneuzeit (Känozoikum) vor etwa 60 Millionen Jahren eine neue Entwicklungsphase ein. Die Köln-Bonner-Bucht, das Neuwieder und das Limburger Becken senkten sich allmählich zwischen dem Rumpfgebirge ein. Zeitweilig drang die ›Nordsee‹ bis nach Beuel vor. Durch diese Bewegungen entstanden in der Erdkruste Schwächezonen, durch die aus dem Erdinnern vulkanische Schmelzen an die freie Oberfläche dringen konnten.

Zunächst quollen gewaltige Tuffmassen an die Oberfläche und deckten die Landschaft ein. Zeitweilig konnten sich Sümpfe – und daraus später Braunkohle – ausbilden. Dann drang glutflüssige Magma in die Tuffdecke, blieb darin stecken, erkaltete zu hartem Basalt oder anderen Vulkaniten (Phonolith, Trachyt) und wurde durch Erosion aus der weicheren Tuffdecke herausgeschält. Ruinen derart entstandener Vulkanbauten sind im Westerwald weitverbreitet. Später ergoß sich auch breitflächig das Magma und deckte weite Teile mit einer bis zu 100 Metern mächtigen Lavadecke zu.

Bei Vulkanausbrüchen in der Eifel wurden gewaltige Massen von Tuffen und Bimssanden aus den Schloten geschleudert, vom Wind ostwärts getrieben und im Neuwieder Becken und im Westerwald (Nauort) abgesetzt.

Letzte Nachwehen der unruhigen Erde sind aus den Tiefen der Erde aufsteigende Gase, die vom Grundwasser aufgenommen werden und als Säuerlinge oder Mineralquellen austreten, so in Bad Ems, Biskirchen, Löhnberg (›Selters‹) oder Bad Hönningen (Arienheller).

Einige Zeugnisse dieser vulkanischen Vorgänge sind sehenswert:

30 Leuterod: Phonolitkegel Malberg (NSG)
31 Gemünden: Erosionsgraben Holzbachschlucht (NSG)
32 Arzbach: Trachytkegel Großer und Kleiner Teufelskopf (ND)
33 Dornburg: Gleichnamiger Berg mit Basaltrosseln und ›Ewigem Eis‹ (NSG)
34 Wahlrod: Beilstein, Säulenbasalt (ND)
35 Weltersburg: Säulenbasalt im Steinbruch am Kranstein
36 Neustadt/Wied: Bertenauer Kopf und Telegrafenhügel, Vulkankegel, letzterer mit Resten des Kraterrandes (NSG)
37 Liebenscheid-Weißenberg: Ketzerstein, Blockbasalt (Abb. 134) (ND)
38 Herkersdorf: Druidenstein, imposanter Säulenbasalt (Umschlagrückseite) (ND)
39 Unnau: Steinbruch mit Säulenbasalt
40 Norken: Halde mit Blätterkohle
41 Kölschhausen: Koppe mit Säulenbasalt (NSG)
42 Bad Marienberg: Großer (Farbt. 55) und Kleiner Wolfsstein, Blockbasalt (ND). – Hochstein: Basalt-Blockmeer (ND). – Nisterau-Bach: Basaltgebilde Pfaffenmal (ND)

Der ›gute Ton‹ im Westerwald

Neben den Gesteinen vulkanischer Herkunft dürfen die tertiären Sedimente nicht übersehen werden. Damals wurden die Senken und Mulden der alten Gebirgsoberfläche von Süßwasserseen oder einem verzweigten Fließgewässer ausgefüllt. Deren Ablagerungen setzten sich allmählich am Boden ab. Aus der Vegetation ging die Braunkohle hervor. Oder es wurden Schotter, Sande und Tone durch Niederschlags- oder Fließwasser in Senken eingeschleppt. Die Tone, die heute von so großer wirtschaftlicher Bedeutung sind, entstanden durch Verwitterung der devonischen Tonschiefer. Sie binden Wasser und bleiben dadurch plastisch. Treibt man durch Erhitzen das Wasser aus, so ›sintert‹ der Ton und wird gebrauchsfähig.

Im tertiären Stromsystem entstanden mitunter mächtige Quarzitlager. Diese gehören zu den wertvollen Rohstoffen des demnach wirklich ›steinreichen‹ Westerwaldes.

Pflanzen und Tiere

Die Vielfalt der Landschaft bietet den Lebewesen unterschiedliche Lebensräume. Manche genießen Naturschutz und sollen unbedingt in Ruhe gelassen werden. Andere, auch geschützte Areale lohnen einen Besuch, sofern man bereit ist, die Schutzvorschriften strikt einzuhalten. Nur einige wenige Empfehlungen können hier ausgesprochen werden:

43 Langenbergskopf bei Leutesdorf (NSG): Flora mit südlichen Arten
44 Allerheiligenberg bei Lahnstein: Ähnliche Flora
45 Montabaur: Spießweiher (NSG), Feuchtgebiet
46 Westerwälder Seenplatte (z. T. NSG): Interessante Ufervegetation, Reiche Vogelwelt (Farbt. 48)
47 Westernohe: Wacholderheide (NSG)
48 Truppenübungsplatz Stegskopf: Im ›Geschwemm‹ hochmoorähnliche Vegetation mit bemerkenswerter Flora. Zutritt nur mit Erlaubnis!
49 Burbach: ›In der Gambach‹ (NSG), Wacholdergebiet
50 Rehe, Mademühlen: Krombachtalsperre mit reicher Vogelwelt (Farbt. 47)
51 Biebertal: Wacholderheide bei Ahrdt (NSG)
52 Bieber: Eberstein (NSG) mit Karstwald und interessanter Flora
53 Eibach: Kanzelstein (NSG) mit Kalkflora
54 Runkel, Arfurt: Lahnfelsen (NSG) mit wärmeliebender Flora
55 Knoten-Massiv mit typischer Vegetation (NSG)

(Mehr als diese kurzen Ausführungen enthält eine Schrift des Verfassers ›Westerwald und Siebengebirge in Farbe. Ein Reiseführer für Naturfreunde‹.)

Vulkankundliche Wanderung durch das Siebengebirge

Alexander von Humboldt empfand das Siebengebirge als achtes Weltwunder. Bei der außergewöhnlichen Konzentration von naturkundlichen Erscheinungen auf engem Raum ist das verständlich (Farbt. 2, 49, Abb. 1).

Seine geologische Vorgeschichte entspricht der des übrigen Westerwaldes. Die tektonische Unruhe am Anfang des Tertiärs führte zu unzähligen Verwerfungen und Klüften im Gestein, Störungslinien schnitten sich hier und begünstigten starke vulkanische Ausbrüche. Gewaltige Mengen von Trachyttuffen wurden aus Schloten geschleudert, die den Schiefer- und Grauwackenboden durchschlagen hatten. Glühende Magma stieß nach, blieb aber weitgehend im dicken Tuffmantel stecken. Die ersten Eruptionen förderten Trachyt, der in Form von Staukuppen nach Erstarrung der Gesteinsschmelze verblieb. Dann folgten Latit, schließlich Basalt.

Die Vulkanite liegen in zahlreichen Varianten vor. Ebenso wechselt der Mineralbestand der Gesteine stark.

Das Siebengebirge wird als Ruine eines einzigen Vulkanes verstanden. Die jetzige Oberflächengestalt erhielt es durch Erosionsvorgänge, von denen die weicheren Tuffe weitaus stärker betroffen wurden als die härteren Lavagesteine, die aus dem Tuff geschält wurden.

In dieser Zeit suchte und grub sich der junge Rhein sein Bett durch stufenweises Einsägen in den Boden.

Südlich des Siebengebirges, in dem schmalen Winkel, den der Kasbach mit dem Rhein bildet, hat der Strom an zwei Stellen das Gestein des Grundgebirges freigelegt, bei Unkel und an der Erpeler Ley. Die Seitenflüsse des Stromes folgten in etwa diesem Prozeß und schufen die heutigen Engtälchen zwischen den Hügeln, die ›Siefen‹.

Angesichts der Bodenschätze war es nur eine Frage der Zeit, bis das Siebengebirge der wirtschaftlichen Ausbeutung zum Opfer gefallen sein mußte. Erst der drohende Einsturz des Drachenfelses rief staatliche und private Initiativen hervor. Der Berg wurde 1836 das erste in Deutschland amtlich ausgewiesene Schutzgebiet!

Hier sind »auf engem Raum fast alle Kräfte und Vorgänge vereinigt, die am Aufbau der Erdkruste arbeiten« (Cloos). Einige besonders aufschlußreiche Punkte seien Ziel unserer Wanderung.

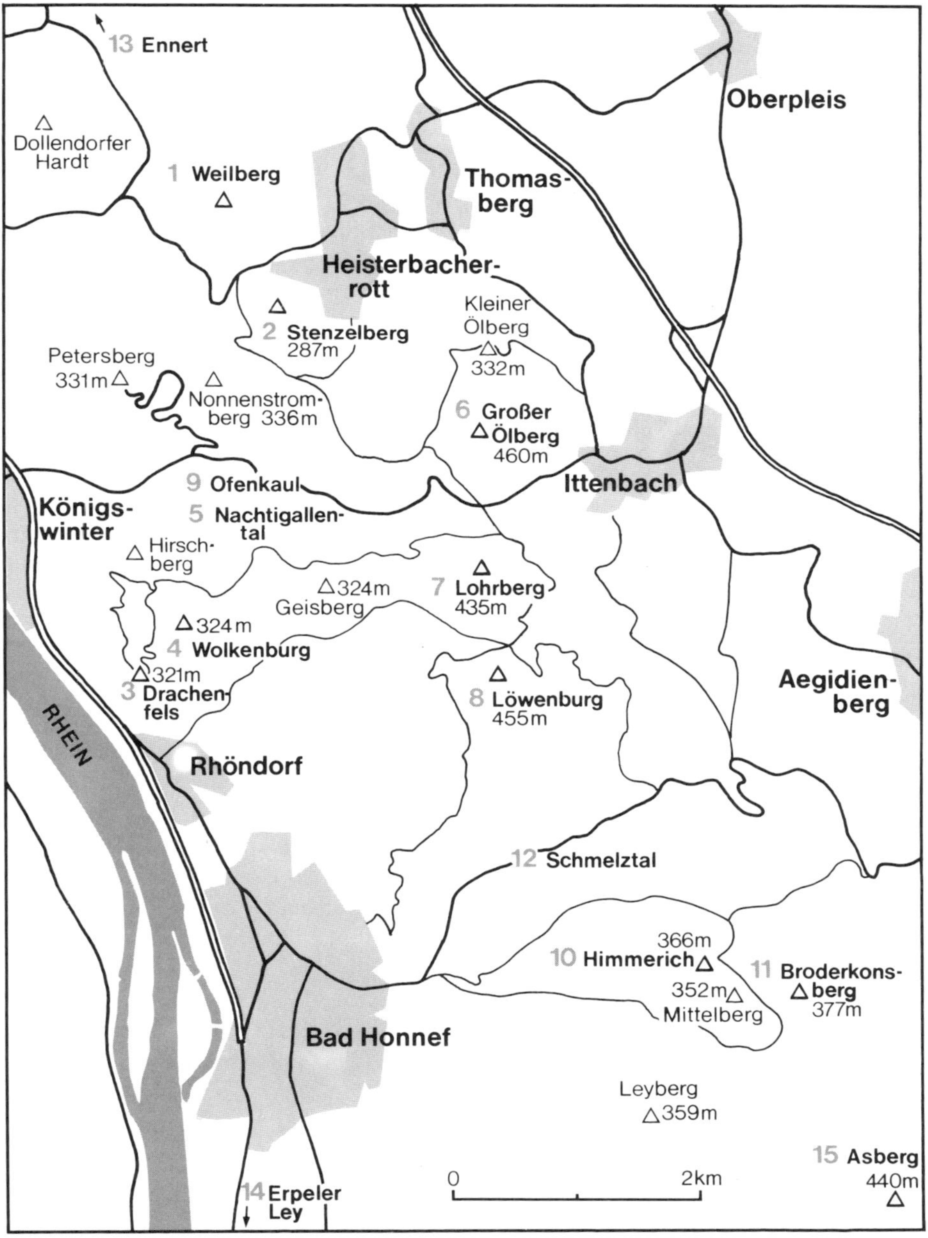

Siebengebirge (1–15 s. S. 264/65)

Bald hinter Kloster Heisterbach geht ein bezeichneter Fußweg zum ehemaligen Steinbruch am **Weilberg** (1), wo Tafeln nähere Erläuterungen geben. Der Einschnitt des Weges läßt das vulkanische Profil erkennen, vor allem wechselnd geschichteter Trachyttuff. Der Bruch mit seinen schönen Basaltsäulen zeigt, wie im mittleren Tertiär die Lava in den Tuff eindrang und ihn in der Kontaktzone rötlich brannte. Eine zweite Eruption durchsetzte gangartig die ältere Lava, ehe sie sich trichterförmig im Tuff ausbreitete.

Gegenüber auf der anderen Straßenseite liegt der **Stenzelberg** (2), der aus Latit aufgebaut ist. Charakteristisch für sein Gestein sind einzelne Teile mit schaligen Absonderungen, die industriell nicht genutzt wurden und als bizarre Türme zurückblieben (Farbt. 52). Zahlreiche mineralische Einsprenglinge bewirken die körnige Struktur des Latit.

Der Trachyt des **Drachenfelses** (3) (Farbt. 2), genauer Quarztrachyt und latitischer Quarztrachyt, wurde seit der Römerzeit als Baumaterial hochgeschätzt, das erst in der umweltverschmutzten Gegenwart seiner Anfälligkeit wegen bedeutungslos geworden ist, wie man am zerbröckelnden Kölner Dom sehen kann.

Im natürlichen Fels der Burgruine und deren Mauerwerk ist der Trachyt mit seinen typischen Sanidin-Einsprenglingen, die zum Teil recht groß (ca. 4 cm) werden, gut zu erkennen. Da die tafeligen Kristalle im Berg durchlaufend parallel angeordnet auftreten, konnte so die ursprüngliche Form der Kuppe rekonstruiert werden. Felsanker und Betonkonstruktionen sichern vor Felssturz.

Auf der gegenüberliegenden Rheinseite erblickt man den flachen Krater des Rodderberges. Er hat mit dem Siebengebirgsvulkan nichts zu tun, sondern ist ein nordwestlicher Vorposten der Vulkaneifel.

Etwa einen Kilometer entfernt vom Drachenfels liegt die **Wolkenburg** (4). Auch dieser Berg zeigt Spuren des früheren Bergbaues. Das Gestein, Quarz-Latit, erinnert an das des Stenzelberges, besitzt aber einen Sanidin-Gehalt von der Größenordnung des Drachenfelser Trachyts. Es war als Werkstoff bei den Bildhauern des Barock und Rokoko beliebt.

Empfehlenswert ist der Rückweg durch das **Nachtigallental** (5) nach Königswinter. Abgesehen von dem landschaftlichen Reiz trifft man dort auf das unterdevonische Gestein.

Vom Parkplatz Margarethenhöhe sollte man zunächst den basaltischen **Ölberg** (6), mit 460 m die höchste Kuppe des Siebengebirges, wegen der hervorragenden Aussicht besteigen.

Zurück auf demselben Weg ist der südlich gelegene **Lohrberg** (7) nicht zu verfehlen. Er liegt innerhalb einer Kette von Trachytbergen, die sich vom Drachenfels bis zur Perlenhardt erstreckt. Der Steinbruch am Nasse-Platz schneidet den hier auf Trachyttuff liegenden Trachyt an. Im Tuff fallen Reste aus dem Devongestein auf, im Trachyt der Sanidin-Gehalt.

Von der Ruine auf der **Löwenburg** (8) hat man einen ausgezeichneten Überblick. Der Gipfel besteht im wesentlichen aus Nephelin-Latit. Der reizvolle Wanderweg vom Löwenburger Hof am Fuß des Berges westwärts durch das Rhöndorfer Tal berührt noch weitere anstehende Vulkanite des Löwenburgkomplexes.

Zwischen Königswinter und Ittenbach befinden sich die **Ofenkaulen** (9). Ausgedehnte künstliche Höhlen zeugen von dem einstigen Abbau des Trachyttuffes als Material zum Bau von Backöfen. Das Begehen der durch Sickerwasser bedrohten Höhlen ist nur unter ortskundiger Führung vertretbar und erlaubt!

Ein ausgedehnter Fußweg führt von Bad Honnef ostwärts zu den Latit-Kuppen von **Himmerich** (10), **Mittelberg** und **Broderkonsberg** (11). Im Nord- und Südwesthang der Berge liegen Quarzitfindlinge. Das Hauptgestein der Kuppen ist häufig von Basaltdurchbrüchen geringen Umfangs durchsetzt. Der Latit des Himmerich zeigt pfeilerförmige Absonderungen (Farbt. 50).

Das **Schmelztal** (12) leitet seinen Namen von dem früheren Erzabbau her. Die Halden der Grube Jonnisberg markieren die Stelle, wo (damals) abbauwürdige Erzadern mit Blei, Zink und Kupfer das Tal nordsüdlich queren. Das Metall wurde am Ort gewonnen, die zur Verhüttung nötige Holzkohle aus den Meilern der Wälder herangeschafft (›Kohlestraße‹).

Im **Ennert** (13) läuft das Rheinische Schiefergebirge nach Norden zur Sieg hin aus. Seine Hochfläche bildete einst die Hauptterrasse des Rheins; weiße Rheinkiesel verraten noch, daß auf diesem Niveau (Paffelsberg 195 m) einmal der Strom floß.

Als wuchtiges Basaltmassiv erhebt sich südlich des Siebengebirges die **Erpeler Ley** (14) bis 140 m über die Sohle des Rheintales. Seit ihrer Entstehung im Tertiär hat fortgesetzte Erosion des Rheins den basaltischen Kern herausmodelliert und das Gipfelplateau geschaffen. Mit der fortgesetzten Eintiefung des Rheins wurde die Westkante des Basaltblockes freigelegt, gleichzeitig lenkte der Härtling den Strom in die heutige Richtung ab. Er gewährt einen guten Eindruck in den Aufbau des Berges mit seinen schönen Basaltsäulen.

Wegen dieser Besonderheit und ihrer wärmeliebenden Pflanzenwelt mit Arten, die zum Teil der Mittelmeerflora angehören, steht die Erpeler Ley unter Naturschutz. Sie bildet den Anfang einer Serie von Bergkuppen vulkanischen Ursprungs, die südwärts die Oberflächengestalt der Linzer Höhe prägen.

Landeinwärts tritt der 440 m hohe **Asberg** (15) landschaftsbeherrschend in Erscheinung. Sein Basalt verwitterte zu schönen fünf- und sechseckigen Säulen.

Literatur-Auswahl

(Berücksichtigt sind nur selbständige Veröffentlichungen)

Allgemeines

Archiv für deutsche Heimatpflege (Hrsg.): *Heimatchronik der Städte und Landkreise des Bundesgebietes*
Bd. 15: Der Kreis Altenkirchen, Köln 1956. 2. Aufl. in Vorber.
Bd. 31: Der Kreis Neuwied, Köln 1966
Bd. 48: Der Westerwaldkreis, Burscheid 1978

Bad Ems, Die Natur- und Kulturlandschaft von, Bad Ems 1979

Blöcher: *Das Hinterland. Ein Heimatbuch,* Biedenkopf 1953

Großer Westerwald-Führer, hrsg. v. Westerwald-Verein, 10. Aufl., Montabaur/Stuttgart 1980

Heimatbuch des Regierungsbezirks Montabaur. Hrsg. v. d. Nassauischen Kulturstiftung, Marienberg 1956

Heyn, E.: *Der Westerwald und seine Bewohner von den ältesten Zeiten bis heute,* Marienberg 1893

Klose, H.: *Im Quellgebiet der Aar,* Niederweidbach 1967

Koch, H.-G.: *Bergland an Sieg, Heller und Wied,* Siegen 1977

Landkreise, Die deutschen. Handbuch für die Verwaltung, Wirtschaft und Kultur
Die Landkreise in Rheinland-Pfalz, Bd. 6: Der Landkreis Altenkirchen, Altenkirchen 1969
Die Landkreise in Nordrhein-Westfalen, Bd. A/6: Der Siegkreis, Bonn 1959

Roth, H. J.: *Westerwald im Bild,* 4. Aufl., Montabaur 1980 (Bildband)

Roth, H. J.: *Der Westerwald,* Würzburg 1982 (Farb-Bildband)

Sternberg, L.: *Der Westerwald,* Reprint: Montabaur 1977

Westerwaldbuch, Das, Bd. 1. Beiträge zur Landeskunde, Geschichte, Kultur und Wirtschaft im Raum zwischen Rhein und Dill, Sieg und Lahn, 2. Aufl., Montabaur 1978

Natur

Die Mittelrheinlande, Wiesbaden 1967

Handbuch der naturräumlichen Gliederung Deutschlands, 4. u. 5. Liefg., Remagen 1957

Rheinische Landschaften. Schriftenreihe für Naturschutz und Landschaftspflege. Hrsg.: Rheinischer Verein für Denkmalpflege und Landschaftsschutz, Köln. *Hefte:*
2/3 (Westerwälder Seenplatte)
12 (Land zwischen Rhein, Sayn und Wied)
13 (Siebengebirge)

Roth, H. J.: *Westerwald und Siebengebirge in Farbe. Ein Reiseführer für Naturfreunde,* Stuttgart 1977

Geschichte

Born, M.: *Siedlungsentwicklung am Osthang des Westerwaldes,* Marburg 1957

Dersch, W.: *Oberhessische Heimatgeschichte,* Marburg 1925

Gensicke, H.: *Landesgeschichte des Westerwaldes,* Wiesbaden 1958

Häbel, H. J.: *Die Kulturlandschaft auf der Basaltfläche des Westerwaldes vom 16. bis 19. Jahrhundert,* Wiesbaden 1980

Huth, E.: *Herborn, Stadt und Mark,* Herborn 1951

Huth, K.: *Gladenbach, eine Stadt im Wandel der Jahrhunderte,* Gladenbach 1974

Janke, H.: *Vorgeschichte des Kreises Wetzlar,* Wetzlar 1973

Lennarz, U.: *Die Territorialgeschichte des Hessischen Hinterlandes,* Marburg 1973

May, K. H.: *Territorialgeschichte des Oberlahnkreises,* Marburg 1939

Santé, G. W.: *Handbuch der historischen Stätten Deutschlands*
Bd. 3: Nordrhein-Westfalen, Stuttgart 1970
Bd. 4: Hessen, 1976
Bd. 5: Rheinland-Pfalz, 1976

Schoenwerk, A.: *Geschichte von Stadt und Kreis Wetzlar,* 2. Aufl., Wetzlar 1955

Stahl, K. H.: *Hadamar, Stadt und Schloß,* Hadamar 1974

Kunst

Backes, M., Caspary, H., Dölling, R.: *Kunstwanderungen in Rheinland-Pfalz,* Stuttgart 1971

Bornheim gen. Schilling, W.: *Rheinische Höhenburgen, 1–3,* Neuss 1964

Blöcher, E.: *Der Zimmermann im Hinterland und seine Balkeninschriften,* 1975

Clemen, P.: *Die Kunstdenkmäler der Rheinprovinz*
Bd. 5/4: Siegkreis, bearb. v. E. Renard, 1907
Bd. 16/1: Kreis Altenkirchen, bearb. v. M. Bitterauf-Remy, 1935
Bd. 16/2: Kreis Neuwied, bearb. v. H. Neu u. H. Weigert, 1940
Bd. 16/3: Landkreis Koblenz, bearb. v. H. E. Kubach, F. Michel et al, 1944

Dehio, G. u. Gall, E.: *Handbuch der deutschen Kunstdenkmäler*
Rheinland, bearb. v. R. Schmitz-Ehmke, Darmstadt 1977
Westfalen, bearb. v. D. Kluge u. W. Hansmann, 1969
Rheinland-Pfalz und Saarland, bearb. v. H. Caspary, W. Götz u. E. Klinge, 1972
Hessen, bearb. v. M. Backes, 1966

Döry, L. Baron: *Barockplastik im ehemaligen Amt Camberg. Über die Lage Cambergs und seiner Umgebung im Bereich der Bildhauerschulen von Hadamar und Mainz,* Camberg 1971/72

Fachwerkkirchen in Hessen, Hrsg. v. Förderkreis Alte Kirchen. Marburg, 2. Aufl., Königstein 1978

Holschbach, H.: *Volkskunde des Kreises Altenkirchen,* Elberfeld 1929

Leyendecker, A.: *Schloß Drachenburg,* Köln 1979

Löber, K.: *Das Bildwerk der Haigerer Stadtkirche,* Haiger 1973

Ludolf, A.: *Die Bau- und Kunstdenkmäler von Westfalen: Kreis Siegen,* 1903

Luthmer, F.: *Die Bau- und Kunstdenkmäler des Regierungsbezirks Wiesbaden*
Bd. 3: Lahngebiet, 1907
Bd. 4: Die Kreise Biedenkopf, Dill, Oberwesterwald und Westerburg, 1910
Bd. 5: Die Kreise Unterwesterwald (etc.), 1914

Rheinische Kunststätten. Schriftenreihe für Denkmalpflege, Kunstgeschichte und Ortsbildpflege. Hrsg.: Rheinischer Verein für Denkmalpflege und Landschaftsschutz, Köln. Hefte:
12 (Bad Honnef mit Rhöndorf)
19 (Beuel am Rhein)
26 (Ehrenbreitstein an der Wied)
29 (Erpel)
33 (Hennef)
65 (Königswinter)
71 (Linz am Rhein)
80 (Oberpleis)
93 (Bonn-Schwarzrheindorf)
98 (Hennef-Stadt Blankenberg)
106 (Unkel)
156 (Hachenburg)
168 (Dausenau)
174 und 251 (Bad Ems)
183 (Gemünden)
193 (Vallendar)
208 (Ehrenbreitstein)
218 (Heisterbach und Oberdollendorf)
227 (Montabaur)
228 (Kloster Marienstatt)
239 (Nassau)
241 (Sayner Hütte in Bendorf)

Roth, H. J.: *Abtei Marienstatt. Ein Führer zur Architektur und Kunst,* Hachenburg 1966

Roth, H. J.: *Altenberg und Marienstatt. Die Beziehungen zweier rheinischer Zisterzen,* Bergisch Gladbach 1971

Roth, H. J.: *Das Bergische Land,* Köln 1982

Verbeek, A.: *Die Doppelkirche in Schwarzrheindorf,* Mönchengladbach 1961

Verlassene Kirchen in Hessen, Königstein 1981

Wurm, K.: *Der Oberlahnkreis (Inventar vor- und frühgeschichtlicher Denkmäler),* Marburg 1965

Abbildungsnachweis

Farbtafeln und Schwarz-weiß-Abbildungen

Michael Jeiter, Aachen Farbt. 8, 9, 11, 18, 19, 28, 36; Abb. 1, 8–21, 23–39, 41, 43, 44, 46, 47, 50–52, 58, 59, 68–70, 72, 74–76, 78–82, 84–96, 102, 103, 105–107, 117, 120–122, 127, 130, 136

Keramikmuseum Westerwald, Höhr-Grenzhausen Abb. 133

Peter Klaes, Radevormwald Umschlagvorderseite; Farbt. 7, 10, 20

B. Leisenheimer, Kloster Ehrenstein Farbt. 13

Wulf Ligges, Flaurling Abb. 4, 5

Rainer Palm, Köln Farbt. 14; Abb. 63

Ludwig Passerah, Wissen/Sieg Abb. 126

Inge und Arved von der Ropp, Köln Farbt. 49; Abb. 42

Hermann Josef Roth, Bergisch Gladbach Umschlagklappe vorn, Umschlagrückseite; Farbt. 1–6, 12, 15–17, 21–27, 29–31, 33–35, 37–48, 50–64; Abb. 2, 3, 6, 7, 22, 40, 45, 48, 49, 53–57, 60–62, 64–67, 71, 73, 77, 83, 97–101, 104, 108, 109, 110, 115, 116, 118, 119, 123–125, 128, 129, 131, 132, 134, 135, 137–142

Stadt Siegen, Pressestelle Abb. 111–114

Sigrun Wiegand, Gladenbach Farbt. 32

Zeichnungen und Pläne im Text

(Die Zahlen bezeichnen die Seiten im Buch)

Die Bau- und Kunstdenkmäler des Regierungsbezirks Wiesbaden

Band IV. Die Kreise Biedenkopf, Dill, Ober-Westerwald, Westerburg. Frankfurt/M., 1910 17, 30, 78, 79, 97, 99, 100, 101, 108, 112, 113, 114, 115, 117, 118, 122, 125, 173, 185, 209, 210, 211, 212, 215, 216, 241, 242, 244, 248

Band V. Die Kreise Unter-Westerwald, St. Goarshausen, Untertaunus und Wiesbaden Stadt und Land. Frankfurt/M. 1914 21, 28, 163, 165, 166, 181, 255, 256

Band VI. Nachlese und Ergänzungen. Frankfurt/M. 1921 15, 121, 172, 176

Friedhelm Busch: Schloß Hainchen. Eine Wasserburg am Hang, Siegen 1981 221

Die Kunstdenkmäler des Kreises Neuwied. Hrsg. von Paul Clemen. Düsseldorf 1940 26, 62, 65, 69

F. Luthmer: Nassau, Wanderungen durch Kunst und Geschichte, Wiesbaden 1917 171

Matthäus Merian, Topographia Germaniae, Hessen 1655; Neue Ausgabe, Kassel 1966 Frontispiz 2, 111, 116, 175, 214, 219, 243

E. Renard: Die Kunstdenkmäler des Siegkreises, Düsseldorf 1907 49

Rheinische Kunststätten
Das Siebengebirge. Düsseldorf 24

Leo Sternberg: Der Westerwald. Reprint, Montabaur 1977 10, 14, 23, 57, 103, 104, 170, 186, 187

Westfälische Kunststätten
Die Nikolaikirche in Siegen. Münster 218

Karten in den Umschlagklappen:
DuMont Buchverlag

Praktische Reisehinweise

Anfahrtswege

Im geographischen Mittelpunkt der Bundesrepublik Deutschland gelegen, ist der Westerwald sehr leicht zu erreichen.

Bahn

Fernstrecken der Bundesbahn durchziehen die Tallandschaften am Rande des Westerwaldes, von denen Nebenstrecken auf die Höhen führen, die zum Teil auch von Eilzügen befahren werden. Einige Strecken dienen neuerdings nur noch dem Güterverkehr.

Hauptstrecken
Köln – Siegburg – Au – Betzdorf – Siegen (420)
Köln – Troisdorf – Bonn-Beuel – Neuwied – Koblenz (610, 600)
Koblenz – Lahnstein – Bad Ems – Limburg – Wetzlar – Gießen (540)
Siegen – Dillenburg – Herborn – Wetzlar (360)

Nebenstrecken
Mit Eilzügen:
Köln – Siegburg – Au – Altenkirchen – Hachenburg – Westerburg – Hadamar – Limburg (424)
Altenkirchen – Siershahn – Engers – Neuwied – Koblenz (421)
Betzdorf – Daaden (422)

Sonstige
Betzdorf – Herdorf – Burbach – Haiger (366)
Haiger – Breitscheid (367)
Dillenburg – Ewersbach (366)
Dillenburg – Wallau (365)
Herborn – Gladenbach – Marburg (368)
Laasphe – Biedenkopf – Dautphetal – Marburg (362)
Siershahn – Montabaur – Limburg (423)

Kommunale oder Privatbahnen u. a.
Bonn – Hangelar – Siegburg (498)
Bonn – Königswinter – Bad Honnef (499)

Straße

Der Westerwald ist durch sein Straßennetz außergewöhnlich gut für den Kraftwagenverkehr erschlossen. Zu fast allen Orten führen Buslinien von Bundespost, Bundesbahn und privaten Unternehmen. Der Fernverkehr gelangt über mehrere Autobahnen in unser Reisegebiet:

A 3 = Köln – Dernbacher Dreieck – Montabaur – Limburg
A 48 = Trier – Koblenz – Höhr-Grenz-

hausen – Dernbacher Dreieck; Krofdorf-Gleiberg – Lollar
A 45 = Dortmund – Siegen – Haiger/ Burbach – Dillenburg – Herborn – Wetzlar

Die Bundesstraßen sind durchweg gut ausgebaut. An ihnen orientieren sich zum Teil die in diesem Buch empfohlenen Reiserouten.

Schiff

Weniger für Zubringerdienste, sondern für das geruhsame Studium der Randlandschaften sind Schiffsfahrten empfehlenswert. Während auf der Lahn vorwiegend örtlicher Bootsverkehr besteht, sind auf dem Rhein ausgedehnte Streckenfahrten möglich. Mit bestimmten Fahrausweisen ist auch der Übergang von Schiff auf Bahn oder umgekehrt möglich. Folgende Möglichkeiten sind von Wichtigkeit:

Köln-Düsseldorfer Deutsche Rheinschiffahrt AG
Frankenwerft 15, 5000 Köln 1
✆ 02 21/21 18 64 (Ausflugschiffe)
✆ 02 21/2 01 82 77 (Kabinenschiffe)
Köln – Koblenz – Mainz und zurück (10 200)

Bonner Personenschiffahrt
Brassertufer, Alter Zoll, 5300 Bonn
✆ 02 28/63 65 42
Bonn – Linz – Koblenz – St. Goarshausen (10 210)

Wandern

Der Westerwald ist als Wandergebiet zwischen Ballungsräumen außerordentlich attraktiv. Ein durchweg gut gepflegtes Wanderwegenetz erfüllt alle Anspüche. Die Betreuung der Wege und die Wahrnehmung aller sonstigen Belange, die für das Wandern wichtig sind, obliegt dem *Westerwald-Verein e. V.*, der 1888 in Selters gegründet worden ist.

Geschäftsstelle: Kreisverwaltung, 5430 Montabaur, ✆ 0 26 02/1 22 06. Er ist in etwa dreißig Zweigvereinen (Ortsvereinen) mit rund 5000 Mitgliedern organisiert.

Örtliche Rundwanderwege

Die örtlichen Verwaltungen und Fremdenverkehrseinrichtungen sowie die Naturparkträger haben ein kaum noch übersehbares Netz von Rundwanderwegen geschaffen. Diese beginnen in oder bei den Ortschaften sowie an Wanderparkplätzen. Auch untrainierte Spaziergänger können ohne allzu große Mühe diese Routen bewältigen.

Streckenwanderwege

Höhere Ansprüche stellen die Streckenwanderwege des Westerwald-Vereins, auf denen man mehrere Tage unterwegs ist. *Römische Zahlen kennzeichnen die West-Ost-Streckenwanderwege:*

I = Königswinter – Kloster Marienthal – Hachenburg – Bad Marienberg – Herborn
II = Linz/Rhein – Flammersfeld – Herschbach – Westerburg – Rennerod – Greifenstein – Katzenfurt
III = Neuwied – Ransbach-Baumbach – Vielbach – Meudt – Wallmerod – Dornburg – Mengerskirchen – Odersberg – Ulmtal – Wetzlar
IV = Vallendar – Montabaur – Hadamar – Weilburg

Arabische Ziffern kennzeichnen die Nord-Süd-Streckenwanderwege:

1 = Hennef – Linz
2 = Eitorf – Flammersfeld – Waldbreitbach – Rengsdorf – Neuwied
3 = Au – Altenkirchen – Puderbach – Dierdorf – Höhr-Grenzhausen – Neuhäusel – Bad Ems
4 = Wissen – Hachenburg – Selters – Wirges – Montabaur – Obernhof
5 = Herdorf – Daaden – Bad Marienberg – Westerburg – Wallmerod – Diez
7 = Burbach – Liebenscheid – Rehe – Mengerskirchen – Merenberg – Weilburg

Rundwanderwege

Diese auch von anderen Wandervereinen mitbetreuten Wege laufen entlang der Tallandschaften. Es bedeuten:

S = *Sieghöhenweg:* Hennef – Stadt Blankenberg – Stromberg – Marienthal – Alsdorf – Betzdorf – Freusburg
R = *Rheinhöhenweg:* Bonn-Beuel – Königswinter – Bad Honnef – Leutesdorf – Neuwied – Koblenz-Ehrenbreitstein
L = *Lahnhöhenweg:* Lahnstein – Bad Ems – Nassau – Obernhof – Weilburg – Wetzlar
H = *Hellerhöhenweg:* Betzdorf – Holzhausen – Haiger
D (weiß) = *westlicher Dillhöhenweg:* Haiger – Herborn – Wetzlar
D (schwarz) = *östlicher Dillhöhenweg:* Dillquelle – Herborn – Aßlar

Fernwanderwege

Diese Wege zeichnen sich durch besonders große Entfernungen oder als zusätzliches Angebot zu den Streckenwanderungen aus. Wichtig sind:

X = *Europäischer Fernwanderweg:* (Nordsee) – Herkersdorf – Bad Marienberg – Selters – Montabaur – Nassau – (Bodensee)
K = *Kölner Weg:* Köln – Bergisch Gladbach – Marienthal – Hachenburg – Bad Marienberg – Dierdorf – Neustadt – Königswinter
△ = *Westerwald-Hochwanderweg:* Montabaur – Welschneudorf – Kirchähr – Westerburg – Wölferlingen – Selters – Montabaur (Für diesen Weg bietet der Fremdenverkehrsverein Westerwald in Montabaur einen besonderen Service an!)
Römerturm = *Limes-Wanderweg:* Rheinbrohl – Niederbieber – Höhr-Grenzhausen – Arzbach – Bad Ems

Führer und Karten

Eine unentbehrliche Fundgrube für jedwede Information ist das Kompendium des Westerwald-Vereins ›Großer Westerwald-Führer‹ (2. Aufl. Montabaur 1980), auf das ein ernsthafter Wanderer überhaupt nicht verzichten kann.

Als *Wanderkarten* eignen sich erfahrungsgemäß am besten die amtlichen Topographischen Karten im Maßstab 1:50 000 der Ausgabe W, in denen die offiziellen Wanderwege genau eingezeichnet sind und denen an Zuverlässigkeit keine anderen gleichkommen.

Im Westerwald werden benötigt:
L 5112 Freudenberg, L 5114 Siegen,
L 5116 Biedenkopf, L 5308 Bonn,
L 5310 Altenkirchen, L 5312 Betzdorf,

L 5314 Dillenburg, L 5316 Gladenbach, L 5318 Marburg, L 5508 Bad Neuenahr, L 5510 Neuwied, L 5512 Montabaur, L 5514 Weilburg, L 5516 Wetzlar, L 5710 Koblenz, L 5712 Bad Ems, L 5714 Limburg

Randgebiete
In den Randgebieten des Westerwaldes sind zum Teil noch andere Organisationen tätig, die mit dem Westerwald-Verein im Verband der Deutschen Gebirgs- und Wandervereine zusammengeschlossen sind: Sauerländischer Gebirgsverein, Eifelverein, Taunusclub, Oberhessischer Gebirgsverein, Vogelsbergclub.

Aussichtspunkte und -türme

Siebengebirge

Drachenfels (321 m; Farbt. 2, 49)
Ennert (150 m)
Großer Ölberg (461 m)
Löwenburg (455 m)

Rheinischer Westerwald

Erpeler Ley (191 m)
Rheinbrohler Ley (207 m)
Hahnhof bei Neuwied-Altwied (313 m)
Niederbieber
Festung Ehrenbreitstein
Mahlberg bei Waldbreitbach (394 m)
Bertenauer Kopf (352 m)
Willscheider Berg (370 m) bei Vettelschoß
Alt-Rennenberg (325 m)

Siegerland und Umgebung

Gilberg (430 m) bei Siegen
Burgberg (400 m) bei Siegen-Eisern
Pfannenberg (492 m) bei Siegen-Eisern
Rabenhain (465 m) bei Siegen-Volsberg
Otto-Turm (ca. 300 m) bei Kirchen-Katzenbach

Dillgebiet und Hinterland

Ruine Greifenstein (430 m; Farbt. 21)
Knoten (605 m) bei Greifenstein-Arborn
Hohenahr: Altenberg (441 m)
Jugendburg Hohenahr-Hohensolms (410 m)
Dünsberg (498 m) bei Biebertal
Koppe (355 m) bei Ehringshausen-Kölschhausen
Hohe Warte bei Aßlar
Ruine Gleiberg (308 m; Abb. 31)
Ruine Vetzberg (310 m; Abb. 32)
Burg Biedenkopf (390 m; Abb. 119)
Sackpfeife (674 m) nördlich von Biedenkopf
Endbacher Platte (480 m)

Lahngebiet

Dianaburg (412 m)
Ruine Merenberg (314 m; Farbt. 36)
Beselicher Kopf (295 m)
Heidenhäuschen bei Oberzeuzheim (398 m)
Goetheblick (245 m) bei Obernhof
Bäderlei mit Concordiaturm (265 m) bei Bad Ems
Bismarckhöhe (213 m) bei Bad Ems
Schöne Aussicht (459 m) bei Kemmenau

Westerwald-Höhen

Montabaurer Höhe: Köppel (540 m)
Großer Teufelskopf bei Arzbach (423 m)
Burgruine Hartenfels (348 m; Farbt. 1)
Weltersburg (435 m)
Dornburg (396 m)
Zinhainer Höhe (572 m) bei Bad Marienberg

Salzburger Kopf (653 m)
Fuchskaute (657 m)
Hohenseelbachskopf (530 m)
Beulskopf (389 m) bei Hilgenroth
Asberg (334 m) bei Weyerbusch an der Raiffeisenstraße

Speise und Trank

Auch in unserem Reisegebiet weist die Küche wie überall gewisse landschaftliche Besonderheiten auf. Zwar kennt man kein Westerwälder ›Nationalgericht‹, aber doch manche originelle Zubereitungsweise, die einst eher die Not diktiert hat, heute aber dem Gaumen besonders herzhaft mundet. In einem besonderen gußeisernen Topf, dem Riewesdiehl, bereitete man Kartoffel- oder Reibekuchen. In ähnlicher Weise machte man Kartoffelbrot. Dazu konnte man die nach Westerwälder Art angefertigten Handkäse essen. Etwas besonders Feines ist aber der Eierkäse, für dessen Zubereitung ein eigenes irdenes Geschirr benutzt wurde.

Unterwegs hielt man es einfach und deftig. In Montabaur nahmen die Bauern, die zum Ein- oder Verkauf ins Städtchen gekommen waren, ein schlichtes Frühstück zu sich, das aus Bier, Fleischwurst und den ›Schäßjer‹ bestand, Wasserwecken in origineller Backform.

Eine Sammlung von Rezepten befindet sich im Großen Westerwald-Führer des Westerwald-Vereins. Inzwischen haben vereinzelt auch Wirte, die mehr als nur Wiener Schnitzel zustande bringen, bodenständige Gerichte in ihre Speisekarte aufgenommen.

Feste und Brauchtum

Altes Brauchtum ist an manchen Festtagen lebendig geblieben, obwohl sich zunehmend Einflüsse von auswärts durchsetzen. An Beliebtheit steht die in allen Ortschaften gefeierte Kirmes obenan. Mancherorts heißt der Kirmesbaum noch ›Maibaum‹ und erinnert an den älteren Brauch des Maibaumsetzens. Eine Besonderheit des Unterwesterwaldes sind die prächtigen Eierkronen, die in mitunter phantastischer Gestalt die Kirmesbäume schmücken. Schützenfeste und Martinszüge sind ebenso wie die ›Fassenacht‹ und in katholischen Ortschaften die ›Sternsinger‹ (6. Januar) aus dem Rheinland übernommen.

Westerwälder Eigenarten finden sich noch an einigen allgemeinen Feiertagen: Am 6. Dezember kommt St. Nikolaus nicht als Bischof, sondern als Alter Mann. Ihn begleitet im Nordwesten Hans Muff, im Südwesten der Belzebock. Zum ›Bescheerabend‹ (24. Dezember) erscheint nicht der Weihnachtsmann, sondern das Christkind, vielfach in Mädchengestalt! Der seit dem 19. Jahrhundert hier bekannte Weihnachtsbaum wird mit golden bemalten Nüssen geschmückt. Zur Jahreswende verzehrt man im Hohen Westerwald die ›Naujohrcher‹, ein deftiges Gebäck, im Unterwesterwald und an der Lahn die ›Brocksel‹: Branntwein und Lebkuchen, mit Zucker zurechtgemacht. Zum Palmsonntag trägt man manchmal ›Palmkätzchen‹, blühende Weidenzweige, zur Kirche. An den Kartagen schweigen in katholischen Dörfern die Glocken. Stattdessen bewegen die Meßbuben höl-

zerne Rasseln und Klappern. Die einfarbigen Ostereier werden gerne in Ameisenhaufen gelegt, damit sie fleckig werden.
Einige Bräuche und Feste haben besonderen Charakter:

Bad Ems
Dahlien-Korso; letztes Wochenende im August

Bad Hönningen
Weinblütenfest; Ende Mai/Anfang Juni
Sommernachtsfest; Ende Juli
Federweißenfest im Stadtweingut; Beginn der Traubenlese

Bonn-Beuel
Pützchens Markt; zweites Wochenende im September

Dattenberg
Erntedank- und Winzerfest, Festzug; erstes Wochenende im Oktober

Dierdorf
Kunstausstellungen im Uhrturm nach Vorankündigung

Dornburg-Wilsenroth
›Zwicken‹-Spielen, ein originelles Kartenspiel, bei dem deftige Vorweihnachtsgebäcke, ›Hos und Bopp‹, gewonnen werden; 5. September

Dreifelden
Großer Fischzug mit Volksfest; Herbst

Eitorf
Eitorfer Frühling; erste Woche im Mai

Giesenhausen
›Hecksfest‹ oder ›Zech‹ der Waldarbeiter; Sommer

Greifenstein-Nenderoth
Hochzeit auf dem Lande für Gäste. Trauung in der alten Kirche, Volksbrauchtum mit Holzsägen und Baumpflanzen

Haiger
Dörfer im Roßbachtal: Auftreten des ›Maimannes‹; Mai

Haiger-Allendorf
Herstellen der ›Allendorfer Naujoahrn‹, eines Silvester-Gebäcks

Hardt
Westerwälder Spinnstube, Treffpunkt der Dorfbewohner im Winter

Höhr-Grenzhausen
›Kannenbäckerland-Schau‹, Gewerbeausstellung; Oktober
Festliche Verleihung des Westerwaldpreises für Keramik; alle zwei Jahre nach Vorankündigung

Leubsdorf
Winzerfest; zweiter Sonntag im Oktober

Leutesdorf
Weinblütenfest; Mai
Winzerfest; dritter Sonntag im September

Linz
Bunte Woche; zweite Woche vor Pfingsten
Winzerfest; zweites Wochenende im September

Marienstatt
Großer Wallfahrtstag, Umzüge mit kirchlichen und Volkstrachten, Bergmannskapelle, Fahnen und Banner, Buden; Donnerstag nach Fronleichnam

Meudt
Ausschöpfen des Gangolfus-Brunnen; Pfingstsamstag

Nassau
Sommerfest
Michelsmarkt, größtes Volksfest an der unteren Lahn; Ende September

Obernhof
Heimatfest; Mitte August

Rheinbrohl
Weinfest; erster Sonntag im Oktober

Stahlhofen am Wiesensee
Großer Fischzug mit Aalräucherei; Oktober
Lichterfest; Sommer

Thalhausen
Brunnenfest; Herbst

Vettelschoß-Willscheid
Sommerfest; August

Westerburg
Westerburger Heimatabend; Oktober

An wechselnden Orten je nach Vorankündigung: Sternwanderungen des Westerwald-Vereins im Winter und zur Jahreshauptversammlung.

Kirmessen, Schützenfeste und kleinere Märkte wurden nicht eigens angeführt, da sie an fast allen Orten das Jahr über stattfinden.

Museen und Sammlungen

Bad Ems
Stadtmuseum, Römerstr. 97: Bädergeschichte, Vor- und Frühgeschichte, Bergbau.
✆ 0 26 03/40 11; di, fr 9–12 Uhr, fr 14.30–17.30 Uhr; Voranmeldung!

Bad Honnef
Stiftung Bundeskanzler-Adenauer-Haus, Rhöndorf, Konrad-Adenauer-Str.: Konrad-Adenauer-Dokumente aus vier Epochen deutscher Geschichte.
✆ 0 22 24/67 31; di–so 10–16.30 Uhr.

Bad Marienberg
Basaltpark. Eröffnung im Mai 1983.

Bendorf
Städtisches Museum: Historische Funde, Kunsterzeugnisse der Sayner Hütte.
✆ 0 26 22/20 10; mi 17–18 Uhr, so 11–12 Uhr, sonst Vereinbarung!

Biebertal
Hof Haina, Heimatmuseum: Bäuerliches Gerät, Webstube.
✆ 06 41/5 14 87; Voranmeldung!

Biedenkopf
Hinterlandmuseum, Schloß: Naturkunde, Bergbau, Geschichte, Volkskunde, Eisenindustrie an der oberen Lahn.
✆ 0 64 61/25 14;
11.3.–15.4.: mo–sa 14–18 Uhr; so 10–18 Uhr; 16. 4.–9. 10.: tägl. 8–18 Uhr; 10. 10.–15. 11.: mo–sa 14–18 Uhr.

Breitscheid-Erdbach
Dorfgemeinschaftshaus: Geologie von Erdbach, Vor- und Frühgeschichte.
✆ 0 27 77/10 18; Voranmeldung bei Willi Hofmann, Breitscheider Str. 14!

Daaden
Museum des Daadener Landes: Ortsgeschichte, Bergbau.
Mi 17–19 Uhr, 1. So im Monat 11–12 Uhr.

Dillenburg
Oranien-Nassauisches Museum, Wilhelmsturm: Gegenstände aus Oranier-Nassauischer Zeit, alte Waffen und Möbel, Kasematten.
✆ 0 27 71/70 61 u. 70 64; di–so 9–12 Uhr, 14–18 Uhr; 1. Nov. – Ostern geschlossen!

Gladenbach
Heimatmuseum ›Amt Blankenstein‹, Hainparkstr.: Vorgeschichtliche Funde von Burg Blankenstein, Ortsgeschichte.
✆ 0 64 62/70 46 u. 70 49; mo–sa 9–12 Uhr, 14–17 Uhr.
Künstlerhaus Lenz, Erdhausen: Hessische Bauernmalerei, Volkskunde aus dem Hinterland.
✆ 0 64 62/84 84; mi–so 10–22 Uhr; mo 10–20 Uhr.
Schmetterlingszucht und Ausstellung Otto von Gebhardie, Jahnstr. 10: Sammlung von rd. 15 000 Exemplaren aus eigener Zucht. Voranmeldung!

Greifenstein
Glocken- und Ortsmuseum: Glockensammlung, Geschichte der Burg, Volkskunde, Geologie.
✆ 0 64 73/4 33; Gründonnerstag – 31. 10.: tägl. 10–12 Uhr, 14–18 Uhr.

Hachenburg
Landschaftsmuseum Westerwald, Burggarten: Geologie, Vor- und Frühgeschichte, Volkskunde, Fachwerkarchitektur, Sakralkunst.
✆ 0 26 62/74 56; di–so 10–12 Uhr 14–17 Uhr.

Haiger
Heimatmuseum, Haus Fischbach, Marktplatz: Geologie, Bergbau, Geschichte von Haiger und der Herborner Mark.
✆ 0 27 73/46 29; mo–fr 10–12 Uhr, 15–18 Uhr, sa 10–12 Uhr.

Hamm (Sieg)
Geburtshaus Friedrich Wilhelm Raiffeisens: Gedenkstätte. ✆ 0 26 82/34 89 (Grüttner); Voranmeldung!

Hennef
Heimatmuseum, Stadt Blankenberg: Vor- u. Frühgeschichte, Heimatgeschichte, religiöse Volkskunst, Sakralkunst.
✆ 0 22 48/24 62; 15. 3. – 15. 11.: sa, so 11–13 Uhr, 14–18 Uhr.

Herborn
Heimatmuseum, Schulhofstr.: Stadtgeschichte, Hohe Schule.
✆ 0 27 72/30 11; di, do, sa: 15–18 Uhr.

Herdorf
Heimatstube, Alte Schule: Bergmännische Erinnerungsstücke, bäuerliche und handwerkliche Gegenstände.
✆ 0 27 44/7 61; Voranmeldung!
Im Ortsteil *Sassenroth* wird 1983 ein *Bergbaumuseum* des Kreises Altenkirchen eröffnet.

Höhr-Grenzhausen

Keramikmuseum Westerwald, Deutsche Sammlung für historische und zeitgenössische Keramik, Rathausstr. 131: Historische Keramik des Westerwaldes, internationale zeitgenössische Keramik.
✆ 0 26 24 / 36 66; di–so 10–17 Uhr.
Burgmuseum Grenzau: Örtliche und auswärtige Keramik, Eisenkunstguß.
✆ 0 26 24 / 38 81; sa, so 14–16 Uhr.
Museum im Kannenofen, Firma Peltner, Kleine Emser Str. 4: Alter Kannenofen, rheinische und schlesische Keramik, Fertigung.
✆ 0 26 24 / 72 51; tägl. 9–12 Uhr, 14–17 Uhr, so 13–17 Uhr.

Koblenz-Ehrenbreitstein

Landesmuseum, Rhein-Museum, Festung Ehrenbreitstein, Hohe Ostfront: Mittelrheinische Bimsindustrie, Weinbau, Mühlenwerke, Rheinschiffahrt, Gewässerkunde.
✆ 02 61 / 7 17 15; 21. 3.–1. 11. tägl. 9–17 Uhr.
Geburtshaus der Mutter Beethovens, Wambachstraße 204: Beethoven-Erinnerungsstätte der Deinhard-Stiftung.
✆ 02 61 / 12 95 78; Mai–Sept.: di–sa 10–13 Uhr, 15–17 Uhr, so 10–13 Uhr; Okt.–April: mi und sa 14–17 Uhr.

Königswinter

Siebengebirgsmuseum, Klotzstr. 11: Geologie, Geschichte und Volkskunde. Wegen Neueinrichtung z. Z. geschlossen.

Königswinter-Ittenbach

Ordenstrachten-Museum, Kirchstr. 18: Trachten der religiösen Orden in Vergangenheit und Gegenwart.
✆ 0 22 23 / 2 18 82; Voranmeldung!

Linz (Rhein)

Ikebana-Museum ostasiatischer Kunst, Beethovenstraße 51.
✆ 0 26 44 / 40 00; Vereinbarung!

Nassau

Stadtarchiv-Museum, Emser Str. 39: Stadtgeschichte, historische Beziehungen zu den Niederlanden.
✆ 0 26 04 / 72 71; tgl. 10–12 Uhr, 15–17 Uhr.
Erinnerungsturm an den Reichsfreiherrn vom und zum Stein, Stein'sches Schloß. Voranmeldung bei Schloßrentei Graf von Kanitz!

Neuwied

Kreismuseum, Raiffeisenplatz: Vor- und Frühgeschichte des Neuwieder Beckens, Möbel des 18. Jahrhunderts (A. und D. Roentgen), Volkskunde von Rhein und Westerwald.
✆ 0 26 31 / 80 33 79; mo–fr 10–13 Uhr, 14–17 Uhr, so 10.30–13 Uhr.

Siegbach-Übernthal

Heimatstube, Alte Schule. Anmeldung bei Erwin Pfeifer, Offenbacher Str. 4, Übernthal.
✆ 0 27 78 / 23 90.

Siegen

Mineraliensammlung, ehemalige Bergschule.
Mi und so 10.30–12 Uhr.
Siegerland-Museum, Oberes Schloß: Gemälde und Graphiken von Peter Paul Rubens, Porträts der Häuser Nassau und Oranien, Stadtgeschichte, Mineralien, Bergbau (Schaustollen).
✆ 02 71 / 5 22 28; di–so 10–12 Uhr, 14–17 Uhr.

St. Augustin

Völkerkundemuseum, Haus Völker und Kulturen, Arnold-Jansen-Str. 24: Neuguinea, Indien, Indonesien, Japan.
✆ 02241/197408.

Thalhausen

Brotmuseum: Private Sammlung der Hoffmanns Brotstuben Neuwied.
✆ 02631/23683; Anmeldung erforderlich!

Weyerbusch

Ortsmuseum: Örtliche Erinnerungsstücke.
✆ 02686/1357 (Gustav Vinhold); so 10–12 Uhr.

Museen in den angrenzenden Gebieten

Einige Museen und Sammlungen außerhalb unseres Reisegebietes besitzen zum Teil wichtiges Material aus dem Westerwald und seinen Randgebieten, so daß sie hier unbedingt angeführt werden müssen. Es werden dabei aber nur die den Westerwald betreffenden Sammlungsschwerpunkte genannt.

Bonn

Rheinisches Landesmuseum, Colmantstr.: Vor- und Frühgeschichte.
✆ 0228/632158; di–fr 9–17 Uhr, mi 9–21 Uhr, sa, so 10–18 Uhr.
Mineralogisches-Petrologisches Museum der Universität, Poppelsdorfer Schloß: Gesteine, Mineralien, Fossilien aus Siebengebirge, Siegerland und Westerwald.
✆ 0228/732761; so 10–12 Uhr, mi 15–17 Uhr.

Diez

Nassauisches Heimatmuseum, Schloßberg 8: Geologie, Mineralogie von Lahngebiet und Westerwald, Vor- und Frühgeschichte, Lahn-Westerwald-Kultur.
✆ 06432/2057; Mai-September: Sa, so 10–13 Uhr, do 19 Uhr.
Nassau-Museum Oranienstein: Dokumentation zu den Beziehungen zwischen Haus Nassau und dem holländischen Königshaus (›Je maintiendrai Nassau‹).
✆ 06432/2057; Bundeswehrkaserne, Anmeldung am Westtor, nur Führung!

Gießen

Burgmannenhaus, Museum für Stadtgeschichte und Heimatkunde, Georg-Schlosser-Str. 2: Bäuerliche Kultur aus dem Hinterland, Marburger Irdenware.
✆ 0641/306373; di–sa 10–16 Uhr, so 10–13 Uhr.
Oberhessisches Museum und Gail'sche Sammlungen, Asterweg 9: Vor- und Frühgeschichte.
✆ 0641/306372; di–so 9–12 Uhr.

Koblenz

Mittelrhein-Museum, Florinsmarkt: Vor- und Frühgeschichte des Koblenzer Raumes, Jugendstil-Keramik aus Höhr-Grenzhausen.
✆ 0261/129578; so 10–13 Uhr, di 10–13 Uhr, 14.30–20 Uhr, mi–sa 10–13 Uhr, 14.30–17.30 Uhr.

Kommern (Eifel)

Rheinisches Freilichtmuseum, Auf dem Kahlenbusch: Bäuerliche Lebens- und Wirtschaftsformen mit elf Objekten aus dem Westerwald, Volkskunde.
✆ 02443/5051 u. 5052; April–Oktober: tägl. 9–18 Uhr, November–März: tägl. 10–16 Uhr.

Lahnau-Waldgirmes
Heimatmuseum, Friedenstr. 12.
✆ 06441/62142; mi 14–16 Uhr und jeden 1. So im Monat.

Limburg
Diözesanmuseum, Schloß: Kirchliche Kunst aus dem Bistum.
Zur Zeit geschlossen!
Domschatzkammer, Bischöfliches Ordinariat, Roßmarkt 4: Als Leihgabe aus dem Diözesanmuseum die ›Dernbacher Beweinung‹.
✆ 06431/95233; mo–fr 11. u. 14 Uhr nach Voranmeldung!

Marburg
Marburger Universitätsmuseum für Kunst und Kulturgeschichte, Biegenstr. 11: Kulturgeschichte Mittelhessens (u. a. Hinterland).
✆ 06421/282355; April–September: Di–so 10–13 Uhr, 15–17 Uhr, Oktober–März: Di–so 11–13 Uhr, 15–17 Uhr, mo 11–13 Uhr.

Neu-Anspach
Freilichtmuseum Hessenpark: Hof- und Baugruppen aus dem Westerwald und Hinterland.
✆ 06081/9704 u. 9782; Mai–September: 9–18 Uhr, März, April, Oktober: 9–17 Uhr, November–Februar: 9–16 Uhr, mo geschlossen.

Siegburg
Städtisches Museum: Blätterkohle von Rott, Fossilien der Siegburger Tone, örtliche Keramik.
Zur Zeit geschlossen!

Sobernheim (Nahe)
Rheinland-Pfälzisches Freilichtmuseum: Westerwälder Back- und Spritzenhaus aus Limbach.
Voranmeldung!

Weilburg
Heimat- und Bergbaumuseum, Schloßplatz 1: Bergbau im Lahn-Dill-Gebiet, Hüttenwesen, Mineralogie, Brauchtum der Bergleute.
✆ 06471/2011; April–Oktober: Di–so 10–12 Uhr, 14–17 Uhr, November–März: Di–fr 10–12 Uhr, 14–17 Uhr.

Wetzlar
Stadtmuseum, Lottestr. 8–10: Vor- und Frühgeschichte u. a. aus dem Gebiet nördlich der Lahn.
✆ 06441/405269; di–sa 9–12 Uhr, 14–17 Uhr, so 9–12 Uhr.

Wiesbaden
Museum Wiesbaden, Friedrich-Ebert-Allee 2: Naturwissenschaftliche Sammlung (Geologie, Mineralogie des Westerwaldes), Sammlung Nassauischer Altertümer (Funde und volkskundliche Objekte aus dem ehemaligen nassauischen Westerwald).
✆ 06121/368672 u. 368677; mi–so 10–16 Uhr, di 10–16 Uhr, 17–21 Uhr.

Museen und Sammlungen nach Schwerpunkten

Naturkunde
Bad Marienberg, Biedenkopf, Bonn, Breitscheid-Erdbach, Diez, Gießen, Gla-

denbach, Greifenstein, Hachenburg, Haiger, Koblenz-Ehrenbreitstein, Königswinter, Siegburg, Siegen, Weilburg, Wiesbaden

Bergbau, Industrie
Bad Ems, Bad Marienberg, Biedenkopf, Daaden, Haiger, Herdorf, Koblenz-Ehrenbreitstein, Siegen, Weilburg

Vor- und Frühgeschichte
Bad Ems, Bonn, Breitscheid-Erdbach, Diez, Hachenburg, Koblenz, Neuwied, Wetzlar, Wiesbaden

Geschichte
Bad Honnef, Bendorf, Biedenkopf, Daaden, Diez, Dillenburg, Gladenbach, Greifenstein, Hachenburg, Haiger, Hamm, Herborn, Königswinter, Nassau, Siegen

Westerwälder Volkskultur
Biebertal, Biedenkopf, Diez, Gießen, Gladenbach, Greifenstein, Hachenburg, Herdorf, Kommern, Marburg, Neu-Anspach, Sobernheim, Weilburg

Kunst
Bendorf, Biedenkopf, Dillenburg, Gladenbach, Greifenstein, Hachenburg, Koblenz, Königswinter, Limburg, Neuwied, Siegburg, Siegen

Keramik
Gießen, Hachenburg, Höhr-Grenzhausen, Siegburg

Sonstiges
Bad Ems (Bäder), Dillenburg (Festungstechnik), Greifenstein (Glocken), Koblenz-Ehrenbreitstein (Rheinschiffahrt), Königswinter-Ittenbach (Ordenstrachten), Linz (Ikebana), St. Augustin (Völkerkunde), Thalhausen (Brot)

Technische Sehenswürdigkeiten

Bad Ems
Wasserturm (Mainzer Str.), Speicher- und Pumpenanlage für die Thermalwässer. Erbaut 1907, 40 m hoch, 13 m tief in der Erde, erfaßt vier Quellen.

Bendorf
Rheinbrücke der Bundesautobahn Limburg – Trier. Spannweite 208 m.
Sayner Hütte (Sayn), Gußeiserne Gießhalle, erb. 1824–30 (vgl. S. 26).

Betzdorf
Wolf-Geräte GmbH (Gregor-Wolf-Str.), Produktionsanlagen (Voranmeldung erforderlich!).

Brachbach
Schachtgebäude ›Apfelbaumer Zug‹, bestes Beispiel eines Schachtgebäudes vor der Zeit der Malakoff-Türme.

Dillenburg
Nassau-Oranisches Museum (s. S. 280): Älteste gußeiserne Wasserleitungsrohre.
Ehemalige Dorotheenhütte, Beispiel einer Industrieanlage um 1820/30.
Ehemalige Dampfmühle, bemerkenswerte Industriearchitektur aus den 60er-Jahren des 19. Jahrhunderts.
Stahlwerke Südwestfalen AG, Zweigwerk Dillenburg. Stärkstes Edelstahl-Kaltwalzwerk für Bänder und Bleche, Produktionsanlagen und Kontrolleinrichtungen (Voranmeldung erforderlich!).

Driedorf-Heiligenborn
Wasserkraftanlage der Elektrizitäts-Aktiengesellschaft Mitteldeutschland bei der Lochmühle.

Elz
Radaranlage an der Autobahn zur Überwachung des Tempolimits auf der gefährlichen Gefällstrecke.

Gönnern
Lokomotivdenkmal: Fünfachsige Tenderlokomotive (E-h2), erbaut 1922. DB-Bauart-Nr. 94 1538.

Herborn-Guntersdorf und -Merkenbach
Wasserkraftanlage der Elektrizitäts-Aktiengesellschaft Mitteldeutschland; zusammen mit jener Anlage geschlossene Kraftwerkskette zur Nutzung der Wasserkraft im östlichen Westerwald.

Hillscheid
Hüttenmühle mit gewaltigem, 11,60 m hohem Mühlrad aus Eisen (1910)

Höhr-Grenzhausen
Alter Kannenofen (Betrieb Peltner, s. S. 281; Farbt. 39).

Horhausen
Förderturm der ehem. Grube ›Georg‹ (Willroth, neben der Autobahn). Letzter Förderturm des Siegerländer-Wieder-Spateisensteinbezirks, 46 m hoch.

Koblenz
Festung Ehrenbreitstein (s. S. 27).

Königswinter
Spuren römischer Steinbruchtätigkeit im ›Rüdenet‹ am Drachenfels.
Drachenfelsbahn. Älteste Zahnradbahn Deutschlands, erbaut 1883, seit 1959 elektrischer Betrieb.

Lahnstein
Hohenrheiner Hütte (gegr. 1679). Architekturensemble als Musterbeispiel einer Hüttenanlage um 1840.

Lahnschleusen
Insgesamt 20 Schleusen (nutzbare Länge 34 m, lichte Weite 5,34 m) machen die Lahn schiffbar. Erb. 1837–59, Kammerschleusen bis Diez; 1910 Ausbau bis Weilburg, wo sich der einzige Schiffahrtstunnel Deutschlands und eine der beiden Kuppelschleusen in Deutschland befinden. 1926–1928 wurden mehrere Staustufen zur Regulierung des Wasserstandes errichtet.

Neuwied
Hochwasserschutzanlagen. Erbaut 1928–32. 7 km Erddeich, 500 m Deichmauer, Pumpwerke. (Stadtwerke; Voranmeldung erforderlich!).
Materialprüfungs- und Versuchsanstalt für nichtmetallische Stoffe. (Verb. Rh. Bimsstoffwerke; Voranmeldung erforderlich!).

Nistertal
Eisenbahnbrücke (zw. Büdingen und Erbach). Erbaut 1911, damals größte Betonbrücke in Deutschland.

Siegen
Schaustollen im Oberen Schloß (s. S. 277).

Siegen-Eiserfeld
Reinhold-Forster-Erbstollen, einziges mo-

numentales Mundloch im Siegerland, pylonartige Eingangsarchitektur (1805).
Autobahnbrücke, mit 110 m Höhe und 1050 m Länge eine der größten in Deutschland.

Sinn

Glockengießerei Gebr. Rincker. Heute älteste und einzige Glockengießerei in Familienbesitz, seit 1590; früher Aßlar, um 1817 nach Sinn verlegt (Voranmeldung erforderlich!).

Weilburg

Lahnschleusen (s. S. 172); *Bergbaumuseum mit Schaustollen* (s. S. 279).

Wissen

Bergbaudenkmal: Schwungrad, Grubenlok, Hunte aus der ehemaligen Grube ›Eupel‹ in Niederhövels.

Glossar

Ädikula Rahmender Aufbau
Adorantenhaltung Anbetungshaltung
Baluster Geländerstütze, Säulchen an Brüstungen
Deesis Darstellung von Christus zwischen Maria und Johannes
Dienst langes, dünnes Säulchen, das Gurte oder Rippen von Gewölben gotischer Bauwerke aufnimmt
Docken Baluster (s. d.)
Engobe keramische Gußmasse, Anguß
Enklave von fremdem Gebiet eingeschlossener Bereich
Epitaph Grabmal mit Inschrift
gebust vorgewölbt
hl., hll. heilig(e, er), heilige (Mz.)
Immaculata wörtl.: die Unbefleckte, Darstellung Mariens als der unbefleckt Empfangenen
Kartusche schildförmiges Ziermotiv in der Barockkunst
Knagge Holzstütze
Laibung innere Mauerfläche bei Wandöffnungen
Latène nach dem schweizerischen Ort La Tène benannter Abschnitt der vorgeschichtlichen Eisenzeit
Levitensitz Gestühl für die Gehilfen beim katholischen Festgottesdienst
Lisene pfeilerartiger, wenig vortretender Mauerstreifen
Mäander starke Flußwindung
Marstall Reit- und Fahrstall einer fürstlichen Hofhaltung
Piscina Wandbecken für Weihwasser oder zur Reinigung von Kultgeräten
Predella Sockel eines Altaraufsatzes
Refektorium Speisesaal in einem Kloster
Rentei Rentamt
Retabel Altaraufsatz
Risalit vorspringender Gebäudeteil an Barockfassaden: Mittel-, Eck- oder Seitenrisalit
Vierkonchenbau Bauwerk mit vier halbkreisförmigen Nebenräumen oder Altarnischen
Votivgabe Weihegabe, meist aufgrund eines Gelübdes
Zwerchhaus Querhaus an Dächern

Raum für Ihre Reisenotizen

Anschriften neuer Freunde, Foto- und Filmvermerke, neuentdeckte gute Restaurants, etc.

Register

Personen

Orte

Die zahlreichen Anregungen aus Leserkreisen, für die an dieser Stelle herzlich gedankt sei, konnten weitgehend bei der Neuauflage berücksichtigt werden. Insbesondere gilt der Dank des Verfassers Ferdinand Ebert †, Hellmuth Gensicke, Elmar Heinen, Hermann Josef Hucke und Angelika Massing für ihre sehr ausführlichen Stellungnahmen.

Bitte beachten Sie auch folgende Veröffentlichungen aus unserem Verlag:

Das Bergische Land

Kultur, Geschichte, Landschaft zwischen Ruhr und Sieg

Von Bernd Fischer. Mit einem Beitrag von Hermann Josef Roth: ›Das Bergische Land für Naturfreunde‹. 320 Seiten mit 67 farbigen und 154 einfarbigen Abbildungen, 70 Zeichnungen und Plänen, Literaturauswahl, Register, 16 Seiten praktischen Reisehinweisen

»Auf der Reise durch das Land, auf der Bernd Fischer den Leser sachkundig begleitet, entdeckt man bedeutende Kunstwerke wie den Altenberger Dom, Industriedenkmäler wie die Wuppertaler Schwebebahn und die erste deutsche Talsperre bei Remscheid, Burgen und Schlösser, eindrucksvolle Landschaften und gigantische Industrieanlagen wie in Leverkusen. Was aber den Charme des Landes ausmacht ist – trotz aller Lebendigkeit – seine Verborgenheit und heimelige Stille.« *Frankfurter Allgemeine Zeitung*

Der Rhein von Mainz bis Köln

Eine Reise durch das Rheintal – Geschichte, Kunst und Landschaft

Von Werner Schäfke. 448 Seiten mit 36 farbigen und 141 einfarbigen Abbildungen, 123 Plänen und Zeichnungen, 8 Seiten praktischen Reisehinweisen, Register

»Informativen Kurzkapiteln über Rheinromantik, Landschaft, Wein, Geschichte und Kunst am Mittelrhein folgt die Beschreibung der Landschaft und ihrer Kunstdenkmäler zunächst links, dann rechts des Flusses. An jeder der 80 Stationen dieser Reise durch das Rheintal kommt der Autor schnell zur Sache, verknüpft Gegenwärtiges mit Vergangenem, vermittelt sein Wissen am sichtbaren Objekt – sachlich, kompakt, verständlich.« *Rhein-Zeitung, Koblenz*

Hessen

Vom Edersee zur Bergstraße

Die Vielfalt von Kunst und Landschaft zwischen Kassel und Darmstadt

Von Friedhelm Häring und Hans-Joachim Klein. 384 Seiten mit 47 farbigen und 146 einfarbigen Abbildungen, 58 Plänen und Zeichnungen, 24 Seiten praktischen Reisehinweisen, Literaturangaben, Register

»Da man Hessen, das vom Rhein zur Werra nur 150 km mißt, schnell durchfahren hat, will das vorliegende Buch das Verweilen schmackhaft machen, das Suchen und Finden erleichtern. Dazu werden landschaftlich, geschichtlich und wirtschaftlich zusammenhängende Gebiete von Norden nach Süden vorgestellt, Kunst- und Kulturlandschaften, die sich dem Besucher bequem erschließen. Es fehlen in diesem Buch weder sehenswerte Kleinstgemeinden noch die bedeutenden Städte. Zahlreiche hübsche Zeichnungen, Stiche, Pläne, Grundrisse sowie mehr- und einfarbige Abbildungen vermitteln sehr viel an Information, aber besonders geben sie auch einen oft stimmungsvollen Eindruck von der jeweiligen Szenerie.« *Wiesbadener Tagblatt*

DuMont Kunst-Reiseführer

Ägypten und Sinai – Geschichte, Kunst und Kultur im Niltal
Vom Reich der Pharaonen bis zur Gegenwart. Von Hans Strelocke

Äthiopien – Kunst im Verborgenen
Ein Reisebegleiter ins älteste Kulturland Afrikas. Von Hans Helfritz

Algerien – Kunst, Kultur und Landschaft
Von den Stätten der Römer zu den Tuareg der zentralen Sahara. Von Hans Strelocke

Belgien – Spiegelbild Europas
Eine Einladung nach Brüssel, Gent, Brügge, Antwerpen, Lüttich und zu anderen Kunststätten. Von Ernst Günther Grimme

Dänemark
Land zwischen den Meeren. Kunst – Kultur – Geschichte. Von Reinhold Dey

Deutsche Demokratische Republik
Geschichte und Kunst von der Romanik bis zur Gegenwart. Brandenburg, Mecklenburg, Sachsen-Anhalt, Sachsen, Thüringen. Von Gerd Baier, Elmar Faber und Eckhard Hollmann

Bundesrepublik Deutschland

Das Bergische Land
Kultur, Geschichte, Landschaft zwischen Ruhr und Sieg. Von Bernd Fischer

Bodensee und Oberschwaben
Zwischen Donau und Alpen: Wege und Wunder im ›Himmelreich des Barock‹. Von Karlheinz Ebert

Franken – Kunst, Geschichte und Landschaft
Entdeckungsfahrten in einem schönen Land – Würzburg, Rothenburg, Bamberg, Nürnberg und die Kunststätten der Umgebung. Von Werner Dettelbacher

Hessen
Vom Edersee zur Bergstraße. Die Vielfalt von Kunst und Landschaft zwischen Kassel und Darmstadt. Von Friedhelm Häring und Hans-Joachim Klein

Köln
Stadt am Rhein zwischen Tradition und Fortschritt. Von Willehad Paul Eckert

München
Von der welfischen Gründung Heinrichs des Löwen bis zur Gegenwart: Kunst, Kultur, Geschichte. Von Klaus Gallas

Münster und das Münsterland
Geschichte und Kultur. Ein Reisebegleiter in das Herz Westfalens. Von Bernd Fischer

Der Niederrhein
Das Land und seine Städte, Burgen und Kirchen. Von Willehad Paul Eckert

Oberbayern
Kultur, Geschichte, Landschaft zwischen Donau und Alpen, Lech und Salzach. Von Gerhard Eckert

Oberpfalz, Bayerischer Wald, Niederbayern
Regensburg und das nordöstliche Bayern. Kunst, Kultur und Landschaft. Von Werner Dettelbacher

Ostfriesland mit Jever- und Wangerland
Über Moor, Geest und Marsch zum Wattenmeer und zu den Inseln Borkum, Juist, Norderney, Baltrum, Langeoog, Spiekeroog und Wangerooge. Von Rainer Krawitz

Die Pfalz
Die Weinstraße – Der Pfälzer Wald – Wasgau und Westrich. Wanderungen im ›Garten Deutschlands‹. Von Peter Mayer

Zwischen Neckar und Donau
Kunst, Kultur und Landschaft von Heidelberg bis Heilbronn, im Hohenloher Land, Ries, Altmühltal und an der oberen Donau. Von Werner Dettelbacher

Der Rhein von Mainz bis Köln
Eine Reise durch das Rheintal – Geschichte, Kunst und Landschaft. Von Werner Schäfke

Schleswig-Holstein
Zwischen Nordsee und Ostsee: Kultur – Geschichte – Landschaft. Von Johannes Hugo Koch

Sylt, Amrum, Föhr, Helgoland, Pellworm, Nordstrand und Halligen
Natur und Kultur auf Helgoland und den Nordfriesischen Inseln. Entdeckungsreisen durch eine Landschaft zwischen Meer und Festlandküste. Von Albert am Zehnhoff (DuMont Landschaftsführer)

Der Westerwald
Vom Siebengebirge zum Hessischen Hinterland. Kultur und Landschaft zwischen Rhein, Lahn und Sieg. Von Hermann Josef Roth

---

Frankreich

Auvergne und Zentralmassiv
Entdeckungsreisen von Clermont-Ferrand über die Vulkane und Schluchten des Zentralmassivs zum Cevennen-Nationalpark. Von Ulrich Rosenbaum

Die Bretagne
Im Land der Dolmen, Menhire und Calvaires. Von Frank und Almut Rother

Burgund
Kunst, Geschichte, Landschaft. Burgen, Klöster und Kathedralen im Herzen Frankreichs: Das Land um Dijon, Auxerre, Nevers, Autun und Tournus. Von Klaus Bußmann

Côte d'Azur
Frankreichs Mittelmeer-Küste von Marseille bis Menton. Von Rolf Legler

Das Elsaß
Wegzeichen europäischer Kultur und Geschichte zwischen Oberrhein und Vogesen. Von Karlheinz Ebert

Frankreich für Pferdefreunde
Kulturgeschichte des Pferdes von der Höhlenmalerei bis zur Gegenwart. Camargue, Pyrenäen-Vorland, Périgord, Burgund, Loiretal, Bretagne, Normandie, Lothringen. Von Gerhard Kapitzke (DuMont Landschaftsführer)

Frankreichs gotische Kathedralen
Eine Reise zu den Höhepunkten mittelalterlicher Architektur in Frankreich. Von Werner Schäfke

Korsika
Natur und Kultur auf der ›Insel der Schönheit‹. Menhirstatuen, pisanische Kirchen und genuesische Zitadellen. Von Almut und Frank Rother

Languedoc – Roussillon
Von der Rhône zu den Pyrenäen. Von Rolf Legler

Das Tal der Loire
Schlösser, Kirchen und Städte im ›Garten Frankreichs‹. Von Wilfried Hansmann

Die Normandie
Vom Seine-Tal zum Mont St. Michel. Von Werner Schäfke

Paris und die Ile de France
Die Metropole und das Herzland Frankreichs. Von der antiken Lutetia bis zur Millionenstadt. Von Klaus Bußmann

Périgord und Atlantikküste
Kunst und Natur im Lande der Dordogne und an der Côte d'Argent von Bordeaux bis Biarritz. Von Thorsten Droste

Die Provence
Ein Reisebegleiter durch eine der schönsten Kulturlandschaften Europas. Von Ingeborg Tetzlaff

Savoyen
Vom Genfer See zum Montblanc – Natur und Kunst in den französischen Alpen. Von Ruth und Jean-Yves Mariotte

Südwest-Frankreich
Vom Zentralmassiv zu den Pyrenäen – Kunst, Kultur und Geschichte. Von Rolf Legler

---

Griechenland

Athen
Geschichte, Kunst und Leben der ältesten europäischen Großstadt von der Antike bis zur Gegenwart. Von Evi Melas

Die griechischen Inseln
Ein Reisebegleiter zu den Inseln des Lichts. Kultur und Geschichte. Hrsg. von Evi Melas

Kreta – Kunst aus fünf Jahrtausenden
Minoische Paläste – Byzantinische Kirchen – Venezianische Kastelle. Von Klaus Gallas

Alte Kirchen und Klöster Griechenlands
Ein Begleiter zu den byzantinischen Stätten. Hrsg. von Evi Melas

Tempel und Stätten der Götter Griechenlands
Ein Reisebegleiter zu den antiken Kultzentren der Griechen. Hrsg. von Evi Melas

---

Großbritannien

Schottland
Geschichte und Literatur. Architektur und Landschaft. Von Peter Sager

Süd-England
Von Kent bis Cornwall. Architektur und Landschaft, Literatur und Geschichte. Von Peter Sager

Guatemala
Honduras – Belize. Die versunkene Welt der Maya. Von Hans Helfritz

---

Holland
Kunst, Kultur und Landschaft. Ein Reisebegleiter durch Städte und Provinzen der Niederlande. Von Jutka Rona

---

Indien

Indien
Von den Klöstern im Himalaya zu den Tempelstätten Südindiens. Von Niels Gutschow und Jan Pieper

Ladakh und Zanskar
Lamaistische Klosterkultur im Land zwischen Indien und Tibet. Von Anneliese und Peter Keilhauer

---

Indonesien
Ein Reisebegleiter nach Java, Sumatra, Bali und Sulawesi (Celebes). Von Hans Helfritz

---

Iran
Kulturstätten Persiens zwischen Wüsten, Steppen und Bergen. Von Klaus Gallas

---

Irland – Kunst, Kultur und Landschaft
Entdeckungsfahrten zu den Kunststätten der ›Grünen Insel‹. Von Wolfgang Ziegler

---

Italien

Apulien – Kathedralen und Kastelle
Ein Reisebegleiter durch das normannisch-staufische Apulien. Von Carl Arnold Willemsen

Elba
Ferieninsel im Tyrrhenischen Meer. Macchienwildnis, Kulturstätten, Dörfer, Mineralienfundorte. Von Almut und Frank Rother (DuMont Landschaftsführer)

Das etruskische Italien
Entdeckungsfahrten zu den Kunststätten und Nekropolen der Etrusker. Von Robert Hess und Elfriede Paschinger

Florenz und die Medici
Ein Begleiter durch das Florenz der Renaissance. Von My Heilmann

Ober-Italien
Kunst, Kultur und Landschaft zwischen den Oberitalienischen Seen und der Adria. Von Fritz Baumgart

Von Pavia nach Rom
Ein Reisebegleiter entlang der mittelalterlichen Kaiserstraße Italiens. Von Werner Goez

Rom
Kunst und Kultur der ›Ewigen Stadt‹ in mehr als 1000 Bildern. Von Leonard von Matt und Franco Barelli

Das antike Rom
Die Stadt der sieben Hügel: Plätze, Monumente und Kunstwerke. Geschichte und Leben im alten Rom. Von Herbert Alexander Stützer

Sardinien
Geschichte, Kultur und Landschaft – Entdeckungsreisen auf einer der schönsten Inseln im Mittelmeer. Von Rainer Pauli

Sizilien
Insel zwischen Morgenland und Abendland. Sikaner/Sikuler, Karthager/Phönizier, Griechen, Römer, Araber, Normannen und Staufer. Von Klaus Gallas

Südtirol
Begegnungen nördlicher und südlicher Kulturtradition in der Landschaft zwischen Brenner und Salurner Klause. Von Ida Pallhuber und Walter Pippke

Toscana
Das Hügelland und die historischen Stadtzentren. Pisa · Lucca · Pistoia · Prato · Arezzo · Siena · San Gimignano · Volterra. Von Klaus Zimmermanns

Venedig – Geschichte und Kunst
Erlebnis einer einzigartigen Stadt. Von Marianne Langewiesche

---

Japan – Tempel, Gärten und Paläste
Einführung in Geschichte und Kultur und Begleiter zu den Kunststätten Japans. Von Thomas Immoos und Erwin Halpern

---

Der Jemen
Nord- und Südjemen. Antikes und islamisches Südarabien – Geschichte, Kultur und Kunst zwischen Rotem Meer und Arabischer Wüste. Von Peter Wald

---

Jugoslawien
Kunst, Geschichte und Landschaft zwischen Adria und Donau. Von Frank Rother

---

Kenya
Kunst, Kultur und Geschichte am Eingangstor zu Innerafrika. Von Helmtraut Sheikh-Dilthey